波 澜 壮 阔 的 历 史 场 景　几 千 年 的 历 史 风 云

一本书读懂日本史

A Short History of Japan

王光波◎著

金城出版社
GOLD WALL PRESS

图书在版编目(CIP)数据

一本书读懂日本史/王光波著. －北京：金城出版社，2010.1（2020.4 重印）

ISBN 978-7-80251-299-3

Ⅰ. ①一… Ⅱ. ①王… Ⅲ. ①日本－历史－通俗读物 Ⅳ. ①K313.09

中国版本图书馆CIP数据核字（2009）第219457号

一本书读懂日本史

作　　者 王光波

责任编辑 王景涛　谢艳芝

开　　本 710毫米×1000毫米　1/16

印　　张 16.75

字　　数 270千字

版　　次 2010年2月第1版　2020年4月第2次印刷

印　　刷 晟德（天津）印刷有限公司

书　　号 ISBN 978-7-80251-299-3

定　　价 29.80元

出版发行 **金城出版社** 北京市朝阳区利泽东二路 3 号　邮编：100102

发 行 部 （010）84254364

编 辑 部 （010）64222699

总 编 室 （010）64228516

网　　址 http://www.jccb.com.cn

电子邮箱 jinchengchuban@163.com

法律顾问 北京市安理律师事务所　18911105819

出版说明

东临碣石以观沧海，西望云天而知阴晴。

面对万古江山，古人由衷地发出了深沉的感叹。其实，将这两句话当作我们读史明智、明理，知荣辱变化、懂盛衰起伏的切点无疑也是恰当的。

每个国家的历史如同潺潺水波，自有其源头与去向，但当我们驻足于河畔之间，低首凝望，那水中倒影虽然波纹交错，但其面目依旧清晰。

那举手投足、一颦一笑，对应于历史的起承转合，就是一幕幕跌宕起伏、险象环生而又富于启示的历史细节。因着这些细节，我们才能身临其境地感受遥远而又近在咫尺的异国变迁，让读者诸君在举一反三，静思凝想中去发现大国崛起的内容及其实质。

美国何以从英国的殖民地一步步走向当今世界唯一的超级大国？美国式的乐观开朗源于怎样的精神基因？为什么美国作为移民国家却有着共同的价值观？作者以通畅明晓的笔调，抽丝剥茧，以探究式的眼光折射一段段充满冒险和进取的历程。

日本与中国的交往源远流长，对这个一衣带水的邻邦，我们似乎很熟悉，但又似乎很陌生。既然常说“同文同种”，为何两国的发展大相径庭？是怎样的力量推动了日本从一个落后的封建农业国成为亚洲最先实现现代化的国家？在师事中国的千年间，文学、建筑、美术、佛教、服饰等又是以怎样的形态对这个岛国产生时至今日的影响？由于地缘及历史的原因，谈日本必离不开中国的立场。正因如此，探寻日本的自强之道，对我们这个民族、这个国家的发展有着更为重大的现实意义。

美国也好，日本也罢，毋庸置疑，都是当今世界数一数二的强国，当然，环顾宇内，英国、法国、德国这些传统强国虽然有衰退之势，但是纵观其百年间风雨变幻、潮涨潮落，人们依旧不能忽视其内在的国家品格。

事实上，明晰一个国家的历史沿革与发展并非难事，关键在于如何从中汲取有效的养分为我所用，以史为镜，在这个民族复兴的伟大时代，发扬固有的民族精神，为国家的繁荣添砖加瓦。正是出于这样的考虑，我们出版了这套国别史。

该套书重点向读者阐释美国、日本、德国、英国、印度等国家的兴衰荣败，使读者能窥其一点而知全貌，在对他国的熟悉中，明了身处于这个伟大国家的我们，该如何以奋进之精神力行其事。正如一位学者曾经指出的，国不在大小，重在神髓。

倘若读者诸君能在这套书中得取以上的收获，那便是我们最大的愿望。

由于水平有限，书中不足之处在所难免，诚请广大读者指正，特驰惠意。

前　言

谈起日本，年轻人的口中很快会道出这样的词语：樱花、日剧、动漫、潮流；而对于许多老者而言，更多的是对发生于六十余年前的那场战争的痛苦记忆。作为与日本隔海相望、在近代深受其害的国家，我们当然不能忘却那段惨痛的历史。

记住历史是为了前事不忘后事之师，正因如此，立足于瞬息万变、如火如荼的全球化新时代，了解一个国家的前世今生，不仅仅是从中吸取其发展强盛的经验教训，更多的是从发掘其民族性格的多面性，去深刻体察对方的精神本质。

当我们将历史的宿怨暂放一边，冷静、客观地观察、品评这个一衣带水的邻国时，我们会发现，日本以其从不含糊的姿态深刻影响着当今世界，它总是能在他人所不屑的所在创造出惊人的成绩。

日本的领土不及地球陆地面积的 1/300，然而，这个国家的经济总量却占到了全球经济的六分之一强。日本制造的各类汽车奔驰在世界各地，日本功能齐备的各类科技产品出没于城市的楼宇间。毋庸置疑，在世界的舞台上，作为一个重要的演员，日本参演了越来越多的戏份。

这一参演的过程于日本而言，无疑充满了跌宕的戏剧性。140 多年前，它还是“天朝”眼中的“蕞尔小国”，闭关锁国、经济落后、社会发展缓慢，然而经明治维新，它迅速成长为帝国列强中一个强有力的参与者和竞争者，一度对世界构成军事威胁。尽管后来在美国核武器的打击下差点毁灭，但最后又死而复生，更凭着涅槃后的坚忍不拔，成为了全球的经济强国。

千年前，它师事中国，百年前，它师事西方，然而，在骨子里，这个樱花之国并不像人们惯常所认为的，一味地追寻他人的脚步——邯郸学步，终无所获。事实上，在积极地汲取先进文明的同时，日本也创造出了自己灿烂的文化，并传承至今——那古远幽香、动静相宜的茶道，那气态跳跃、一瞬胜负的相扑，以及那惊艳绝伦、婀娜婉约的艺伎，无不闪耀着岛国文化的精髓。

可以这样说，从野蛮走向文明，从闭塞走向开放，从落后走向强盛，从垂死挣扎走向兴荣发达；从年代久远的陶器、规模巨大的坟墓，到令人难以揣测的武士道精神，再到世界上最大的城市、识字率最高的国民，在这犹如白驹过隙的匆匆时光中，这个人口众多、自然灾害频发的岛国，在"大国崛起"的发展之路上展现了诸多令人慨叹的传奇。

追本溯源，对我们研究日本的发展有着彻底而重要的作用。它能让我们更清醒地认识到，这样一个国家始终以自身独特的进取方式不断书写着辉煌与奇迹。在这个国家的面庞清晰掩映出来的同时，人们可能会发出这样的疑问：这到底是怎样一个民族？它那错综复杂、曲折莫测的轨迹，又折射着怎样一种必然的途径？

很显然，若想更为彻底地了解这个岛国，我们势必要改变许多固有的传统认识，抛开诸多成见，用一个全新的视角重新审读历史。就让这个孤悬海中的樱花之国，缓缓展开它的历史画卷。

目　录

第一章　创世纪：从绳纹到弥生　1

似水的绳纹年代　3

猛进的弥生时期　7

亲魏倭女王卑弥呼　10

大和国的脚步　14

专题：神武天皇就是徐福吗？　18

第二章　狂飙突进：从飞鸟时代到平安时代　23

圣德太子摄政　25

白村江海战　28

律令社会　32

遣唐使　35

平假名的革命　39

紫式部和《源氏物语》　43

专题：神道教　46

第三章　武家天下：幕府的盛衰　51
镰仓幕府的建立　53
北条家族专权　56
“神风”出没　59
建武中兴与南北朝纷乱　64
室町幕府　68
最后的将军　71
专题：武士道　74
第四章　英雄的血泪：战国时代　79
战国那些事儿　81
上杉谦信与武田信玄　85
“第六天魔王”织田信长　89
本能寺之变　92
丰臣秀吉　95
“战国第一忍者”德川家康　100
专题：忍者　103
第五章　江户风云录：德川氏的王朝　107
江户时代　109
汉学和兰学　115
黑船来航　118
尊王攘夷与倒幕运动　123
专题：艺伎春秋（一）　127
专题：艺伎春秋（二）　132

第六章　近代的扩张与侵略　135
明治维新　137
侵占琉球国　140
甲午海战　145
地狱之城旅顺　149
日俄战争　153
专题：日侵台湾50年　158
第七章　二战时期的日本　161
“二·二六”兵变　163
扶植“满洲国”　167
侵华战争　171
南京大屠杀　174
偷袭珍珠港　179
东京大轰炸　183
中途岛海战　186
“大和”号的沉没　189
太阳旗落下　193
专题：军国主义及对外侵略　197
第八章　战后的日本及复兴之路　201
战犯的审判　203
战后重建　206
鲤鱼的坚忍　210
50年代的日本与赤色整肃　214
《日美安全保障条约》　217

经济腾飞与东京奥运会　220
田中角荣与中日建交　223
专题：茶道　227
第九章　跌宕的世代：80 年代后的日本　231
黑色首相竹下登　233
泡沫经济的崩溃　238
奥姆真理教的毒气　241
阪神大地震　245
政坛大动荡：从桥本到麻生　248
专题：相扑　252

第一章

创世纪：从绳纹到弥生

可以这样说，绳纹是日本文明的母体孕育，弥生是日本文明的进化成长。从陶器的制作到水稻的种植，再到铁质工具的制造，直至农业社会的兴起，都是文化基因的一脉相传。这一传承既有内部族群发展的需要，也有外部力量的推动。对于现代人来说，绳纹以及弥生时代显然过于遥远而显得扑朔迷离，但也许正是因为画面的模糊，才让人有更多的想象空间。这或许是历史带给我们的温情一面。

似水的绳纹年代

“我们究竟从哪里来？”对于这一问题，人类始终无法给出定论。每个民族都希望自己是与众不同的，希望自己的祖先同时也是人类的祖先，日本也不例外。尤其是当绳纹陶器被发现之后，日本民族的起源问题，出现了与“源于中国大陆说”完全不同的可能。随着绳纹文化研究的不断深入，日本民族起源的争论也变得愈发激烈了。

相传在很久以前，宇宙刚刚从混沌的泥浆固化为天地。天被称作“高天原”。平淡无奇的某天，有一男一女两个神灵从高天原降到地上，男的叫伊邪那歧命，女的叫伊邪那美命。他们站在天浮桥上，用滴落的汗水构成了自凝岛。后来，伊邪那歧命和伊邪那美命就在那里结婚了，生下了大八州国，这就是最早的日本。

伊邪那歧命、伊邪那美命诞下日本的传说一如中国盘古开天地之说，最为日本人津津乐道，因此，日本人也常常自称为“神国的子民”。

不过，依据地质学家和考古学者的研究，摆在我们面前的这场“创世纪故事会”并没有想象中那么奇异美妙，而是充满了怒海波涛的艰险和沧海桑田的无常。在距今大约1万多年前，由于地球气候变暖，加之地壳运动加剧，原本森林茂密的亚洲东北部的沿海地区慢慢从亚洲大陆分离出来，经过时光的冲洗，逐渐形成了如今像蒙古弯刀般悬在太平洋上的日本列岛。

这把蒙古弯刀的刀把是北海道，刀尖是九州，刀身由四国和本州组成，近3万公里漫长的海岸线勾勒出其曲折多变的刀背。或许是伊邪那歧命、伊邪那美命的一时疏忽，这个爱情的结晶“大八州

约前5500年

日本进入新石器时代，也称绳纹时代。当时生产力低下，生活环境险恶，据考古学家的测定，那时人们的平均寿命很少超过40岁。

约前3500—前2000年

原始先民聚居地由沿海转向内陆，人们更多以植物为食。当内陆丘陵作物无法满足生存需要时，绳纹时代中期也告结束。

前2000年前后

绳纹时代进入晚期，一些太平洋沿岸的主要岛屿上出现了以捕鱼为业的村落。

国”虽然模样喜人，但是落胎地却选择了一个令人担忧的所在——身处亚欧板块和太平洋板块交界处，在两大板块相互碰撞、挤压之下，交界处的岩层便会出现变形、断裂等地质运动，继而产生火山爆发现象以及地震，所以日本一直是世界上火山运动和地震频发的国家。

就是在这样一块地质灾害多发的古老大地，从3万年前开始，日本先民们便在这座四周环海，远离大陆的孤岛上顽强地生存着。这些原始先民主要由两部分组成：一部分由中国大陆经由朝鲜半岛抵达日本的最初移民组成，一部分则来自本地先民，也就是阿伊努人。

▲阿伊努人

从外貌上来看，阿伊努人与典型的日本人截然不同。他们眉骨突出，毛发稠密，眼窝深陷，风俗和信仰迥异。

这些原始先民以捕猎和渔猎为生，由于工具简陋，往往食不果腹，衣不遮体，居于山洞或是丛林之中，生活非常艰苦。对于这些原始先民来说，旧石器时代的生活是灰暗的，无任何精彩跌宕之处，当然，除了那些给他们带来恐惧的自然灾害。

时光如梭，2万多年过去了，目睹过台风的狂飙和地震的暴虐的原始人类从旧石器时代进入了新石器时代，这个时期也被日本的史学家称为“绳纹时代”。

1960年，在九州福井一处旧石器时代的遗址上层，考古工作者发现了几片刻有绳纹的碎陶片，经过碳14测定，这些陶片来自1.2万年前。这一发现震惊了世界，就时间而言，这种带有绳纹式样的陶器远远超过了当时世界上最早的陶器，日本成了全世界最早制作陶器的地区。也就在同一年，在日本神奈川县，考古学家们又发现了同样的陶器，经过检测，这些陶器来自7000年前的新石器时代，随后不久，有绳纹装饰纹的陶器在日本各地陆续出土。为了方便研究，考古学家便将这类陶器统一命名为“绳纹陶器”，将同一时期的文化冠之以“绳纹文化”。

▼绳纹时代的陶器

绳纹陶器的烧成温度较低，约600° ~ 800°，多为黑褐色或茶褐色。有专家认为，绳纹是表示上升的双螺旋纹，是对太阳神的崇拜符号。

以绳纹陶器为代表的“绳纹文化”从北海道到九州直至冲绳群岛均有分布，这一时期的先民以原始部落的形式聚居于沿海地区。与旧石器时代的原始人类一样，其食物来源主要依靠狩猎和渔猎，有所不同的是，绳纹人的狩猎和渔猎工具较之以前有了很大的进步，已经有了具备较远射程的弓箭以及耐用的渔网，除此之外，人们还开始用上了由兽骨制成的鱼叉和鱼钩。鱼叉安有木柄，叉头有各种不同的型式。至绳纹时代中期，在日本东北地区流行起一种叫“离头叉”的鱼叉，这种鱼叉叉头穿绳索，射中后与柄脱离，以绳索回收。考古发现，这个时期的日本先民已经大量地制造和使用独木船。

值得一书的是，绳纹时代，人们从洞穴中走了出来，建立了固定的住房。这种住房由木头支柱和草屋顶组成，被称作竖穴式房屋。早期的竖穴式房屋内没有炉灶，随着时间的推移，竖穴式房屋中央开始出现炉灶，中期以后，炉灶已经不再只是挖个土坑那般简单，而是用石块精心堆砌。

随着居住条件和食物的改善，原始村落的规模逐渐扩大，由几户人家发展至十几户、乃至几十户一个部落。绳纹时代中期，人口的增加，使先民们将原本分散的住屋集中到了一起，排列成环状，形成一个圆形中心广场，不仅有利于抵御野兽袭击，更有利于各种宗教活动的开展。

对于绳纹时代的人们来说，青春期或许是一个既让人兴奋，同时也令人害怕的时期，因为到了青春期，少男少女们都必须拔牙，这一习俗到底出于什么目的，直至现今仍困扰着考古学家，但是很多人都倾向这一说法，那就是青春期拔牙是被接受为氏族正式成员时举行的一种成年仪式。

成年仪式到底是怎样的情形，已再难复原，不过通过近年来陆续出土的文物，我们倒是可以一窥绳纹人死后的世界。绳纹人死后都会被葬于离中央宗教祭祀区不远的公共墓地，除了简单的由贝壳和兽骨制成的装饰物外，一般很少有其他的随葬器物。

自从发现绳纹时期的公共墓葬群以来，绳纹人是否是现代日本人的祖先便一直是考古学界争论不休的话题。有人说绳纹人的成分

阿伊努人为什么被称为“虾夷”？

日本在18世纪以前的史书记载中将阿伊努人归于“异国人物”、“外夷人物”范围。日本古代一直称阿伊努人为“虾夷”，“虾夷”一词带有贬义，直译是“毛人、囚俘、蕃人”的意思。随着日本资本主义的发展，阿伊努人饱受歧视和虐待。一位阿伊努老人说：“阿伊努族中没有小偷也没有乞丐，日本人才是小偷，他们借助天皇的名义成了一个从阿伊努民族掠夺丰饶土地的最大的小偷！”

比较复杂，很难代表作为单一民族的日本人的形象；有人质疑持绳纹人是现代日本人观点的学者，既然说是祖先，为什么在日本各地发现的绳纹时期的成年人的人骨在体质上有那么大的区别？认定“绳纹祖先说”的东京大学人类学长谷教授解释说，这是因为绳纹人分布全日本之后，由于自然环境和生活方式的不同，使他们在人体特征上有了不同的变化。

在大学教授和官方舆论的宣传下，越来越多的日本人接受了绳纹人是日本人祖先的这一说法，即使如此，日本人的祖先究竟是谁，他们来自哪里依然是人们争论的焦点，即便是日本学者，也无法将这一问题完全解释清楚。然而，对于绳纹人来说，他们更关心如何捕获食物，用什么样的贡品祭祀生灵，如何再建造一座高大的房屋，他们每天都忙忙碌碌，早出晚归，日子清苦，但生活很充实。不过这一切直到一群神秘来客踏上他们的土地，来到他们面前为止……

相关链接

1877年6月，美国动物学家莫尔斯到日本考察海洋动物，乘车从横滨赴东京途径大森车站，偶然发现离火车不远的地方有一座贝冢。是年9月，莫尔斯受聘为东京大学教授，便即刻组织考古队挖掘，出土粗陶、石器、骨角器等数百件，从而揭开了蒙尘数千年的日本原始社会的神秘面纱。

这些被称为“贝冢”的原始人类遗址，是当时人类的垃圾场，多为贝壳、鱼骨、兽骨的化石，同时也有大量的陶片、石器及人骨。大森贝冢的发现，标志着日本近代考古学的正式确立。在莫尔斯的指导下，一批日本学者相继加入了科学考古行列。

据考古统计，至1980年，日本各地（北海道除外）发现的贝冢已达1153处。绳纹时代的贝冢，属于早期的数量还不多，以后逐步增加，绳纹后期达到顶峰。

猛进的弥生时期

随着一群神秘来客的到来，原本发展缓慢的日本社会突飞猛进，一脚跨进了弥生时代。弥生时代的人们是幸运的，他们住上了更为舒适的干栏式房屋，吃上了可口的大米，开始使用铜器和铁器，生产力以令人咂舌的速度不断提高。他们不再为吃不饱饭而犯愁，他们建起了粮仓，储存过剩的大米，与现代人一样，当想换换口味的时候，他们还可以享用自己种的瓜果。身上的衣服也美观起来——麻布衣料远比草裙兽服漂亮得多，也更保暖。更为重要的是，弥生人制造出了一种呈红褐或黄褐色的陶器，正是由于这种陶器，让现在的我们有机会与几千年前日本先民相互凝视。

1884 年，在日本东京本乡的弥生町，也就是现在被称作东京弥生一丁目的地方，出土了一个陶制的壶，这个陶壶与绳纹陶器截然不同，虽无过多的外表装饰，但是形制优美，胎体细薄，是一件实用器。当这件陶壶被摆到当时的东京帝国大学人类学教室之时，一个问题同时也萦绕在了教授们的脑海里——该用什么名字给这种陶器命名呢？经过一番商讨，教授们一致同意，以这件陶壶的出土地来命名，于是，这件陶器便被称作“弥生陶器”，与陶器年代相对应的时代被称为“弥生时代”。

▼弥生时代的陶器

弥生时期最重要的社会内容之一是它的陶器制作。弥生陶器烧成温度约在 850°，因器形不同，大致可分为壶形器、瓮形器、钵形器和高脚杯式等几种。由于各地区文化进展不同，弥生时代的陶器形制也呈现出较为复杂的形态。弥生时代前期的陶器花纹用篦尖刻划，因 1931 年首次在福冈县远贺川畔的立屋敷遗址发现，故被命名为“远贺川式”。进入中期，九州地区出现的无纹陶器取代

前 3 世纪

日本进入弥生时代。弥生文化是在绳纹文化的基础上，受中国文化影响而产生。它首先发端于九州北部，逐渐向东发展，至后期遍及除北海道以外的日本全境。

约 1 世纪

水稻种植技术从日本西南部大规模传播至本州中部，这一时期，九州地区生产的丝绸、玻璃技术与冶金也有较大发展。

了“远贺川式陶器”，而与此同时，在本州西部出现了栉齿纹陶器，在其东部，则出现了有浓厚绳纹时代气息的陶器。

在陶壶所处的弥生时代，也即公元前 3 世纪前后，原本发展缓慢的日本原始社会突然之间“一夜暴富”，从原始的渔猎、狩猎阶段飞跃进了全新的农业社会，不仅有了整齐的稻田和各种灌溉施设，还有了各类用途的铁器和铜器，如锹、锄、镰等农具，以及铜剑、铜矛、铜戈等兵器，而在这之前，日本的先民还在大量使用兽骨和石头打制成的简陋工具，对于如何培育水稻更是一无所知。是什么人教会了他们种水稻？是什么人教会了他们打制金属工具？

如果有人感兴趣，或许可以从徐福东渡的传说中去寻找这些问题的答案，在这个先秦时期的方士身上，或许能捕捉到一些蛛丝马迹。但是学者们对此似乎没有太大的热情，他们更愿意以事实说话。通过对大量出土文物和遗址的深入研究，日本的考古学家认为，弥生时代之所以表现出前所未有的大跨越，其根本在于中国秦汉时期的移民入岛，这些秦汉时代的人们带来了大陆先进的农耕文明，给日本列岛注入了全新的气象。

随着大陆移民的到来，弥生人逐渐享受到了与绳纹人完全不同的生活。他们陆续从潮湿阴冷的沿海地带迁移到广袤的平原，在那里大兴土木，一座座干栏式的房屋拔地而起，一件件美丽的麻布衣服出现在弥生人的生活中。这一时期的衣服有两种基本式样，一种是套头式，一种是对襟式，男子有一种称为裳的缠腰，缠腰绕系于上衣。女子也穿裳，不过女子裳长及地，其形式犹如现代的拖地长裙。

与美丽服装相对应的是丰富的食物，在基本解决了温饱问题之后，女人们开始享有了比以往更多的首饰和其他装饰品。这些装饰品种类繁多，最常见的是手镯和项链。手镯用贝壳制作而成，少部分用铜制成，项链由各种不同形状的珠饰组成，其质料主要由玉石、玛瑙、琥珀和玻璃等构成。考古研究表明，玻璃手镯和勾形珠等的原料可能来自中国大陆，但制造地是在日本。

随着农业社会的兴起，男性在部落中的作用日益凸显，地位逐渐提升，同时积累起了大量的财物。由于生产力的迅猛发展，社会结构也发生了变化，原始社会逐步向阶级社会过渡。这一变化最明显的标志就是墓葬的规格和随葬品的多寡。

▲弥生时代兵器

日本弥生时代的铜剑、铜矛、铜戈等兵器，是由中国经朝鲜半岛传至日本的。中国式兵器细长而尖端锋利，而日本本土制作的同类器物则为扁平，尖端很钝，为宗教物品而非武器。

在弥生时代早期，这一变化还并不显著，绝大部分人的墓里很少或完全没有随葬品。至弥生时代中期，九州地区的一些墓里已经出现大量的珍贵随葬品，种类包括铜剑、铜矛、铜镜、各种珠饰和玻璃璧等。这一现象说明，弥生时期的社会已经出现占统治地位的人，他们拥有生前的巨大权力和死后的无上荣光。

这个被后人命名为“弥生”的时代，在其步入后期之后所要展开的一系列故事，将彻底把日本列岛带入一个与绳纹时代和早期的弥生时代迥然不同的全新时代，这个时代里有骇人听闻的杀戮，也有令人忍俊不禁的笑谈，就像一出情节跌宕的惊悚电影。进入弥生时代后期不久，在这片与大陆隔绝的土地上将出现一个国家和一个女人，把日本一步步地引向了奴隶制社会。

相关链接

2007 年，日本前首相羽田孜不顾年事已高，应邀参加了在江苏赣榆举行的第七届徐福节活动。在活动中，羽田孜作了题为“在日本的秦（羽田）姓与我”的专题演讲，此次演讲，羽田孜谈到自己的姓氏，他说：“我姓‘羽田’，名‘孜’。羽田这个姓氏，如果追踪寻源就是来自‘秦’姓。就是秦始皇的‘秦’！日语中秦的发音和羽田的发音相同。”羽田孜认为，羽田家族之根来自中国，祖先就是徐福。至于为什么要改“秦”为“羽田”，这位日本前首相还讲了段故事。

▲身着中山装的羽田孜

原来在 1554 年，羽田孜的先人秦幸清战败自杀，这以后，秦姓在日本被禁用，于是这支秦姓后人便用和“秦”发音相同的“羽田”为姓。在羽田孜的故乡，至今还保留“秦阳馆”的匾额，以示羽田家族对“秦”姓的怀念。

亲魏倭女王卑弥呼

弥生时代晚期，日本列岛上出现了大大小小数百个国家，这些国家曾经多次向汉朝设在朝鲜半岛的乐浪郡朝贡，以获得名分上的认同，巩固自己的统治。在中国的史书中，这些大小不等的国家被统称为倭国。据史书记载，公元57年，倭国派使者来东汉国都洛阳朝贡，光武帝刘秀赐给他一枚刻有“汉委奴国王”的金印。1784年2月23日，在日本九州福冈县的志贺岛上，一个叫甚兵卫的农民在整修农田水沟时，锄到一块大石头，随后在这块大石下发现了这块金印。

三国魏明帝景初二年（公元238年），倭国中邪马台国的卑弥呼女王派遣难升米和都市牛利两个使者，来到朝鲜半岛上的带方郡，向太守刘夏提出，希望能去魏都洛阳朝见魏国皇帝，进献贡品。刘夏答应了他们的请求，并亲自带领使者来到了国都洛阳。这两位使者向魏明帝献上了四个男奴隶，六个女奴隶以及二匹二丈的布。

邪马台国是个什么样的国家？

日本早期的奴隶制国家。公元2世纪末形成，位于九州岛北部。据《三国志·魏志·倭人传》记载：约七万余户。由女性部落领袖作国王，役使奴婢千人，统率附近二十余小国。东汉、曹魏时，与中国有使节往来。公元3世纪后，不复见于中国史籍。

远涉重洋来朝贡，让魏明帝非常高兴，于是下诏封卑弥呼女王为“亲魏倭王”，赐以金印紫绶，同时封正使难升米为“率善中郎将”，副使都市牛利为“率善校尉”，并赐以银印。作为对卑弥呼贡品的答礼，魏明帝赐给绛地交龙锦五匹、蒨绛五十匹，绀青五十匹，又单赐卑弥呼绀地句文锦三匹、细班华罽五张、白绢五十匹、金八两、五尺刀二口、铜镜百枚，珍珠、铅丹各五十斤。

两年后，这些赐赠物品由带方郡官员送到倭国，这是魏使第一次到达日本列岛。这之后，双方来使不断，魏使到倭国两次，倭国使者到魏国四次。其中卑弥呼女王所统领的邪马台国与魏国交往最为密切。那么这个卑弥呼女王到底是怎样一个人物呢？

日本列岛自进入农耕文明以后，由于农作物的大量生产，食物出现剩余，部落之间出现了贫富差距。为了争夺农业资源，掠夺人口，各部落之间经常发生争斗，随着规模的不断扩大，最后演变成战争。经过多年的兼并战争，日本列岛原本大小不一的百余国逐渐合并为三十几个国家，其中以邪马台国实力最为强大。与中国战国时期诸侯争霸一样，在多年的征伐中，邪马台国也成了这三十几个国家共推的霸主，其国王也被认为是天下的共主。

在卑弥呼成为女王之前，邪马台国是以男子为首领，公元188年左右，一些小国之间又再起战端，史书记载为“倭国乱，相攻伐”，最后各国贵族共同推举卑弥呼为女王，日本列岛这才恢复了安定。据《三国志 · 魏志 · 倭人传》记载，卑弥呼女王“事鬼道，能惑众”，照此理解，卑弥呼应该是一个类似于掌管部族祭祀的神职人员。由于战争频发，各国都祈求上天庇佑，获得胜利，而这一祈求行为又由部落祭司负责，久而久之，祭司者的地位凸显出来，他们利用原始巫术控制族人，由此获得了至高无上的权力。卑弥呼女王便是这样一个人。

▲卑弥呼女王（右）

卑弥呼登上权力宝座之后，据说常年居住在深宫里，很少与外人见面，后世学者认为这是为了保持其作为与上天沟通的神祭者的神秘面纱。据《魏志 · 倭人传》记载，这位女王有千余名女奴婢服侍，而平常的饮食起居都通过一个男侍来完成，又说其只是以大祭司的身份来统治国家，而真正以世俗权力统治邪马台国的则是这个男侍。而这个男侍在有些学者看来，即史书上所记的“有男弟佐治国”的那个“男弟”。

卑弥呼女王统治期间，邪马台国已出现大率、大倭、大夫等官职，这些官职均由占统治地位的“大人”阶层出任。大率是邪马台国派驻各附属国的督察官员，大倭监管集市贸易，大夫则是掌管外交事务的官员。除了“大人”，邪马台国还有“下户”和“生口”两大被统治阶层。“下户”为自由民，有家室，交纳租税，占人口的绝大多数，是主要的劳动力。他们与“大人”等级分明，尊卑有序，“大人”可娶四五个妻子，而“下户”只可娶二三个妻子，除此之外，如果两者在途中相遇，“下户”必须要避到草丛当中，或蹲或跪，两只手要抵在地上，只有这样才算恭敬，在回话的时候，要说“噫”，如同现在的“是的”。相对于“下户”的自由之身，“生口”则为彻底的奴隶，这些奴隶多为战俘和罪犯，供统治阶层随意驱使，有的还被用来作为殉葬品。

卑弥呼时期的邪马台国由于铁器农具的大量使用，农业生产力大幅提升，粮食出现了剩余，这些剩余的粮食有的就被用来酿酒，在邪马台国，不分男女，都逐渐养成了嗜酒的习惯。除了粮食的富余，贸易也开始兴盛起来，出现了“国国有市，交易有无”的繁荣景象。

当时的人认为凡事都已注定，无论什么事情都要问个吉凶，占卜一般采用烧骨的方式，然后按火烧出来的痕迹来断定凶吉。还有一个习俗颇引人注目，当时若是有人去世，不立刻下葬，而是在家中停尸十天左右，在这十天里，丧主不能吃肉，而当丧主哭泣时，参加丧礼的人则唱歌跳舞，一起喝酒，等死者入土，葬礼结束后，丧主全家要沐浴更衣。这一时期，民风淳厚，极少发生偷盗淫邪的恶事。当时人似乎还没有用上筷子，吃饭都用手抓，且冬夏吃的都是生菜。

▲光武帝所赐金印

这一时期，日本列岛基本上处于相对稳定发展的阶段，虽然由于地域差异而导致各国发展并不平衡，但是相互融合的步伐正在加快，当然，这种融合也不完全是和风细雨的。邪马台国的卑弥呼女王与狗奴国的卑弥弓呼交恶，两国交战多年，各有损失。卑弥呼女王便通过带方郡向魏国求助，而就在这个时候，也就是公元 246 年，带方郡发生了当地人起义，守城太守战死，虽然魏国很快平定了这次起义，但在太守战死的这一段时间内，带方郡也陷入了短时的混乱，直到第二年，新上任的郡守才处理卑弥呼女王的求助事宜。虽然由于魏国的相助，邪马台国稳定了局势，恢复了盟主的地位，但是由于魏国援军姗姗来迟，卑弥呼女王已经在和狗奴国的战争中战死。

卑弥呼死后，邪马台国曾经立过一个男子为王，但是却因此引发了一场内乱，支持者与反对者相互对立争斗，死了近千人。后立卑弥呼的宗女壹与为王，动乱的局势才算稳定下来。传说，这位新任女王与卑弥呼相同，也是一个祭司。

然而相同的身份，却不能创造相同的成绩。政局虽重新稳定了下来，但邪马台国却再没有了曾经女王在位时的辉煌，单凭此后百余年间中国史书再没提及倭国及邪马台国一事便可见一斑。邪马台国的衰落，几乎已能肯定，而另一个更强大的国家则正在发展、酝酿。

相关链接

邪马台国究竟位于现在日本的什么位置，学术界存在着巨大的争论。目前主流的观点有九州说与大和说两种。九州说认为邪马台国位于九州北部地区，大和说认为邪马台国位于奈良的大和地区。目前为止，九州说较为被一般学者认同，因为在这一地区陆续发现了许多反映原始崇拜、生殖崇拜、鬼神崇拜的陶俑，这些陶俑多数用来祭祀，符合卑弥呼本身为大祭司的情况。大和说的主要依据来源于卑弥呼死后所作的坟墓规制与日后大和国的古坟极为相似，且在这些坟墓内发现了汉魏时期的铜镜，于是认定为这就是魏明帝赐给卑弥呼的铜镜。

大和国的脚步

在邪马国逐渐走向没落，直至被浓重的历史烟云笼罩成一段难以诉说清楚的故事之后，公元4世纪初，在现今的奈良地区，逐渐兴起了一个比邪马台更加强大的国家。因其地处大和盆地，故得名大和国。这一时期，不知道是为了炫耀权力和财富，还是某种形式的信仰，大和国的统治者大量营建规模巨大的坟墓，因此在考古上，大和国时期也被称为“古坟时代”。这些大坟自平地高高隆起，周围围绕着被称之为“埴轮”的黏土小雕像，气势雄伟。

在被历史的尘埃掩埋千年之后，近代的一些学者重新将关注的目光投向了已经不知所踪的邪马台国。他们从这个古国的读音上似乎找到了与随后统一日本的大和国的某些关联。他们认为，yamatai（邪马台）即后来的 yamato（大和国）。这一考证似乎为大和国在奈良地区的迅速崛起提供了理论上的依据。如果先前没有一个较为强大的文明做基础，大和国的盛起似乎很难在短时期内得以实现。尤其令考古学者感兴趣的是中国史书中记载的卑弥呼死后“大作冢，径百余步”，这一记录表明，在邪马台时期，统治者死后都会安葬于类似的大型坟墓中，而这也正是日后大和国出现的巨大坟墓的雏形。

不过遗憾的是，由于日本列岛在很长时间内都没有出现可供记录的文字，对于日本早期的国家历史，总是存在着“百个人百种说法”。异议较小的一个说法是，这个被称为“大和”的国家奠定了日本民族的主体。

公元4世纪初，日本列岛各种武装兼并战争依然在旷日持久地进行，到4世纪末，大和国依靠其先进的武器以及尚武的精神，四方出征，威震列岛，其势力范围逐步扩张到九州与关东一带。在日

大和时代为什么被称为古坟时代?

大和时代又称古坟时代，是日本继弥生时代之后的时代，从公元300年开始，迄于公元600年，因当时统治者大量营建“古坟”而得名。古坟的分布基本上遍及本州岛南部，以奈良、大阪的大和盆地为主，北海道则未发现。

本最早的史书里，这些兼并战争以神话的方式展现得淋漓尽致。如崇神天皇派遣大彦命征北陆，武渟川别征东海，吉备津彦征西道，丹波道主命征丹波的故事等。

经过近百年的持续发展和向外扩张，到公元5世纪初，原本居于一隅的大和国基本完成了统一日本的大业。公元478年，大和国王致当时南朝的宋顺帝的表文上对其祖先的征伐统一战争做了一番夸耀："自昔祖祢，躬擐甲胄，跋涉山川，不遑宁处，东征毛人五十五国，西服众夷六十六国，渡平海北九十五国。"

随着国家的统一，大和国的生产力有了进一步的发展。为了适应这一生产力的发展水平，大和国将原本在本国内实行的部民制扩大到整个日本列岛。部民制产生于4世纪，部民是皇室和贵族的私有民，归属皇室的私有民叫作公部民，归属贵族的私有民叫作私部民。依照分工不同，这些私有民被分成不同的部，从事手工业的私有民称品部民，从事农业的称田部民。作为皇室与贵族的私有财产，这些部民的名字也被冠以主人名，或是职业名和地名，以此来表明皇室与贵族阶级对他们的所有权。

古坟时代最大的古坟是哪一座?

日本古坟时代最大的古坟是大阪府的仁德天皇陵，长486米，后面的圆部直径249米，高35米，前面方部宽306米，高33米，面积甚至超过金字塔或中国的秦始皇陵，需要2000人连续劳动16年方可造成。

与部民制这种经济基础相对应的政治制度是氏姓制。氏是由贵族的直系、旁系血缘家族组成的社会集团。氏的首领为氏上，在朝廷担任要职。他们不仅拥有田庄和部民，还拥有显示其地位的姓。姓原来是氏人对氏上的尊称，后来随着大和国势力的发展，作为一种统治手段，国王掌控了赐予或剥夺贵族姓的权力，天皇赐姓的标准是血统和职务。姓的种类有臣、连、君、别、公、直、造、首、史、村主、稻置等，其中姓臣与姓连的贵族地位最高。

在日本列岛获得稳固的统治地位之后，大和国开始向朝鲜半岛扩展它的势力。当时的朝鲜半岛正处于由高句丽、百济、新罗三国鼎立的局面。其中高句丽实力最为强大，百济最弱。为了应对高句丽和新罗的威胁，百济与大和国结盟，借大和国的军事力量来对抗两国，而大和国则利用这一契机，发动了对朝鲜半岛的入侵，并占领了其东南部的一些地区。但是由于高句丽势力的不断南下以及与新罗联手，大和国在朝鲜半岛的势力被逐渐瓦解，在两国不断的联合打击下，大和国的入侵行为最终以失败告终。

从公元 5 世纪到 6 世纪初，大和国相继有五位国王统治过日本列岛，史称“倭五王时代”。公元 413 年，即东晋安帝义熙九年，大和国王赞派遣使者来中土朝贡，公元 421 年，即南朝刘宋永初元年，大和国王又派使者朝贡，宋高祖刘裕下诏：“倭赞万里修贡，远诚宜甄，可赐除绶。”公元 425 年，又遣中土移民司马曹达奉表朝。倭五王时代，大和国对中国的积极朝贡，一方面是出于对中国各种名贵稀有物品的迫切需求，另一方面也是想通过朝贡，获得中国皇帝的册封，以此借助中国的权威加强对周边小国，尤其是在朝鲜半岛的影响力。随着跟中国关系的日益加深，大陆先进的生产技术和文化或通过朝鲜半岛，或通过移民大量传播至日本列岛。日本无论是冶炼技术、制陶术，还是纺织术都有了更为迅速的发展，在这一时期，汉字、儒学及佛教也相继传入日本。

倭五王时代

《宋书·蛮夷传·倭国》记载，5 世纪至 6 世纪初，有五位国王先后统治过大和国，史称“倭五王时代”。这五位倭王分别是“赞”、“珍”、“济”、“兴”、“武”。

汉字最初由居住在朝鲜半岛的汉人传至日本列岛，这些人精通中国儒家典籍，进入日本后，受到大和朝廷的欢迎，常被委以史官或是财政方面的重要职务，并赐予姓氏，有的还担任大和国王儿子的老师。由于汉字是随着儒家经典的传入而被接受的，所以儒学在日本统治阶级被广泛接受就成了极其自然的事情。据中国史书记载，当时日本的汉文已经有了非常高的水平。公元 522 年，中国南朝梁人司马达来到日本，在高市郡板田原搭建了草庵，安置随身携带的佛像。那时候的日本人还不知佛教为何物，便将司马达带来的佛像称为异域之神，这是日本民间输入佛教的开始。公元 552 年，百济的圣明王派人到日本，向大和国送上金铜像一尊、幡盖及经书若干，并赞颂佛的功德。对于要不要信奉佛教，大和朝廷展开了激烈的讨论。崇佛派的苏我稻目说要信，排佛派的物部尾舆、中臣镰子均说不要信。当时的大和国王采纳了物部尾舆和中臣镰子的意见，并把佛像赐给了苏我稻目。苏我稻目用私宅专门供奉佛像，不久以后，当地发生疫病，有很多人相继死亡。物部尾舆认为这些怪像是因佛像的传入而引起的，便奏请国王将佛像扔进了河里，并且烧毁了供奉佛像的殿堂。

公元587年，苏我稻目的儿子苏我马子联合皇室成员消灭了物部尾舆的儿子物部守屋，把持朝政，佛教才在日本全国推行开来。

外来的文化，一点点地渗透到日本的各个领域，在与本土文明不断撞击、融合的过程中，逐步完善、成熟，因而，大和国的脚步走得更加稳健，脚下的路也延伸到更远。

相关链接

苏我马子虽是虔诚的佛教徒苏我稻目的儿子，但是他并非生来就笃信佛教。按佛教说来，也是因缘而起。公元582年，苏我马子将两尊来自百济的佛像供奉在自己的家中，并同时尊崇三尼。三尼即善信尼、禅藏尼与惠善尼，原本是三个普通人家的女孩子。马子看中了她们，便要求三人出家，招她们在殿供奉法会斋食。一次，有人在斋食上看到了一佛舍利，便进献给苏我马子，苏我马子多方检验其真伪，舍利始终完好无缺，于是认定这佛舍利为神物，从此深信佛法。

》专题 神武天皇就是徐福吗？

是传说人物还是历史真实？这个问题对于我们了解神武天皇似乎并没有太多帮助，古往今来的日本人更愿意以自身喜好来刻画自己国家第一代天皇的清晰形象。于是，在《古事记》和《日本书记》两本古老的日本史书里，这位大和王权的开山鼻祖一会叫神倭伊波礼毗古命，一会又叫神日本磐余彦；一会说死后葬于亩傍山东北陵，一会又言葬于亩傍山詹北白祷尾。这段令人浮想联翩的动人故事似乎从一开始就充满了戏谑的味道，尤其是在将神武天皇和徐福联系在一起之后，就更显得扑朔迷离了。

公元711年，是日本元明天皇在位的铜和四年，这年的9月18日，元明天皇下诏令安万侣编纂日本古代史，一年后的1月28日，记载了数代口口相传的故事的三卷本《古事记》摆到了元明天皇的御座前。这本古书以皇室系谱为中心，讲述了日本从开天辟地到推古天皇这千年间的传说与史事，有关神武天皇的故事也第一次以文字的形式记录在了官方的典籍里。公元720年，经“壬申之乱”而取得政权的天武天皇为了表明自己的正统地位，下令编纂正史，名为《日本书记》。与《古事记》相同，这本史书的开篇也记载了诸多的神话故事，其中也包括大名鼎鼎的日本第一天皇神武天皇。

天照大神是谁？

日本神话传说中最核心的女神——太阳女神，是日本神话中高天原的统治者。她被奉为今日日本天皇的始祖，也是神道教最高神祇。据说其原型是邪马台国女王卑弥呼。

在这两本编纂年代相隔不远的史书里，神武天皇被描绘成了天照大神的后裔。相传，天照大神的孙子琼琼杵尊下凡到高千穗山峰，娶木花开耶姬为妻，并生了火降芹命、火明命和彦火火出见尊三子。其中彦火火出见尊娶海神之女丰玉姬，生了鸬鹚草葺不合命，然后鸬鹚草葺不合命又与玉依姬命生了五濑命、稻冰命、御毛沼命、若御毛沼命，其中若御毛沼命即日后的神武天皇。

传说这位武功盖世的神武天皇在他45岁的时候，率领部众进行了旨在统一全日本的东征。据记载，神武天皇跨过濑户内海，一路高歌猛进，势如破竹，眼看天下尽在掌握之中，这时，这位天照大神的子孙突然感应到了不应向着太阳的方向征讨的神旨，于是改变进军路线，绕道记伊。而就是这次改道，神武天皇失去了他的几位兄弟——五濑命中箭身亡，不久在海上遇到暴风雨，稻冰命和御毛沼命以身殉海以求平安。

痛失亲人的神武天皇不改初衷，带领部众继续向前，一路踏马而来，收服了众多的土豪与部族首领，然而很快，神武天皇遭遇到了他平生最强的对手长随彦。交战之初，神武天皇不能得胜，战斗进行到一半的时候，突然天色大变，一只金色的鸟停落在神武天皇的弓上，这只金鸟全身泛着刺眼的光芒，令长随彦的军队无法张开双眼对战，趁此机会，神武天皇掩杀而去，大获全胜。为了替兄弟报仇，天照大神的这位争气子孙穷追猛打，不给长随彦以喘息之机。不得已，长随彦提出与神武天皇见面，并道出了自己不投降的原因，他告诉神武天皇，自己的妹夫饶速日命也是天神的苗裔，而天神的子孙不该为两种，所以他怀疑神武天皇的神性。

▲手握大弓的神武天皇，弓上正停落着全身放光的金鸟。

后来，饶速日命与神武天皇相见，互换信物，确认彼此皆为天照大神的子孙，而后饶速日命追随神武天皇平定四方。经过六年东征，神武天皇安定天下，辛酉年正月，在橿原宫即位，大赏功臣，在位76年后驾崩。

近千年来，对于神武天皇是否真实存在，无论是民间人士，还是专业学者都有自己的一套说法，莫衷一是，让人难辨真伪。当人们试图从日本的古史中寻求答案的时候，会蓦然发现，这些历史文献中的记载又过于一厢情愿，在展现瑰丽的远古风景的同时，又模糊了历史细节的描述。于是，这位神武天皇生于何时、死于何地成了一个永远没有标准答案的悬案。

或许正是因为这个原因，不知从何时起，众多的研究者将目光投向了一个来自中国的古人，这个古人就是徐福。公元前219年，徐福上书正在东巡的秦始皇，愿去东海仙山为始皇帝求长生不老之药，秦始皇应允，于是徐福带领千名童男童女，及稻种、药物、随从和技艺百工渡海东去，前两次无功而返。公元前 210 年，徐福第三次出海求不死之药，后再没归来。

▲徐福东渡

徐福到底去了哪里？司马迁在《史记》里说徐福到了“平原广泽”之地，这个地方气候温暖、风光明媚、人民友善，便留下来自立为王了。而这个“王”就是神武天皇。持这一观点的人认为，神武天皇东征实际上就是徐福带领船队东渡日本的历史反映，一直被日本皇室奉为至宝的“剑、镜、玉”三神器，无论是其形制还是制造年代都介于中国的秦汉之间，而这些器物也是徐福从中国带来的。有些考古学者通过考察发现，神武天皇东征路线和徐福登陆日本后的北迁路线相同，尤其是 20 世纪 60 年代以来，在神武天皇东征路线上，陆续出土了很多中国秦代时期的器具，这为神武天皇即徐福说提供了实物证据。

不过这不免又让人们陷入另一种思考，徐福本人是否真的到过日本？司马迁所说的“平原广泽”指的是否就是现在的日本？司马迁语焉不详，而日本文字又出现较晚，对早期历史没有片字记录。正因如此，在有人将神武天皇认定为徐福的同时，一些学者认为这一说法十分荒谬。在他们看来，即便徐福真的东渡至日本，也不可能是神武天皇，照《神武纪》所记，神武天皇的即位之年为辛酉，为公元前 660 年，而这时始皇尚未出生，又何来徐福奉始皇之命出海求药？如此算来，徐福也就不可能与神武天皇划上等号。而且从字面上来理解，神武很明显为中国式谥号，而神日本磐余彦或是神倭伊波礼毗古命则是日本式谥号，所以，这类学者认为神武天皇很可能是后人的附会之言，是明治维新之后，皇权上升的产物。在这一时期，对神武事迹的考证和研究成为一时“显学”，而日本政府也于 1889 年在据说神武建国地的奈良县橿原市重建了橿原神宫。在每年传说的神武天皇驾崩日，橿原神宫都会举办颂扬其丰功伟业的祭典，包括古装游行等丰富多彩的活动。

相关链接

有关徐福的家乡到底是在哪里，目前主要有两种说法，一说为山东龙口，司马迁在《史记》里提到徐福出海求长生不老药一事说，徐福是齐地人，后有人更为精确地指出徐福是山东龙口人。另一说为江苏连云港，20世纪80年代初，江苏连云港赣榆县进行了一次地名普查，在县城北金山乡南一公里的地方发现一个叫“徐阜”的自然村。当地人对调查人员说，“徐阜”在明清时期被称“徐福村”，据此，有人认为此地便为徐福故里，此说被多数人认同。

第二章

狂飙突进：从飞鸟时代到平安时代

厚积薄发方能狂飙突进，在对中华文明的积极汲取中逐渐兴盛起来的日本社会，在这个时代无疑走上了一条宽庄大道。与中土文化的频繁交流，律令制度的建立，文化艺术的兴盛，直至形成具有本土特色的“国风文化”，都显示出日本欣欣向荣的景象。这一景象虽然有“拿来主义”的倾向，但是毋庸置疑的是，日本确为一个懂得独立思考、性格刚毅坚韧的好“学生”。这种性格对日本民族形成了直至现今的巨大影响。

圣德太子摄政

历史并非由单个的英雄创造，却也离不开那些独具魅力的特殊人物，圣德太子对日本而言，便是一个不容忽视的重要人物。历史的偶然将他推上了摄政王的位置，于是，他不负重望，大刀阔斧地进行改革，一个全新的局面出现在日本人面前，他们为这种改变而兴奋不已。但苏我马子是个例外，手握实权的他忧心权力被削弱、被剥夺，开始对改革百般阻挠。在这场改与不改的斗争中，圣德太子败下阵来，迎接他的竟是抑郁而终。

据说在公元574年2月7日，穴穗部间人公主在皇宫马厩的外面产下了一名男婴，这名男婴就是后来的圣德太子。因为这个缘故，父亲用明天皇给这个男婴取名为厩户，又因为据说他能够同时听10个人说话而不会误听，又给他取了个别名，叫丰聪耳。

用明天皇死后，崇峻天皇即位，以苏我马子为大臣。苏我马子依仗其权势，全面操控内外朝政，崇峻天皇感到自身皇权受到威胁，想除掉这个眼中钉。但是令他没想到的是，苏我马子却率先动手，公元592年11月3日，苏我马子指使东海直驹杀害了崇峻天皇。事后，苏我马子当政专权，拥立自己的外甥女丰御食炊屋姬为天皇，这就是被后世称为推古天皇的日本第一位女皇。

苏我马子拥立自己的外甥女为天皇，并非单纯的任人唯亲，而是出于政治上的慎重考虑。崇峻天皇死后，皇室成员为争夺皇位打得不可开交，各派实力相当，相持不下，苏我马子为了求得各派势力的平衡，于是在公元592年12月8日拥立38岁的推古天皇即位。

推古天皇即位的第二年，就将自己的外甥厩户丰聪耳立为太子，并封其为摄政王，辅佐自己执政。圣德太子摄政后，采取了一系列

▼日本历史上的第一位女天皇推古天皇。18岁时，她被自己同父异母的哥哥敏达天皇纳为妃子，后成为皇后。敏达天皇死后，她成为两派权力斗争妥协的成果，于592年被拥立为天皇。在圣德太子的辅佐下，她推行了一系列改革措施，推动日本进入了一个快速发展的时代。

▲圣德太子，出生于公元574年，自幼聪明好学，曾随大陆移民鞍作氏学习佛教和先进文化。随着政治上的不断成熟，他对现状日益不满，产生了改革政治的强烈愿望。593年圣德太子登上日本的政治舞台，一展其雄心勃勃的政治抱负。

的改革措施，大力加强了皇权统治，逐步建立起了以“天皇”为中心的中央集权制度。在这一系列的改革中，最为重要的是制定了新的官位制度，即“冠位十二阶”。冠位十二阶制定于公元603年，于次年施行。冠位不分门第，只按才干和功绩授予个人，不能世袭。“冠位十二阶”的施行在一定程度上抑制了贵族的势力，并起到了广纳贤才的作用，推进了贵族的官僚化和以天皇为首的官僚体制的形成。

公元604年，圣德天子制定了《十七条宪法》，这是日本第一部成文法典。其内容多出自中国儒、法、道诸子百家以及佛教思想，其中儒家的“三纲”、“五常”是《十七条宪法》的核心思想。它规定了每个等级不同的社会地位与权利义务，特别突出规定了皇权的崇高性，比如“承诏必谨，君则天之，臣则地之”；“国靡二君，民无两主；率土兆民，以王为主”。

圣德太子最为后人称道的是其对于佛教的弘扬。为了统一思想，便于统治，也出于自身对佛教的笃信，圣德太子热心于佛教教义的研究，倡导佛法，他在《十七条宪法》中就提到要“笃敬三宝”。而在颁布宪法之前，也就是公元594年，圣德太子就曾下诏要“兴隆三宝”。他数次在皇宫中讲经说法，亲自撰写《胜鬘》、《莲华》、《维摩》三经义疏，兴建了四大天王寺、法隆寺、中宫寺等七座佛寺。

公元607年，圣德太子主持修建法隆寺。该寺最早被称为斑鸠寺，其建筑风格明显受到中国南北朝尤其是北朝风格的影响。由于圣德天子的提倡，这一时期，日本各地出现了竞相建造寺庙的景象，到公元624年，日本已经建造了46座寺庙，僧尼人数达到1300多人。

与建造法隆寺同步，圣德太子开始将目光投向一个强大的邻国——中国。此时的中国已经结束了自魏晋南北朝以来400多年的分裂局面，建立起了大一统的隋帝国。为了汲取大陆文化，充实国力，也为了摆脱与大陆朝廷交往中历来的屈从地位，建立对等地位，巩固自身统治，607年，圣德太子派遣小野妹子第一次出使隋朝。据说在携带的国书中有“日出处天子致书日没处天子，敬问无恙”的话，小野妹子担心隋朝的皇帝看后会大怒，可能还会杀了自己。但实际结果要比小野妹子预料的好得多，隋朝皇帝似乎很平静地接受了彼此的平等关系，而且在第二年还派出了使臣回访日本。公元608年9月，圣德天子派小野妹子第二次出使隋朝，这次带来的国书称《东天皇敬白西皇帝》。

此次与小野妹子同行而来的还有8位留学生。这是日本向中国派遣留学生的开端。这些留学生长期在中国生活学习，直至充分掌握中国的文化制度后方才回国。这些人在日后的大化改新及律令国家的建设中发挥了巨大作用。

圣德太子的一系列卓有成效的改革，引起了苏我马子的警惕与不满，苏我马子担心长此下去，自己会失去对朝政的控制，于是多次间接或直接地警告圣德太子，要他注意自己的身份，并且多次阻扰圣德太子的改革。圣德太子因此心灰意冷，于公元622年郁郁而死。临终前他给太子妃留下遗言：“世间虚假，唯佛是真。”又告诫自己的儿子：“诸恶莫作，诸善奉行。”据说圣德太子死后，日本各地，不分男女老幼，“哭泣之声，溢于行路”。

圣德太子的妃子多至波奈大女郎为了纪念自己的丈夫，亲手制作了“天寿国曼荼罗帐”，如今已经成了日本的珍宝。1878年，日本政府为圣德太子重修坟墓时，发现墓室内的干漆棺已成碎片，遗骨也已化成尘土。

小野妹子是男的还是女的?

日本飞鸟时代推古朝的男外交官。607年作为第一次遣随使携带国书来中国，受到隋炀帝接见。608年由文林郎裴世清为使，陪送回国。归国途中，因丢失隋帝国书，要处流刑，后得推古天皇赦免。同年裴世清回国时，又作为陪送使，再度来中国，携有《东天皇敬白西皇帝》的国书。609年归国。

相关链接

小野妹子第二次出使隋朝归来后，向推古天皇述职时声称将隋炀帝带给天皇的国书不慎丢失。为此事，曾有大臣建议推古天皇判处小野妹子流刑，好在圣德太子及时晋见天皇进行劝阻，小野妹子才逃脱惩罚。对于小野妹子丢失国书的说法，历史学界众说纷纭，最为认可的有这样三种可能：一是国书确实丢失；二是国书载有隋朝廷对日本修书无礼的指责言辞，小野担心天皇看了震怒，惩罚自己或导致中日修好失败，就耍滑头故意毁掉；三是国书并未丢失，小野秘密呈给了天皇。但天皇因国书上有不利之辞，担心扩散后不利于外交，而令小野托辞丢失。

白村江海战

以现在的眼光来看，发生在中日两国历史上的第一次正面对决——白江村海战，对日本而言，有着无法磨灭的积极意义，这场战事虽然以日本败北而宣告结束，但日本也从中认识到了自己与当时的唐朝所存在着的巨大差距，使其收敛了自身的傲气与野心，以谦卑的姿态全方位地向灿烂光辉的中华文明学习。而经此一战，唐朝不仅给了日本以深刻的教训，也愈加巩固了在东亚文化圈的宗主地位。从这个角度来说，这场战争没有输家。

藤原家族的祖先是谁?

藤原家族的祖先是中臣镰足。其出身于贵族家庭，曾任神祇伯，后退宫，与轻皇子、中大兄皇子等人参划大化改新。后推翻苏我氏。孝德天皇即位，改任内大臣，与皇太子中大兄皇子同为改新政府之重镇，为律令体制奠定了基础。临终时，天智天皇赐姓藤原。后来，藤原氏族成为日本最有力的贵族。

公元645年6月12日，皇极天皇准备在板盖宫大殿接见来自朝鲜半岛的使者，按照以往天皇接见外国使者的惯例，把持朝政的大贵族苏我入鹿必会到场。苏我氏自苏我稻目以来，擅权专政近百年，飞扬跋扈，铲除异己，僭越皇权，横霸于世，而苏我入鹿，更是为人暴虐，甚至逼迫圣德太子的儿子山背大兄皇子自刎。传说在山背大兄皇子死去的那一刻，天降祥云，光彩夺目，而当苏我入鹿抬头仰望时，天空却突然变成了黑色。

苏我入鹿的倒行逆施引来了皇室成员和朝臣们的强烈不满，以皇极天皇长子中大兄皇子和贵族中臣镰足为首的革新派决定除掉苏我入鹿。两人决定在皇极天皇接见外使时，刺杀苏我入鹿。中臣镰足向中大兄皇子推荐了佐伯连子麻吕为刺客。

当天，就在皇极天皇接受外使献上的礼物时，中臣镰足命佐伯连子麻吕动手，但没想到，平时刚毅勇敢的佐伯连子麻吕此刻却胆怯起来，迟迟没有动手。就在这时，中大兄皇子拔出自己的剑刺伤了苏我入鹿，佐伯连子麻吕这才壮起胆来，一剑刺入苏我入鹿的喉咙，割下了他的首级。而后用草席裹尸，弃于荒野。苏我入鹿被成功诛杀后，中大兄皇子很快分化瓦解了苏我氏的军队，苏我入鹿的父亲苏我虾夷也自焚而亡，苏我氏一族从此一蹶不振，走向没落。

在消灭苏我氏中立下汗马功劳的中大兄皇子，并没有遵从皇极天皇的意思继承皇位，而是听从了中臣镰足的意见，推举自己的舅舅轻皇子继承皇位。公元 645 年 6 月 14 日，轻皇子登基，是为孝德天皇。孝德天皇即位后，建立了日本最早的年号“大化”，开始了以中大兄皇子为主导的革新，史称“大化改新”。

大化改新完善了日本的政治制度，社会经济得到了发展，日本从奴隶制走向了封建社会。就在日本社会快速向前发展的同时，在不远处的朝鲜半岛上，高句丽、百济、新罗三国正在为消灭对方、统一半岛进行着旷日持久的战争。公元 655 年，高句丽联合百济进攻新罗，新罗向支持自己的唐王朝求援。唐高宗遣使调解无果，于是先后派程名振、苏定方、薛仁贵等将领率兵出击高句丽，企图牵制其兵力以减轻对新罗的压力。此举仍旧没有达到预期的效果，百济不断支援高句丽，持续向新罗发起进攻。

公元 660 年，新罗王再次向唐朝求援，唐高宗遂以左武卫大将军苏定方为神丘道行军大总管，率领水陆大军 10 万余人，从成山渡海向百济发起进攻。百济军屯守熊津口进行抵抗，但在唐军南北夹击之下，很快溃败，随后唐军与新罗兵合一处，向百济都城泗沘进军，10 天不到，便灭了百济国。

百济国被灭之后，原百济王扶余璋的部下福信及浮屠道琛率众据守周留城，抗击唐军。10 月，福信派遣使臣到日本，要求迎回在日本为人质的扶余丰王子，并向日本求援，以图复国。为了恢复并扩大在朝鲜半岛上的影响，中大兄皇子同意了百济遗臣的请求，并于公元 12 月将都城从内地的飞鸟迁至沿海的难波城。公元 661 年 1 月，监国的中大兄皇子在与百济隔海相望的盘濑设置了行宫。次年，日本向百济赠送大批物资，日本本土则“修缮兵甲、各具船舶、储设军粮”，随时准备渡海作战。

公元 663 年 6 月，中大兄皇子命令上毛野稚子率领 2.7 万人向新罗发起进攻，夺取了沙鼻岐，奴江二城，切断了唐军与新罗的联系。

苏马氏在日本历史上有着怎样的影响?

苏我氏是日本从古坟时代到飞鸟时代代代都出大臣的有力氏族。其中的苏我稻目、苏我马子、苏我入鹿等都在相当长时期里控制了日本的政局和天皇的废立。但随着苏我入鹿和苏我虾夷的相继死去，这个氏族也走上了覆灭的道路，在日本历史上消亡了。

不久，由孙仁师率领的7000名唐朝援军渡海到达熊津，与刘仁轨会师，唐军军势因此大振。经诸将商议之后，制定了进攻周留的计划——刘仁愿和孙仁师以及新罗王金法敏率军从陆路进攻；刘仁轨、杜爽则率领唐水军与新罗水军由熊津江入白村江口，溯江而上，从水上进攻。

8月17日，唐新联军从陆路三面围攻周留城，城外据点逐一被攻克，百济于是又向日本求援，中大兄皇子派庐原君臣领军万余越海而来，准备自白村江口登陆。当时，唐新联军虽已从三面包围了周留城，但建在白村江河口上游左岸山地上周留城，三面环山，一面临水，山峻溪隘，易守难攻。百济只要能确保周留至白村江一线安全畅通，就能得到日本从海上的支援，从而据险固守。因此，白村江成为维系周留存亡的生命线，也是百济得以复国的希望所在，两军都誓在必争。

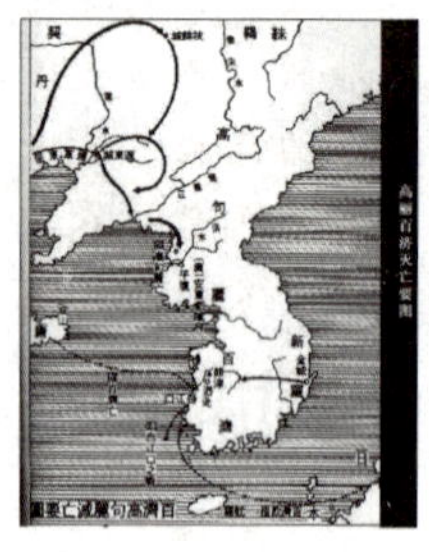

▲高句丽、百济灭亡图

公元663年8月27日，唐朝水军与日本水军在海上遭遇。从当时双方的军力来看，大唐水军7000余人，战船170艘；日本水军有万余人，战船1000多艘。虽然日军人多、船多，但大唐水军船坚器利，武器装备远胜于日军。

中日两军首次接战的结果，据《旧唐书．刘仁轨传》的记载，“四战捷，焚其舟四百艘，烟焰涨天，海水皆赤，贼众大溃”。初战失利后，日军并没有撤军，而是于第二天联合百济军又再次向大唐水军发起进攻，结果“大唐便自左右夹船绕战，须臾之际，官军败绩，赴水溺死者众，舻舳不得回旋。朴市田来津仰天而誓，切齿而嗔杀数十人，于焉战死”。

白村江海战失利后，中大兄皇子深恐唐朝与新罗军队进攻日本本土，于是从664年起，花费巨资，先后构筑了四道防线。尤其是在九州的太宰府建的“水城”规模最大。所谓“水城”实际上是一座土坝，坝长1.2公里，底部宽80米，高十几米，外侧是一条5米深的水沟。除了在军事上采取守势之外，667年，中大兄皇子还将都城迁往了近江大津宫。

日本在白村江海战中虽然遭受了惨败，但是这并没有影响它与唐朝的交往，而唐朝也没有因为日本原先支持百济国而对它疏远，相反，两国的关系在海战之后变得更为密切。公元669年，日本派河内鲸为“平高丽庆贺使”前往唐朝都城长安，祝贺大唐在朝鲜半岛的彻底胜利。与此同时，日本开始积极选派遣唐使，政治上发展与唐朝的睦邻关系，文化上积极汲取唐代丰富的典章制度，使得日本社会进入了一个全新的发展阶段。

自省与危机意识，仿佛一直伴随着日本民族。白村江海战，于日本而言，不单单是一场失败的战争，同时还是一场反思的战争，毕竟胜败仅在一时，但背后实力的较量却是无比漫长的。战争失利的日本人看清了这一点，于是，他们放下一时的成败，转而向内壮大自我。

相关链接

孝德天皇即位后，在中大兄皇子主导下，颁布了《改新之诏》，“大化改新”由此开始。在经济方面，大化革新废除了部民制，建立“班田收授法”与“租庸调制”，班田六年一班，班田农民担负租庸调。租，即实物地租，庸，是徭役或其代替物，调，是国家征收的地方特产。在政治方面，“置八省百官”，建立中央机构。地方设国、郡、里，分别由国司、郡司、里长治理。

大化改新为日本确立了一套在当时颇为先进的管理体制，使日本社会环境稳定，社会经济得到发展，为以后的繁荣奠定了基础。

律令社会

没有规矩，不成方圆。缺乏完整律法的国度，必定无法长治久安。对于日本这个历来都非常崇尚学习的国家而言，律法也是必须学习的内容，而其学习最主要的对象便是与其一水之隔的大唐。天武天皇、持统天皇、元正天皇，一一从前人手中接过学习的“接力棒”，全面地学习大唐的律令，虽然未必完美，却也使日本从此进入了一个有法可依的、“法制完备”的天皇制国家。学习的成效，非常可喜。

公元668年，中大兄皇子即位，为天智天皇，并立自己的弟弟大海人皇子为太子，然而在671年，天皇任命自己的宠儿大友皇子为太政大臣，这实际上是立大友皇子为皇储，剥夺了大海人皇子的皇位继承权，大海人地位和生命由此失去保障。

为了摆脱这种处境，在天智天皇病危时，大海人以出家为名避居吉野。天智天皇死后，大友皇子篡位，并积极备战准备消灭在吉野的大海人皇子。大海人闻讯后决定举兵反击。672年7月22日，大海人军与朝廷的军队在濑田川决战，大海人军取得决定性胜利，第二天大友皇子自缢而死。这次内乱发生在壬申年，史称“壬申之乱”。673年，大海人皇子在飞鸟净御原宫即位，称天武天皇。

▼天智天皇

以激进的革新人物而为世人所知的大海人皇子成为天武天皇以后，依然保持着当年的风范。他废除了天智天皇晚年一系列保守乃至倒退的政策，恢复了对日本社会的改革。

为了建立并巩固以天皇为中心的中央集权体制，天武天皇任人唯亲，重用皇后、皇子及其他皇族成员，以前大贵族在朝廷中所任要职，全被更换，在位14年不任命一个外姓大臣，一切政令全由自己亲署。出于加强皇权和控制贵族的考虑，也为了推进社会经济的改革，公元681年，天武天皇着手制定了《飞鸟净御原令》，并在同一年制定了向官吏支付俸禄的规定。

天武天皇在位期间，彻底废除世袭氏姓贵族制度、贵族私有的土地制度和部民制，将全部土地和部民收为国有，使之成为公地，并且确立了中央集权式的官僚政治体制。

公元686年9月9日，天武天皇去世，其皇后鸬野赞良即位，是为持统天皇。持统天皇即位不久，对《飞鸟净御原令》进行了修改和完善，于689年正式施行，并于次年完成了全国户籍的编制工作，以国、郡、里为主的地方行政体系也逐渐完备起来。国设国司，郡设郡司，里设里长。除此之外，还在重要地区设特别行政机关。例如在京城设左、右京职，负责京城事务。在外交上的重要地区摄津设管理难波的摄津职，在国防重地北九州筑紫设大宰府，统辖九州地区的民政和军事。

公元694年，持统天皇下令迁都藤原京。藤原京原是天武天皇在学习了中国的条坊制后开始建造的，但他在全部竣工前却去世了。持统天皇继续未完的工程，以唐朝长安为蓝本，建设了新的皇宫和皇城。697年，持统天皇让位于自己的孙子文武天皇，自己同中臣镰足，后因天皇赐姓而改名为藤原镰足的儿子藤原不比等一道主持编制《大宝律令》，701年完成了这部律令齐备的法典，第二年开始实行。

对于日本来说，702年或许称得上具有纪念意义的一年，在这年里，日本不仅有了《大宝律令》，而且还向大唐派出了中断30年的遣唐使。这次遣唐使的任务很简单，除了向大唐皇帝报告日本的律令外，还报告了改国号为日本、君主称为天皇、年号为大宝等事项。

718年，元正天皇命令藤原不比等修改《大宝律令》，以年号来命名，被称为《养老律令》，因内容与大宝年间制定的《大宝律令》基本相同，所以放置近40年后才加以实施。至此，律令体制基本形成。

从《飞鸟净御原令》、《大宝律令》及《养老律令》这几部律书来看，所谓“律”，相当于刑法，基本上模仿了唐朝的律法，“令”相当于民事法，以日本社会实际出发，同时参照唐令制定而成。基本涵盖

天武天皇与持统天皇是什么关系？

天武天皇既是持统天皇的皇叔，也是其丈夫。657年，鸬野赞良嫁给了自己父亲的胞弟，即自己的皇叔大海人皇子（天武天皇）为妃。673年，晋为皇后。686年天武天皇死后，执政事。690年即位。于697年改称太上天皇。

了班田、赋税、身份制度和司法制度。

日本第一本成文法典是什么？

公元701年颁布的《大宝律令》是日本第一部成文法典，其以中国唐朝的《永徽律》为蓝图，是一部以刑法为主、诸法合体的法典。包括律六卷，令十一卷。其内容体系包括：户田篇、继承篇、杂篇、官职篇、行政篇、军事防务篇、刑法和刑罚篇。

班田依照地位和职位的不同而有所分别，农民有口分田，贵族、官吏有位田和职田，皇族有自己的官田。在租税方面，实行租、庸、调、徭役制，即规定得到口分田的农民每年必须向官府交纳田租，每段土地交稻二束二把，大约相当于收获量的百分之三；庸规定21岁到65岁的男子，每年需到京城服役10天；调是征收一定数量的地方土特产品，例如丝绸、生丝、棉布、海产品等；徭役是地方官府所征，规定21岁到65岁的男子每年要为地方服役60天。

全体人民被划分为“良民”和“贱民”。良民除被称为“公民”的农民外，还有作为统治阶级的皇族和大小贵族，以及比公民身份低的品部和杂户。品部和杂户是一种半自由民，具有特殊的手艺，在官府的工场里生产手工艺制品。“贱民”是指那些律令体制下仍没有得到解放的奴婢，其中包括守护天皇陵墓的陵户、为官府服务的官奴以及在贵族家服务的私奴，这部分人的数量并不多。

从圣德太子开始实施的一系列改革措施，到天武天皇、持统天皇，再到元正天皇，经过几代人的努力，终于在日本建立起了一整套较为完善的、以天皇为最高统治者的中央集权式政治体制。

相关链接

将“天皇”作为国君的正式称号，最早见于天武天皇制定的《飞鸟净御原令》，而在中国，将日本最高统治者用“天皇”来称呼是在清末的同治时期。在以“天皇”称呼国君时，同时使用的还有“皇帝”这一称号。这种两个称号并用的天皇有元明、圣武、孝谦、垣武。明治维新以后，日本致外国首脑信件、国际条约批准书、宣战诏书使用的还是皇帝称号。从1936年以后，就单用“天皇”这一称号了。

遣唐使

2005年8月25日，唯一一方日本遣唐使墓志在日本东京展出，日本天皇亲临参观。这方墓志重见天日之后，再一次引发了人们对遣唐使的研究热潮。墓志的主人是井真成，当年他随着日本第九次遣唐使的船队来到中国的时候，还是个19岁的小青年。

与井真成一道而来的还有日后成为李白挚友的阿倍仲麻吕，以及下道真备和大和长冈等人。他们都是日本中层官僚的子女，经过严格挑选，学识、样貌都达到才俊的标准。井真成在这方墓志上被形容为“才称天纵”。然而天才总被老天妒，公元734年，这位才能出众的遣唐使，因病死于长安，享年36岁。

墓志展出不久，这位遣唐使的故乡藤井寺市便成立了相关的研究会，还发行了关于他的纪念邮票。

公元623年，也就是唐高祖武德六年，隋朝时来中国留学的日本学问僧惠齐、惠光，药师惠日、福因等人从中国经朝鲜半岛回到日本。归国后，他们上奏推古天皇：“留于唐国学者，皆学以成业，应唤。”“大唐国者法式备定之珍国也，常须达。”意思是说留学于唐国的学者，都已经学习有成，应该召唤回国。而且大唐国是一个少有的法律完备的国家，我国应该常派人去学习。

在这些学问僧的不断建议与努力下，公元630年，即唐贞观四年，日本舒明天皇向唐王朝第一次派出了遣唐使。从这年开始到895年的260多年间，日本一共任命了19次遣唐使，其中任命后因故没有成行的有3次，实际成行的16次。但是有一次遣唐使只到了朝鲜半岛，而其中有两次是作为送回唐朝专使的“送唐客使”，另有一次是因遣唐使久久未归而特派使团前往迎接的“迎入唐使”。因此实际上

李白《哭晁卿衡》为谁而作?

该诗是李白为日本遣唐使阿倍仲麻吕而作。阿倍仲麻吕16岁时随日本遣唐使到中国，初在长安读书，后考中了进士，从此在唐朝做官任职。唐玄宗赐名晁衡。阿倍仲麻吕擅长诗文，与李白、王维等友谊深厚。753年因思念家乡，向唐玄宗提出回国。在回国途中遇到风暴，消息传来，李白为此写《哭晁衡行》悼念他。实际上他没有死而随风漂到了今越南，后又返回长安，便没有再回日本，直到70岁在长安去世。

▲日本遣唐使阿倍仲麻吕

名副其实的遣唐使一共 12 次。

日本第一次派出的遣唐使团由正使犬上御田锹和副使惠日率领，这两个人都曾有入隋的经历，对中土事务非常熟悉。遣唐使团于 631 年 11 月抵达唐朝首都长安，唐太宗接见了使团成员，并于第二年派新州刺史高表仁为使臣护送回日本并进行回访。隋朝时留在中国的学问僧灵云、僧旻、留学生胜鸟养等人也随使团返回阔别已久的故乡。

得知唐使回访的消息后，舒明天皇非常重视，马上组织了一个盛大的欢迎团，率 32 艘船只，在难波津欢迎唐使的到来。然而，高表仁登岸后却与舒明天皇为礼节问题发生了争执。高表仁要求"天皇下御座，面北接受唐使国书"，舒明天皇无法接受这个要求，双方相持不下，最后高表仁没有递交唐太宗的国书，而是立刻回国。回国后高表仁受到了唐太宗的严厉处分，不仅被罢免了官职，而且被罚没两年俸禄。史书评价他"无绥远才"。

653 年，孝德天皇派出了 120 人的赴唐使团前往唐朝。在这艘船上，有著名的学问僧道昭。道昭来到中国，拜玄奘法师为师，学习佛教的经、律、论，后成为日本的一代高僧。次年，孝德天皇又派去遣唐使经朝鲜半岛到长安朝贡。这次使团的副使依然由第一次遣唐使副使惠日担任，在中日文化交流史上，惠日是一位很有贡献的人物。

659 年 9 月 15 日，齐明天皇派出的遣唐使团中由正使率领的船队在海上遭遇暴风，漂到中国南海的一个岛上。这次暴风夺去了大部分人的生命，只有 5 个人偷了岛上渔民的渔船到了中国的括州（今浙江温州一带）。而由副使率领的船队于 9 月 22 日顺利抵达中国，并于 10 月 15 日乘坐驿站的车辆驶往京城长安。途中得知唐高宗正在洛阳，便掉转方向来到洛阳向唐高宗朝贡。与这位副使同来的还有北海道一男一女两个阿依努人。阿依努人向唐高宗敬献了一张白鹿皮、三张弓、八十枝箭。

早期遣唐使到中国的航海路线主要是沿朝鲜半岛的西岸北行，再沿辽东半岛东南岸南行，跨过渤海湾后在山东半岛的登州登陆，再由陆路前往长安。这条航线大部分是沿海岸航行，比较安全。公元670年到760年这近百年间改由从九州岛南下，沿种子岛、屋久岛、奄美诸岛，然后向西北横跨东海，最后在扬州登陆。这条航线主要航行于渺茫无边的东海上，危险性较大。从760年以后到停止派遣遣唐使前，航行路线改由九州西边的五岛列岛西南横渡东海，在明州（今宁波）登陆，然后转由大运河北上。

遣唐使团的规模初期只有一二百人，到了中后期，人员增至500余人，最多一次曾达到651人。遣唐使团除了大使、副使等官员外，还有各类随从，而且每次都会带有若干名留学生和学问僧，这些人大多是日本通晓经史、才干出众的第一流人才。尤其是留学生和学问僧，均为国内的优秀人物。遣唐使团抵达唐境后，地方官员马上安排他们的食宿，然后上奏朝廷，而后派专差护送使团正、副使进长安，由内侍引导面见皇帝，呈上贡物，唐皇下诏嘉奖，给使臣授爵赏赐。

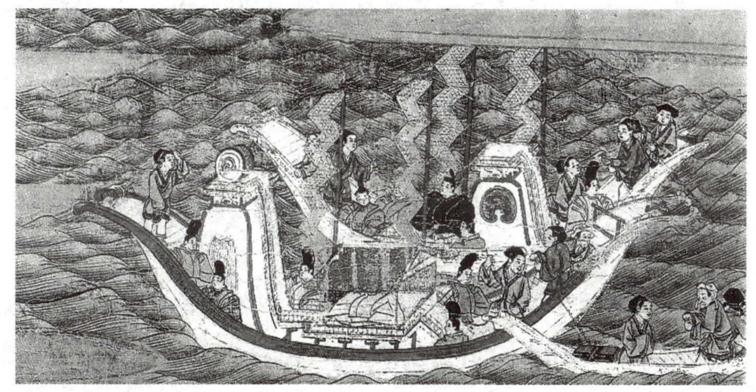
▲漂洋过海而来的日本遣唐使船队

260多年的遣唐使活动，推动了日本社会制度的革新，也深刻影响了日本人的文化与生活。遣唐使归国后，参与枢要，仿行唐制，如《大宝法令》就是以唐律令为规范制定的。还仿效唐朝教育制度，开设各类学校教授汉学，培养人才。818年，嵯峨天皇根据遣唐使菅啻原清公的建议，下诏改革礼仪，命“男女衣服皆依唐制”，连历法、节令也积极仿效中国。

公元895年，菅原道真向宇多天皇呈上《请令诸公卿议定遣唐使进止状》，请求停止派遣遣唐使团。宇多天皇采纳了他的建议。

日本终止派遣遣唐使，这其中的原因除了遣唐使耗费巨大，唐朝政局动荡不安以外，经过近300年对唐文化的吸收与消化，日本已经基本上完成了自身的改革，对大唐文化学习的需求已不像最初那样迫切。在摆脱了来自中国的文化影响后，日本逐渐形成了具有日本本土特色的国风文化。

相关链接

公元671年，朝散大夫郭务悰受命访问日本。郭务悰率领47艘船只，于11月抵达日本比知岛。这次访日的人数达到了2000人，可以说创造了前所未有的记录。在这2000人中，唐朝人有600人，百济人有1400人。当这支庞大得近乎有些可怕的访问团抵达日本后，日本朝野大受震惊，如临大敌。但是郭务悰并没能进京面见天皇，因为日本的天智天皇在这年12月去世了。

据《日本书纪》记载，在得到天智天皇去世的消息后，郭务悰及其随从全部穿上丧服，举哀三遍，向东稽首，以示哀悼。672年5月，在接受了即位的天武天皇赠送的礼物后，郭务悰率领使团回国。2000人的使团即使放到现在，其规模也是相当巨大的，然而郭务悰这次访日，并没有特别重要的使命。唐朝为何要派出如此庞大的使团，实在令人费解。

平假名的革命

平假名，一种原本只是用来书写和歌的消遣玩物，难登大雅之堂。但就是这种又被称为“女手”的小众文字，竟发展成了日本全国通行的正式文字。这一过程中，藤原时平功不可没。在他的召集下，诸多擅长写和歌之人，废寝忘食，历经三年时间完成的《古今和歌集》，使平假名的地位一跃而成为了正式文字，与此同时，汉文至上的观念开始逐渐淡化。从某种角度上来说，这次著名的“延喜改革”也是一次“去汉化”的过程。

公元 862 年，18 岁的菅原道真通过了竞争激烈的文章生的考试，在他 26 岁的时候，又通过了难度极高的方略试考试。这个出身于学问世家的年轻人有着极好的汉学功底，对中国文化有着独到的认识与见解。877 年，菅原道真出任式部少卿，同年，他又兼任了文章博士的职位，在他之前，他的父亲和祖父都曾经担任过这个职务。886 年，42 岁的菅原道真出任赞岐守，为此他不得不辞去式部少辅、文章博士和遥领的加贺权守。菅原道真必须离开朝廷，到那里去上任，任期四年。这个职务对担任了十年文章博士的菅原道真来说，不能说是升迁。在他被任命后不久的家庭宴会上，他心神迷乱，泪流呜咽，宴会结束后，他更是彻夜未眠。

而就在这一年，年仅 16 岁的藤原时平登上了日本的政坛。藤原时平是当时最强盛的贵族藤原氏的嫡长子，因此，他免去了成为官僚必须通过的考试，直接进入了朝廷中枢，成为了“殿上人”。藤原时平是一个举止风雅的美男子，身边有很多爱慕他的女子，他也跟很多女子谈恋爱，在当时是个名噪一时的“情种”。

藤原时平是写和歌的高手，他喜欢用这种日本独有的文学形式抒发自己对女子的思念之情。他所写的和歌用的并不是汉字，而是在当时刚成形不久的平假名。他通过用平假名写的和歌与自己交往的女子对唱吟诵，享受着恋爱给他带来的乐趣。

890 年，菅原道真赞岐守任期已满，返回京城，三年后登上了参议之位。参议是与大臣、纳言共同协商政事的官职，是继纳言之下的重职，任用条件极其严格。在菅原道真登上参议之位前三年，21 岁的藤原时平已经坐上了这个位置。菅原道真用了 22 年的时间才担任了这个重要官职，而藤原时平既没有管理地方事务的经验，在朝廷上也没有突出的贡献，却只用了 5 年时间就轻松爬上了高位。

▲菅原道真，日本平安中期公卿，学者。生于世代学者之家，长于汉诗。894 年被任命为遣唐使，但他根据唐朝国内形势和渡海艰险，提出停派遣唐使的建议，故未成行。899 年任右大臣职。901 年因左大臣藤原时平谗言于天皇，被贬为大宰权帅，调往僻远之地。死后被尊为“雷神”、“文化神”。

藤原氏从藤原不比时代起，代代将自家女儿嫁入天皇家，继而插手朝政，直接干预天皇的废立。藤原家的女子们为了得到天皇的青睐与宠幸，非常重视自身的修养，尤其是在文学方面，特别注重用平假名书写和歌。但是这时，平假名只在私人场合流行，使用者多为女性，故而也被称作“女手”。

深受汉学影响的菅原道真认为平假名没有什么价值，只能作为一般的消遣玩物。他曾经编写了一部和歌集，特意将和歌的平假名全部换成了汉字，他坚信，只有汉字才是日本文化的正统。

这一时期，日本沿海多次受到来自朝鲜半岛海盗的袭击，损失惨重，为了抵御海盗的侵袭，日本增加了国防开支，这让原本就濒临崩溃的国家财政雪上加霜。为了挽救岌岌可危的国家财政，菅原道真开始尝试大胆的税收改革，并于 897 年正式实施。

这一年，宇多天皇退位，年仅 13 岁的醍醐天皇即位。菅原道真和藤原时平被宇多天皇指定为辅佐醍醐天皇的重臣。虽然藤原时平的官位比菅原道真要高，但菅原道真学识渊博，经验丰富，远非年纪轻轻的藤原时平可比，于是，菅原道真掌握了国政的主导权。

掌握国政的菅原道真继续深化他的改革，这引起了贵族们的不满，他们认为菅原道真是在独断专行。从 898 年开始，反对菅原道真的贵族不再出席议政会议，政务处于荒怠的状态。与此同时，反对菅原道真的贵族们正在积极寻找新的领头人，他们看中了藤原时平。

▲宇多天皇

901 年，藤原时平指使大纳言源光、中纳言藤原定国、藏人头藤原菅根诬陷菅原道真要废掉醍醐天皇，立齐世亲王为天皇。醍醐天皇听信了藤原派的一面之词，下诏将菅原道真贬为九州太宰府次官，名为贬谪，实为流放。醍醐天皇下达诏书后的第 5 天，菅原道真离开了京城，他这一去再也没能回来。

藤原时平掌握朝政实权后，继续施行菅原道真的改革，然而他的改革也与菅原道真一样，进行得不太顺利。原本支持藤原时平的朝廷贵族并没有配合他的改革措施，尤其是对于通过录用考试而成为官僚的人来说，藤原时平的改革是在推翻他们安身立命的思想与制度，他们因此站到了藤原时平的对立面。藤原时平由此陷入了困境。

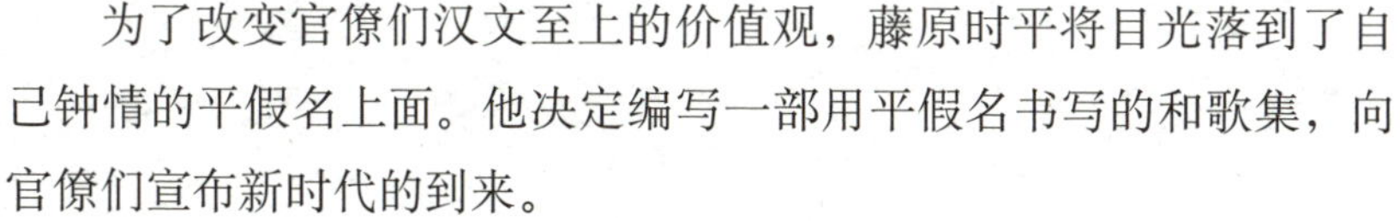

为了改变官僚们汉文至上的价值观，藤原时平将目光落到了自己钟情的平假名上面。他决定编写一部用平假名书写的和歌集，向官僚们宣布新时代的到来。

藤原时平召集了纪贯之、纪友则、凡河内躬恒、壬生忠岑等人，比起汉诗，这些人更擅长写和歌。他们收集了贵族家的旧和歌集，然后将里面的内容用平假名进行改写。编写者们每天废寝忘食工作到深夜，不断讨论、修改，整个编写工作持续了三年时间。

905 年，藤原时平将所编成的和歌集取名为《古今和歌集》，并将之献给醍醐天皇。藤原时平认为“大和之歌以心为源，意广而情深”，以此高调宣扬平假名的巨大功用。《古今和歌集》成书后，逐渐成为各级官僚必看的案头书，汉文至上的意识也随之逐渐淡化。在这以后的四年间，藤原时平成功改革了财政制度，史称“延喜改革”。

平假名成为正式文字以后，日本本土文学也有了进一步发展，孕育出了世界第一部长篇小说《源氏物语》，以及清少纳言的散文集

纪贯之为何冒充女人身份写作《土佐日记》？

纪贯之为日本平安时代的和歌圣手，因为这时期除了和歌，男人在记录或书写文章时，一般习惯用汉文。平假名主要书写者是女人，所以纪贯之站在当时的男人立场来看，“平假名”是女人专用，如果自己要用平假名写作，最好冒充女人的身份而作。

《枕草子》等平假名作品。以平假名为代表的日本国风文化在建筑、服饰等领域广泛盛行。

909 年 4 月，藤原时平离开了人世，享年 39 岁。

相关链接

传说在菅原道真死后，下人用牛车将其遗体运回家乡安葬，但没行多久，牛突然蹲伏下来，下人便将菅原道真安葬在那里。几年后，又在那里建立了祠堂，十几年后，又在原地建起了神社，据说这就是现在福冈县太宰府天满宫的前身。在这座神社内到处可见有关牛的雕像。在菅原道真死后接连数年，日本各地频发各种自然灾害，百姓死伤无数，达官显贵乃至皇室也不能幸免。醍醐天皇只得追封菅原道真正二品官位，恢复其右大臣官职，以此安慰菅原道真的在天之灵。现在在日本，每逢考大学或是找工作，人们都会去天满宫祈祷，许上“请菅公保佑我心想事成”之类的心愿，然后写在竹板上，挂在拜殿前。

紫式部和《源氏物语》

虽然“紫式部”这个名字是后人塞给这位才华横溢的贵族女子的“纪念品”，虽然很多人对于这位才女只留下姓而没传下名感到遗憾，但是当现在的读者捧读她用隽永美妙的文字留下的那一本厚厚的《源氏物语》时，依然能从这个已经逝去千年的古人身上感受到一种传统的韵味，也许还会在心头冒出这样的疑问：这个女子到底是怎样一个人呢？她的生活、她的家庭又是如何？她的内心到底在想些什么呢？这样的疑问只能作为一种想象飘落在无边无际的怀念当中。假如紫式部能明了钟情她的读者的心声的话，或许会淡淡地说一句：一切任情而动的事不过云烟罢了。

979年，紫式部出生在一个有着深厚汉学素养的中等贵族家庭，她的父亲藤原为时是当时著名的研究中国文学的学者，不仅擅长汉诗，和歌也写得很出色。受到家庭文化氛围的熏陶，紫式部自幼不仅熟读中国典籍，而且还擅长乐器和绘画。在她很小的时候，就有了“才女”的称号。

在随藤原为时学习汉学的过程中，紫式部不仅熟悉了先秦以来的中国古代文献，阅读了《战国策》、《史记》、《汉书》等中国史书，而且还特别喜欢唐诗，对白居易的诗有很深的造诣。

紫武部生活的平安时代，是日本历史上较为特殊的一个时期。在经过一段时间的稳定后，天皇的权力落在了大贵族藤原氏家族手中，出现了持续200多年的“摄政关白”时代。所谓“摄政关白”，就是指天皇年幼时辅政者为“摄政”，天皇成年亲政后，协助天皇执政的称为“关白”。“摄关政治”实际上就是外戚统治，为了巩固本家族的摄关地位，藤原氏与天皇联姻，让自家的女儿成为皇后，一

日本古代最后一个历史时代是哪个时代？

平安时代是日本古代的最后一个历史时代，它从794年桓武天皇将首都从奈良移到平安京（现在的京都）开始，到1192年源赖朝建立镰仓幕府为止。平安时代是日本天皇朝廷的顶点，也是日本古代文学发展的顶峰，同时雕刻、绘画、建筑等艺术也蓬勃发展。

▲日本才女、《源氏物语》作者紫式部

旦生下皇子，就迫使天皇退位，让皇子登基，以便扶持幼小的天皇来独揽朝纲。

由于采取一夫多妻制，藤原氏家族人丁兴旺，而“摄关”在一定时期内只能是一个，为了登上这个权力的高位，藤原氏家族各支系展开了激烈的竞争。为能使自己的女儿获得天皇的宠爱，以便生下皇子，他们竞相收罗名门才女，做女儿的侍从女官，辅导她们学习和歌，进修汉学，弹筝练琴，以养成贵族气质，抬高身价。受这种形势的影响，日本历史上出现了一个特别重视妇女修养、教育的时代，才女辈出。

由于父亲的关系，紫式部与这些藤原氏家族的女官很早就有了接触，通过这些女官，紫式部领略到了世家豪族的奢靡生活，这让出身于中等贵族之家的她深有感触。后来由于家道中落，她的内心充满了无比的惆怅，信奉佛教的她对人和社会逐渐产生了敏感、冷峻的认识。

998年，紫式部遵从父命，与父亲的朋友，比自己年长20多岁的地方官藤原宣孝结婚，当时的藤原宣孝已经有了三个妻子。婚后一年，紫式部生下了女儿，取名为藤原贤子。结婚三年以后，藤原宣孝因病去世，紫式部只身带着幼女贤子过着凄凉的寡居生活。

寡居期间，紫式部又重拾笔墨，写她熟悉的汉诗与和歌，这期间，她开始创作《源氏物语》，并陆续写出了一些文字。这些文字后来被传到了公卿藤原道长的手中，受到了他的高度赞扬。1005年，紫式部被藤原道长招入后宫，担任自己的女儿，一条天皇的中宫彰子的女官，为她讲授《日本书纪》和《白氏文集》等汉书。

这一时期，与紫式部大约同时代的才女还有和泉武部、清少纳言、道纲母等，她们分别写有《和泉式部日记》、《枕草子》、《蜻蛉日记》等。紫式部所生活的时代可以说是日本的女性文学时代，这是世界文学史上极罕见的现象。

曾经寡居的生活使紫式部对一夫多妻制下日本妇女的可悲命运有着切身的体验，而女官的身份又使她经常和上层贵族接触，无论是对妇女命运还是宫廷生活，紫式部都有深切的体会和了解，这为

“日本《红楼梦》”指的是哪部作品?

《源氏物语》是日本古典名著，被誉为日本物语文学的高峰之作，有“日本《红楼梦》”之称，它比《红楼梦》问世早七百余年，是世界上第一部长篇写实小说。

她创作《源氏物语》提供了坚实的基础，也使这部小说走向了与她在进宫前创作时截然不同的内容和风格。

▲《源氏物语》内文插图

在平安时代，散文文学尤其是物语文学十分流行，在紫式部之前，已经出现了一批虽然不够成熟、完整，但已初具规模的物语作品，如《竹取物语》、《宇津保物语》和《落洼物语》，这些作品为紫式部的创作提供了借鉴。另外，平假名的出现，特别是首先为女子熟练掌握，也为紫式部的创作提供了强有力的工具。

《源氏物语》总共 54 回，近百万字，以藤原道长执政下的平安王朝贵族社会盛极而衰的转折时期为背景。故事涉及 3 代天皇，历 70 余年。全书所涉及的人物有 400 多个，给人留下深刻印象的有 30 人左右。人物以上层贵族为主，也有下层官僚以及平民百姓。全书以源氏家族为中心，上半部写了源氏公子的爱情生活；后半部以源氏公子之子熏君为主人公，铺陈了复杂纷繁的男女纠葛事件。从体裁看，该书颇似我国唐代的传奇、宋代的话本，但行文典雅，很具散文的韵味。

《源氏物语》到底何时成书，至今尚无定论，被研究者广泛认同的成书时间是在 1014 年。在完成该书两年以后，紫式部告别了人世。

相关链接

紫式部与清少纳言同为女官，境遇却不尽相同，因都是文学才女，故相互傲视。《紫式部日记》中有一段这样的描写：“清少纳言是那种脸上露着自满，自以为了不起的人。总是摆出智多才高的样子，到处乱写汉字，可是仔细地一推敲，还是有许多不足之处。像她那样时时想着自己要比别人优秀，又想要表现得比别人优秀的人，最终要被别人看出破绽，结局也只能是越来越坏。总是故作风雅的人，即使在清寂无聊的时候，也要装出感动入微的样子，这样的人就在每每不放过任何一件趣事中自然而然地养成了不良的轻浮态度。而性质都变得轻浮了的人，结局怎么会好呢？”

》专题 神道教

绳纹时代以来，日本就有以自然万物为崇拜对象的原始宗教，属于多神灵信仰。这种信仰原本没有固定的称谓，也没有一定的祭拜场所，无论是形式上还是内容上都显得较为随意。自佛教传入日本，尤其是圣德太子大力推崇佛教以后，信奉佛教、皈依佛教的人越来越多，而对本国固有的神灵崇拜似乎越来越淡漠。一些对佛教持反对意见的朝廷大臣为了与外来的宗教对抗，突出日本原有宗教的地位，便借用了中国汉字"神道"一词来与佛教加以区分。经过几千年的发展与演进，如今，神道教已成为日本最重要的宗教，信仰者占总人口的80%。

据说日本有"天神地祇八百万"，小到花草树木，大到宇宙天地，包括嫁娶婚丧，消灾免祸，求职晋升，均有相应的神来各司其职，而这也正是日本神道教的一大特点，即神道教是多神崇拜教，尤其是对于早期神道教来说，自然界的各类动植物，以及自然现象都是其祭祀膜拜的对象。

"神道"这一词最早见于中国的儒家经典《周易》，文中有"观天之神道，而四时不忒。圣人以神道设教，而天下服矣"的描述。如果说日本早期的神道是图腾或生灵崇拜的延续，那么自圣德太子改革朝政，加强皇权统治以后，为了自身的生存和发展，神道教更多地披上了"综合教"的外衣。它融合了中国的道教和自朝鲜传来的佛教的教义和理论，并在此基础上发展出一套相对完备的组织与制度，在日本普通民众生活中开始与佛教一样，扮演起极为重要的角色。

这一时期，佛教和神道教往往相互混合而存在，普通老百姓既信仰佛教也信仰神道教。正是在佛教的影响下，神道教开始建造神像，建立固定的供奉场所，并且盛行在神社附近建立神宫寺，佛教寺院也迎立神道教的神祇进行祭祀。由于佛教与神道教的长期混合，从公元9世纪开始到13世纪，神道教逐步发展出一套完备的"本地垂迹”的理论学说，这种理论认为，西方如来就是日本的天照大神，天照大神则是西方如来在日本国的化身。

13 世纪以后，一些研究神道教的学者在“本地垂迹”学说的基础上，逐渐建立起自己的神道理论，因理论不同从而产生出近百种流派，经过长期融合消化，到了江户时代，陆续发展成神社神道、教派神道和民俗神道这三大教派。

神道教的这三大教派的组织及教义虽各有不同，但是在明治维新之前，它们之间的发展都还基本处于相对平稳的状态，没有谁高谁低的区分。明治维新以后，明治政府向国民大力鼓吹和强化灌输天皇至上和日本民族优越论，伴随着国家主义思想的上升，明治政府积极扶持以族缘或地缘为基础、以神社为中心的崇敬祖先神、氏神、地域神为信仰的神社神道，将其列为国家祭祀的范畴，并通过行政命令把信奉神道教，参拜神社作为日本国民必须遵守的义务。也就是从明治时期开始，神道教便以超越一切宗教的形式被规定为日本的国教。直到 1945 年日本无条件投降，日本政府宣布政教分离，神道教作为日本国教的地位才得以终结。

作为神道教的祭祀场所，神社一般都建在风景秀丽、环境优美的地方。这与早期神社的设立形式有关。早期的神社多是在树木茂盛之地建一小屋，中央种一常绿树，称为“神篱”，这是迄今为止遍及日本各地大大小小近 13 万座神社的雏形。

在这些大小不一的神社的入口处，耸立有类似中国牌楼的建筑物，被称为“鸟居”，人神两界由此分开，“鸟居”之外是俗人的世界，“鸟居”之内是神的世界。鸟居通常为木制，也有用铜或铁的。小神社通常只有一个“鸟居”，而大规模的神社则有两三个或更多的“鸟居”，比如位于京都的伏见稻荷大社，在这座神社门前，有一条因众多“鸟居”的排列而形成的长长的甬道，被称为“千本鸟居”。

为什么将这种牌楼似的建筑物称作“鸟居”呢？原来，日本人认为，鸟是人类灵魂的化身，人有善恶，灵魂也有善恶。为了不让鸟接近神社，便在神社前建立“开”字型牌楼的“鸟居”，鸟在这里居住，也就不会进入神社，以此保护神社的神圣性不被侵扰。

关于日本“鸟居”有着怎样的传说？

据神道教的传说，一次天照大神因为讨厌她的兄弟，找了一个山洞躲起来，用石头将洞口堵上，人间因此没有了太阳。大家想了一个办法，建立了一个高高的支架，将所有的公鸡放到上面，让它们一起啼叫，天照大神感到奇怪，推开石头看看，那些躲在一旁的相扑力士们立刻抓住机会合力将石头推开，这个世界就重新大放光明了。这个支架就是第一个鸟居。

▲日本一个古老的神社

每逢神道教的重要祭典，如每年2月4日举行的新年祭、每年12月31日举行的神尝祭和新尝祭、每年6月和12月举行的月次祭，参拜者便会从“鸟居”进入，沿甬道而行，来到净盆处，在这里洗净双手，然后两掌相击，双手合十进行参拜，祈求风调雨顺，五谷丰登，大地安宁。

随着时代的发展，人们已经不限于在这些重要节日到来的时候才去参拜神社，而是“不问苍天，只问前程”。买新房子，房屋装修，小孩上学，与人相亲，仕途晋级，考试升学，只要涉及社会生活，人们都会去神社参拜，不管其灵验与否，只为求得心中的安宁。

除此之外，对于日本3岁和5岁的男孩以及3岁、7岁的女孩来说，去神社参拜似乎又有着另一番意味。每年的11月15日，这些男孩和女孩便会穿上盛装，由大人带领去神社举行参拜仪式，以祈求身体健康，能平平安安地长大成人。回家的时候，大多还会去照相馆拍一套全家福纪念照。这一天，孩子的长辈都会送来糖果礼物，一起祝愿孩子们健康成长。这就是日本所谓的“七五三节”。

据说这个节日起源于平安时代，到了江户时代，盛行于全国。江户时代，由于城市经济的发展，人口激增，导致环境恶化，继而产生一系列的流行性疾病，使得当时出生的婴儿多数夭折。德川幕府第三代将军德川家光41岁时，侧室为其生下了次子，由于长子孱弱多病，德川家光便将家族的所有希望都寄托在这个初生的婴儿身上，在这个孩子5岁的时候，德川家光选了个吉日为次子设宴庆贺，希望他能顺利长大成人，而这个吉日正是11月15日。受到幕府的影响，各地诸侯也纷纷效仿，没多久便传到了民间。

在神社里除了举行形式多样的祭祀与祈福活动外，日本人的成年礼、毕业典礼和婚礼也大多选择在神社举行，尤其会选择名气和规模都响当当的神宫。神宫的级别要比神社高，因其供奉的不是皇室的祖先就是前代天皇或是重要的历史人物，比如明治神宫、平安神宫、橿原神宫、伊势神宫。

在明治神宫，每年都要举办上千场日本传统婚礼，尤其是在每年元旦的“初诣”，会吸引五六百万人前来游玩祈福，为新的一年讨个好彩头，这时候也是明治神宫最热闹也最拥挤的时刻，往往需要全副武装的警察前来维持秩序，确保游人安全。而抽签、小吃和纪念品的购买，同样是新年夜参拜不可或缺的欢乐内容。

在如今日本人的日常生活中，神社已经失去了其宗教祭祀的最初意义，而变得越来越接近于一种“民俗”。不过反过来想想，或许这才是神道教的本来面目，神道教也许更适合作为对世间万物的美丽想象和人自身的美好憧憬的一条通道而存在。

相关链接

“宝船十番稻荷神社”在东京地区是个非常有名的神社，它的出名并非因为它的规模有多宏伟，它的历史有多古老，而是因为神社入门处的两只石头雕成的蟾蜍。据说在很久以前，附近发生了火灾，这场大火势头猛烈，烧光了周围所有的房子，唯独住在“蟾蜍池”边上的税官山崎的房子毫发无损，逃过了这次劫难。原来是栖息在池中的大蟾蜍口中喷水，把山崎家周围的火焰给浇灭了。为了感谢蟾蜍的恩德，山崎在池塘附近建造了“宝船十番稻荷神社”，蟾蜍也成了这座神社祭拜的神蛙。

第三章

武家天下：幕府的盛衰

平氏、源氏、北条氏、足利氏，闹哄哄上场，冷寂寂消失。暗淡了刀光剑影，然而鼓角争鸣却未远去。幕府的兴衰与他国朝代的更迭如出一辙，有欲望就有争夺，有争夺就有杀戮与阴谋。父子、君臣、兄弟也不过是利益的载体，而非忠义的化身。正因如此，在所谓武家的世界里，其实没有真正的仁义礼智信，有的只是摧毁他者的野心。

镰仓幕府的建立

历史舞台上，总是你方唱罢我登场，从来都不缺乏光耀一时的角色。作为镰仓幕府的创立者，源赖朝无疑就是那个时代的主角。从一个被流放的阶下囚到手握重权的天下霸主，源赖朝仅仅用了五年的时间。在这个过程中，他所表现出的对政治地位的敏感、对权力斗争的果敢，甚至是对家庭势力的巩固，与其短暂却重要的五年一样，都为其添加了更多的传奇色彩。历史以往事的面貌逐渐在淡化一些细节，但源赖朝与其镰仓幕府却以鲜明的色彩依然吸引着后世之人的目光。

为什么说镰仓幕府的建立标志着日本天皇成了傀儡?

镰仓幕府是日本幕府政权的开始，其建立者是武将源赖朝，他于日本平安王朝的末期打败了贵族阶级的实权派平清盛一族，达到了一手遮天的目的。镰仓幕府的建立标志着日本由中央贵族掌握实际统治权的时代结束了，在贵族时代地位很低的武士登上了历史舞台，日本天皇成为傀儡，幕府成为实际的政治中心。

自1180年伊豆起兵，到1185年2月年荡灭平氏，仅仅用了5年时间，平安时代末期武将源义朝之子源赖朝就从一个被平氏流放的罪犯，成为了天下的霸主。在消灭平氏的过程中，源赖朝弟弟源义经出力最多，可以说是最大的功臣。因此在源赖朝平定天下不久，他即派弟弟源义经去平安京（今京都）代表自己与朝廷交涉。也就在这一时期，源义经与后白河上皇（太上皇）为首的院厅的关系逐渐亲密起来，并得到了后白河上皇的信任与重用。

后白河上皇对源义经的依赖，让源赖朝很不满意，他感到自己的地位受到了威胁，继而将所有怒气发泄在了弟弟身上。两兄弟的关系日趋紧张，矛盾不断激化。而这正是后白河上皇想要看到的，他之所以重用源义经，就是要源氏两兄弟反目成仇，鹬蚌相争，渔翁得利，并以此保护自己的统治地位。

1185年10月，后白河法皇命令源义经召集武士讨伐源赖朝，结果无人响应，反倒让源赖朝抓住了难得的机会。他统率大军攻袭京都，迫使源义经从京都逃至奥州，投靠那里的藤原秀衡。藤原秀衡是以奥州为中心的奥州藤原氏的第三代，时任镇守府将军，他帮助源义经与源赖朝对抗。

进入京都的源赖朝为了“挟天子以令诸侯”，并没有废除后白河上皇，而是胁迫后白河上皇下达了命自己追讨源义经的命令。

1185 年 11 月末，源赖朝以追讨源义经和整治治安为名，强迫后白河法皇承认自己在属地设置的守护、地头的合法性，并要求将这一制度扩大到全国。每一国设置守护以保障治安，设置地头以检查租税的缴纳。设置守护和地头，是源赖朝具有决定性的一步。从此，源赖朝掌彻底掌握了整个日本的军事和政治力量。

源义经

源义朝第九子，日本平安时代末期著名武士。7 岁时被送到京都鞍马寺学习，起法名为“遮那王”，天资过人，文武双全，征战 5 年，战功卓著。他是日本人所爱戴的传统英雄之一，而且由于其生涯富有传奇与悲剧的色彩，在许多故事、戏剧中都有关于他的描述。

1188 年 12 月，源赖朝凭借其强大的军事实力，命藤原秀衡交出源义经，藤原秀衡坚持不交，然而其子藤原泰衡却杀死了源义经，向源赖朝投降。事后源赖朝又以杀害源义经的罪名，发动全国的守护和地头，亲率大军消灭了奥州藤原氏，控制了奥州。经过此次征伐，源赖朝进一步巩固了自己的势力，其所制定的守护和地头制度也日臻完善，其在日本的统治地位更加牢固。

1192 年，后白河法皇去世，后鸟羽天皇亲政，亲政不久，他便封源赖朝为“征夷大将军”。受封后的源赖朝并没有去京都任职，而是在镰仓建立了自己的政权机构，史称镰仓幕府，从此日本进入幕府统治时期。

镰仓幕府设有军事管理机构侍所、行政处理机构政所以及专司刑律机构问住所，还设置了京都守护、镇西奉行及奥州总奉行等职，形成了一套完整的政权组织机构。在武家内部，作为武家首领的幕府将军与“御家人”则以互利的形式结成了主仆关系。“御家人”本以源赖朝起兵召集的东国武士为主，幕府建立后，源赖朝在西国也设置了御家人。

幕府将军任命御家人为“守护”或者“地头”，使祖传下的领地合法化，或授予在战争中立功之人新的领地（“新恩给予”），或代其向朝廷申请官位，这被称作“御恩”。御家人平时担任京都、镰仓的警备工作，假如发生战事，则要自备武器出战，并承担经济负担与义务，称为“奉公”。

1199年，源赖朝去世，长子源赖家继承将军位。当时源赖家只有18岁，缺少其父的政治才能，缺乏对御家人的统御能力。为了巩固自己的地位，树立权威，源赖家排挤幕府元老，倚重自己的母家，这引起了以北条氏为首的御家人的极度不满，为争夺实际控制权，御家人内部也各起纷乱，镰仓幕府的统治岌岌可危。

相关链接

1155年，近卫天皇去世，为皇位继承问题，皇室内部发生了剧烈争斗。此时两位上皇，也就是近卫天皇的父亲鸟羽上皇和近卫天皇的兄长崇德上皇均在人世。崇德上皇希望自己的儿子重仁亲王能登上天皇之位；鸟羽上皇则主张儿子雅仁亲王继位。就在皇室内部争论不休之际，藤原氏内部也出现了不同声音。“关白”藤原忠心支持雅仁亲王，而左大臣藤原赖长拥护崇德上皇。鸟羽上皇最后占了上风，雅仁亲王即位为第77代天皇，也即后来的后白河上皇。皇位斗争的落败，让崇德上皇极度不满，1156年，保元元年，鸟羽上皇去世，崇德上皇勾连藤原赖长准备将后白河上皇赶下皇位。对立两派随即发生激战，崇德上皇战败，被流放到外地。

北条家族专权

花谢花开，缘去缘来。开创一代武家的源赖朝不曾想到，在自己百年之后，自己的继任者是如此的不争气，政权转瞬间被他人窃取，而他更想不到的是，这“窃国大盗”竟会是自己曾经无比信任的老丈人。或许，这就是历史本身的冷酷和无奈。让人不禁哀叹，在尔虞我诈的轮回中，似乎不存在永远的朋友，而只有永远的利益。

为了维系和巩固镰仓幕府的统治，在幕府统治发生动摇的最危难时刻，源赖朝之妻北条政子与父亲北条时政重新制定了由 13 名幕府元老共同裁决的集体合议制度，使动荡不安的幕府暂时得到了稳定。但是在安定政局的同时，幕府的实权却也落到了北条氏的手中。

北条时政原是伊豆国土豪，人称北条四郎。在源赖朝起兵时，他作为源赖朝的得力部将参与天下的平定，后将女儿政子嫁与源赖朝，获得他的极度信任。镰仓幕府建立后任京都守护。

1203 年 8 月，北条时政废黜了源赖家，立源实朝为幕府将军，北条时政担任执权。不久，北条时政杀害了源赖家，又欲废黜源实朝，被其女儿政子阻止。迫于压力，他引退于伊豆，其子北条义时继任执权之职。为了扩大自己的权力，北条义时杀死了侍所别当和田义盛，正式确立了北条氏的霸权。

1219 年正月，北条义时暗杀了源实朝，镰仓幕府的开创者源赖朝的正统血脉至此完全断绝，北条氏掌握了幕府的最高权力。源氏血脉的断绝使专权的北条义时面临将军无人继任的问题，为了稳固自己篡夺的地位，北条义时希望在皇族中挑选一人继任“征夷大将军”之位。但是以后鸟羽上皇为首的院厅拒绝了北条义时的要求，于是北条义时率千骑人马入京，要求自己选定的皇族将军东下，院厅再次拒绝了他的请求。北条义时只得改迎与源氏有血源关系的 2 岁的藤原赖经为将军。

虽然镰仓幕府依然有将军之名，但此时的“将军”已经成了虚职，北条义时以“执权”的名义牢牢把控着镰仓幕府的实权，并世代承袭“执权”之职。在幕府将军继任问题上的冲突，导致幕府与皇室的对立更为激烈。励精图治、力图重新挽回皇族权力的后鸟羽上皇通过恩赐土地的方式收买和拉拢了对北条氏不满的御家人，不断壮大自己的势力，他于 1221 年 5 月集合了北面、西面武士，并向各地武士发布了讨伐北条氏的院宣，正式举兵讨伐北条氏及其控制下的镰仓幕府。这年为承久三年，故而称为“承久之乱”。

后鸟羽上皇虽然发布了讨伐北条氏的院宣，但是应者寥寥，而人称“尼姑将军”的北条政子则集合御家人，颂扬源赖朝给武士们带来的安定富足的生活，也讲述了在源赖朝之前武士们悲惨低贱的生活。

在北条政子的鼓动下，御家人重新集结在幕府旗下。1221 年 6 月 15 日，在北条义时之子北条泰时、其弟北条时房的率领下，从镰仓出发，兵分三路挺向京都，不到一月，便以绝对优势的兵力打败了皇室军队，结束了“承久之乱”。

攻陷京都之后，北条氏将包括后鸟羽上皇在内的三位上皇流放孤岛，并处死处罚了参与讨幕的贵族与武士，没收这些人的领地达 3000 余处，将其划拨为幕府的直辖领地，作为恩赏赐给有功之臣，称为“新补低头”。为了能监控皇室的一举一动，北条义时将原京都的六波罗馆改为六波罗府，任命北条泰时为六波罗探题，其权力仅次于执权。

“承久之乱”之后，皇室丧失了军权，皇位也由幕府一手操控，由此幕府逐渐取代皇室站到了国家权力的中心位置。

1224 年，北条义时去世，北条泰时任幕府执权。北条泰时是一个颇有作为的人，在他继任执权不久，便实行了一系列的改革。1125 年，为了改变执权一人独断的体制，北条泰时设置了辅助政务的“联署”一职，由其亲信族人担任。同时，为了平衡权力，北条

北条政子为什么被称为“尼姑将军”？

北条政子是镰仓幕府的创建者源赖朝的妻子，21 岁时，她违抗父亲北条时政的命令，嫁给了源赖朝。源赖朝逝世那年，政子才 43 岁。丈夫的死，使她悲痛欲绝，乃至削发为尼，清心修养。由于继任者平庸软弱，将军权威日衰。为了继续维持丈夫开创的幕府政权，北条政子奋而垂帘听政，成为实际统治者，因而史称“尼姑将军”。

泰时还设立了最高决策机构“评定众”，由11名精通政务的御家人组成，与执权、联署协商决定有关行政和司法的重大事务。

北条泰时在位期间，还制定了武家的基本法典《御成败式目》，因其在贞永元年（1232）制定，又被称为《贞永式目》。《御成败式目》共有51条条文，以通俗易懂的语言规定了守护、地头的职分，以及御家人土地所有权和继承权的具体处置办法。这是日本第一部专门针对武士阶层制定的法典，是武家的基本法度，对后世许多武家的法典，产生了深远的影响。

北条泰时之孙北条时赖担任“执权”后，继续其祖父的改革，1249年，为了进一步完善以执权为中心的政治体制，北条时赖设置了“引付众”之职。“引付众”的职责是协助审理文书及司法裁判。为了加强北条氏的统治，北条时赖还废除了名义上的将军之位，并抑制北条氏旁支的势力，将所有权力集中在北条嫡系家族——“得宗”手中，被称作“得宗专制”的嫡长子继承制由此建立。

相关链接

源赖朝之子源赖家从小贪玩，胡作非为，不务正事，身边时常围绕着一群只会溜须拍马之徒。有一次，源赖家竟然下令，这些人不管犯了什么罪，一律免死。不仅如此，他还强行霸占了一位平叛功臣的爱妾，功臣很是气恼。溜须拍马之徒得知这一消息后，急忙向源赖家“打小报告”，源赖家听后，带领这伙人要去杀害功臣。他的母亲北条政子听说后，一面派人阻止源赖家，一面让功臣写下效忠的誓书送给源赖家，这才避免了一场内斗。

“神风”出没

二战末期，为了抵御美国空军强大的攻势，挽救失败的命运，日本海军中将大西泷治郎提出建立特别攻击队，对进攻日本本土的美国舰艇编队及固定的集群目标实施自杀式袭击，大西泷治郎为这支特殊的部队命名为“神风”。“神风”曾经给日本带来过两次有如神助般的胜利，当时他们面对的敌人是一度横扫欧亚大陆的蒙古元军。原本敌强我弱的形式下，“神风”两次为日本带来了狂风暴雨，不仅帮助他们赶走了远道而来的元军，也吹得日本人有些飘飘然了。

1260年，一代天骄成吉思汗之孙忽必烈在开平（今内蒙古正蓝旗东）称蒙古大汗，建年号为“中统”。1271年，取《易经》中“大哉乾元”之意改国号为元。就在忽必烈成为大元皇帝的三年前，他便命使者携国书赴日，要求日本效法高丽来中国“通好”，但是被镰仓幕府以“书辞无理”为由拒绝，此后，忽必烈又两次遣使要求日本称臣朝贡，并以武力相威胁，同样遭镰仓幕府拒绝。

▼日本人所绘的忽必烈画像

为了防止元朝偷袭，幕府执权北条时宗令大宰府备战，加强了九州沿海各地的警备。与此同时，镰仓幕府还组织了大规模的祈祷活动，以此来应对这场危机，为此还推迟或取消了很多庆典活动。

在第一次遣使“通好”被拒后，忽必烈就萌生了对日本发动战争的念头，但由于战争物资不足，忽必烈不得不在征发民夫、建造战船上花费大量时间。直到1274年，忽必烈才发起了第一次征日之战。这年10月，由1.5万名蒙古人和汉人士兵以及8000高丽武士组成的大军，乘坐300艘大型战船和 400 ~ 500 艘小型战船开征日本。这支部队轻易地占领了对马岛和壹岐岛，并于 11 月 19 日在位于古老的九州首府太宰府附近的博多湾登陆。

此时，虽然日军骑兵已在此布阵，但是并没有趁元军登陆半途进行攻击，而是于次日凌晨在元军登陆完毕并整顿好队形后，这才按日本当时对战的习惯，由主攻部队放“鸣镝”示意开战。当日本骑兵按照惯例由一名骑兵冲击，后面大队跟进掩杀至元军阵前时，元军突然鼓声大作，杀声震天，加之当时世界上最为先进的火炮的轰鸣，使得日军惊恐万分，两军刚一接触，日本军队便死伤惨重，伏尸如麻。

▲日本所绘的蒙古袭来画卷

与日军激战一天后，至 20 日傍晚，元军已相继占领博多湾箱崎等地，并全线追击溃退的日本军队。就在这时，由于副帅刘复亨在追击中中箭受伤，攻势减弱，而且天色已晚，元军便停止了进攻。日本军队这才摆脱了元军的追击，迅速退往大宰府水城。

20 日晚，在商讨第二天的军事行动时，元军将帅产生了分歧，有人对日本武士的勇猛战斗颇有惧意，元军虽然取得了这次战斗的胜利，但死伤不少，兵疲矢尽，企图退军。有人则认为战争形势对元军比较有利，只要坚持苦战，便能攻克大宰府。最后，元帅忻都决定第二天全军班师回国。俗话说，天有不测风云，就在忻都做出班师回国的决定没多久，博多湾出现了罕见的狂风暴雨。黑云压顶，人心不安，加上不熟悉地形，元军兵船一片混乱，不是互相碰撞而翻，就是被大浪打沉；四周漆黑一片，落海的元军无法相救，损失惨重。21 日一早，日军得知元军撤退，博多海面已无元军船只，日本朝野对突如其来的台风赶走元军十分惊喜，在全国范围内展开了大规模拜神活动，称为“神风”。日本史书则称之为“文永之役”。

忻都回国后，巧妙地掩饰了遭风败退的事情，谎报战绩，让忽必烈误以为日本已经受到了应有的惩罚，必将立刻与元朝通好。因此，大赏征日有功将士，同时决定派出礼部侍郎杜世忠、兵部郎中何文著等人携国书出使日本。

杜世忠一行人来到长门室津（今本州西南沿海山口县），希望能经过此处关卡到达京都或镰仓，但没料到当地守护却将杜世忠等人押送大宰府，然后上报幕府。北条时宗得知消息后，立刻命当地守护将元使送至镰仓。北条时宗见到杜世忠一干人后，既没有接受国书，也丝毫没有考虑其他后果，下令将杜世忠等30多人斩首于镰仓龙口。忽必烈派去的第二批使者也遭到同样的噩运。

1281年春天，也就是在征服南宋三年之后，忽必烈发动了第二次征日。由忻都、洪茶丘和金方庆统帅4万人为东路军，由范文虎统帅10万人为南路军，分别由高丽和宁波两地出发。这年6月，东路军兵船出现在博多湾海面，然而，忻都等将领看到的是沿海滩头筑有石坝的博多湾，在此处实施登陆困难很大，忻都派出小股部队，经过一番侦察，这才知道志贺岛和能古岛防御薄弱，未筑石坝，于是命令兵船靠近志贺岛下锚。因为这个原因，元军在无意间为日本军队防御赢得了整整一天的时间，而原本突袭博多湾的计划也变成了正面强攻。

6月7日，东路元军在志贺岛成功登陆，然而在向前推进时遭到了日本军队的顽强抵抗。在狭长地带，元军不能发挥其集团作战的优势，而日本军队一人一骑的战斗方式此时有了用武之地，因而元军伤亡很大。战斗进行了6天，元军始终没能前进一步。与此同时，由于长期在船上生活和战斗，蔬菜、饮水严重供应不足，伤者不能得到及时救治，死者不能安葬，疫病不断发生，天天有病死者。元军处境不妙，强攻博多湾的计划已无法实现。6月15日，东路元军撤离志贺岛，驶向壹岐岛，与范文虎的南路军会合。

两军会合后，士气大振，范文虎与忻都等相议，决定进攻太宰府。然而就在这时，一场突如其来的台风让两路人马顿时陷入了绝境。这场持续了两天的台风摧毁了元军大部分的船只，“士卒十丧六七”。而留在日本海岛上的 3 万元军群龙无首，除一部分被俘外，其余全都战死。

1260 年
忽必烈称蒙古大汗，建年号“中统”。

1271 年
忽必烈改国号为元。

1274 年 9 月
第一次征日之战开始。后以失败告终。

1281 年
忽必烈发动了第二次征日。后以失败告终。

1294 年 1 月
忽必烈去世，第三次征日计划取消。

两次东征日本的失败并没有让忽必烈放弃征服日本的念头，1283 年，这位成吉思汗的孙子下令建造船只并且广集粮草，准备第三次征伐日本。但是这一次遭到了江南人民的激烈反抗，只好暂时搁置。1285 年，在平定了各地反元起义后，忽必烈再次下令打造战船，准备于次年春天出兵征日。但因大臣反对，忽必烈不得以下诏罢止征日。1294 年正月，忽必烈去世，征日计划也就束之高阁了。

虽然由于所谓“神风”的显灵，日本阻止了元朝的进攻，但是两次战役也使镰仓幕府的军事力量和财政能力走向了衰落的边缘。而且幕府取得胜利后，无法从外来的敌人中获得象征征服的领地，故而无法对御家人进行赏赐，这引起了为赢得最终胜利而做出巨大牺牲的御家人的强烈不满，由此，御家人对幕府产生了极大的不信任。加之幕府实行武士遗产的分散继承制，很多御家人的土地越分越小，逐渐失去了生活来源，为生活所困，一些御家人典卖了自己的土地，有的甚至向高利贷借款。

为了维护幕府统治，也为了帮助生活困顿的御家人，1297 年，镰仓幕府颁布了“德政令”，实施了一系列的措施。包括将典卖的土地无偿归还御家人，不予承认高利贷借条，将财产的分散继承改为由长子一人继承。这些旨在改善御家人生活的措施虽然暂时起了一些作用，但并没有从根本上解决御家人趋于贫困的问题，因为他们的收入并没有从根本上得到增加。由于新措施的实施，没有人敢买他们的土地，也没有人愿意借款给他们，实际上，御家人的生活并没有好转，而是更加贫困。幕府的统治能力和威信因此更加丧失，幕府面对着前所未有的统治危机。

与此同时，被称为“御内人”的北条氏嫡系御家人极力扩张自己的势力，这引发了被称为“外样”的一般御家人的强烈不满。北条时宗死后，“御内人”代表平赖纲和“外样”代表安达泰盛发生冲突，结果安达泰盛一族被全歼，史称“霜月骚动”。经过这一事件，作为镰仓幕府统治基础的御家人制度开始瓦解，镰仓幕府的统治岌岌可危。

相关链接

2002 年，考古学家在日本鹰岛海底发现了大量古代木片，这些残存的木片上有朱书文字，经考证，这些木片可能为南宋殿前司在修理弩等武器时主管官员在检查完毕后所作的记录文字，依此，考古学家认为，元军征日所用船只是从原南宋水军接收而来，其所用武器也同样如此。这些船只多为内河战船，吃水较浅，抗暴风雨能力较弱，加上元朝征日水军多为南宋降军，士气低落，受诸多因素影响，元军惨败也就不难理解了。

建武中兴与南北朝纷乱

俗话说，堡垒最容易从内部被攻破。这句话应用在镰仓幕府的衰亡上是再合适不过。1333 年，镰仓幕府的御家人足利尊氏在各地反幕府的动乱中迅速崛起，很快成为讨幕中坚，最终与各地豪强一起迫使北条氏一族全部自杀，镰仓幕府就此完结。当然，这时候意得志满的足利尊氏不会想到，近 250 年以后，自己的子孙也会被武将逼死，成为历史的烟云。

足利尊氏是个什么人?

足利尊氏幼时名太郎，因推翻镰仓幕府有功，被后醍醐天皇赐名为尊氏。建武政权建立后，尊氏要求获得“征夷大将军”的称号，未获批准。此外，后醍醐天皇对尊氏的权力加以种种限制。1336 年，其拥丰仁亲王为光明天皇，并受封征夷大将军，建立室町幕府。后醍醐天皇逃入吉野山，建立南朝政权，由此日本进入“南北朝时期”。

1331 年 6 月，在足利尊氏与地方豪族推翻镰仓幕府的统治后，因多次谋划倒幕行动而被北条氏流放到隐歧岛的后醍醐天皇返回京都，废除了由镰仓幕府扶持的光严天皇，再次登基，重新掌控了朝政。1334 年，后醍醐天皇改年号为“建武”，并实施了一系列的新政，史称“建武中兴”。

后醍醐天皇实施的新政，最重要的部分就是撤销威胁天皇权力的关白、摄政等职务，一切大权由天皇本人总揽，对皇室和大贵族的利益极力保护，却对在推翻镰仓幕府中立下战功的武士的利益不闻不问，这种做法引起了各地武士的极度不满。而与此同时，恢复天皇之位没多久的后醍醐天皇为了满足一己私欲，无视长年战乱给百姓带来的苦难，肆意增加税收，征发劳役，在京都大兴土木，出现了“兵革之后，世局未稳，国费民苦”的乱象。后醍醐天皇的倒行逆施激起了农民的不满，由此，后醍醐天皇逐渐失去了武士和农民对他的支持。

此时的足利尊氏虽然获得了天皇的赐名，但是并没有获得他梦寐以求的“征夷大将军”的名号，反倒受到后醍醐天皇的种种限制，这让足利尊氏非常失望。

1335 年 7 月，即建武二年，北条氏旁支北条时行在信浓举兵，并很快攻陷镰仓，史称“中先代之乱”。8 月初，足利尊氏未等天皇下诏，率领 500 名骑兵，离开京都，与其弟足利直义会合，大破北条时行，夺回了镰仓。占据镰仓后，足利尊氏并没有返回京都，而是自称征夷大将军，向后醍醐天皇竖起了反旗，这让后醍醐天皇十分恼火。11 月 19 日，天皇任命尊良亲王、新田义贞为正副征讨将军，讨伐足利尊氏。足利尊氏与其弟率军大败天皇的军队，其间，天皇方面也曾多次击败足利尊氏。1336 年 5 月，足利尊氏进入京都，拥立光严天皇的同母胞弟丰仁亲王即位，是为光明天皇。“建武中兴”由此宣告结束。

以胜利者姿态进入京都的足利尊氏很快软禁了后醍醐天皇，同年 11 月，后醍醐天皇被迫将象征天皇权威的三神器交给光明天皇，自己则被尊为上皇。但是后醍醐天皇并不甘心被人摆布，12 月 21 日晚，他装扮成女性贵族，乘车逃离京都，在吉野建立了新的政权，并宣布交给光明天皇的三神器为伪造品。自此形成了与京都皇室对立的局面，日本历史上的南北朝由此形成。

▲后醍醐天皇像

北朝的实际控制者足利尊氏在被光明天皇正式任命为“征夷大将军”后重启武家政治，在京都建立了足利幕府。幕府建立不久，为了整顿武家制度，改革朝政，足利尊氏颁布了武家法典《建武式目》。《建武式目》提出“居安思危”的观点，认为首要之责是“早休万人愁”，“政在安民”。在这一思想的指导下，《建武式目》提出要禁止奢侈，力行节俭，不得受贿行贿；选用贤能之人担任地方官，并要求豪强不得兼并私宅，以减少破产流浪者；委任效忠足利氏的有功、有才干的将领为各地守护。

1339 年 8 月 16 日，53 岁的后醍醐天皇因病去世。相传他临死前，一手握着《法华经》，一手抚剑，还立下遗诏：“纵领玉骨已埋南山，魂魄亦当常望北阙。”因此，后醍醐天皇的陵墓也与一般的朝南座北的传统葬式不一样，而是朝北坐南埋葬。后醍醐天皇死后没多久，追随他的几个南朝著名武将也相继战死，南朝似乎“气数已尽”，但是由于足利尊氏与其弟足利直义的内杠，南朝又残喘了50多年。

足利尊氏在起兵讨伐镰仓幕府之初，足利直义就一直辅佐足利尊氏，足利尊氏也视足利直义为左膀右臂，对他极为器重。足利幕府建立后，足利尊氏的家臣高师直担任重要职位，深得尊氏信任，备受恩宠，然后职权越高，骄奢越重，手下部将很是不满，足利直义对此也深为愤恨，决心除掉高师直。

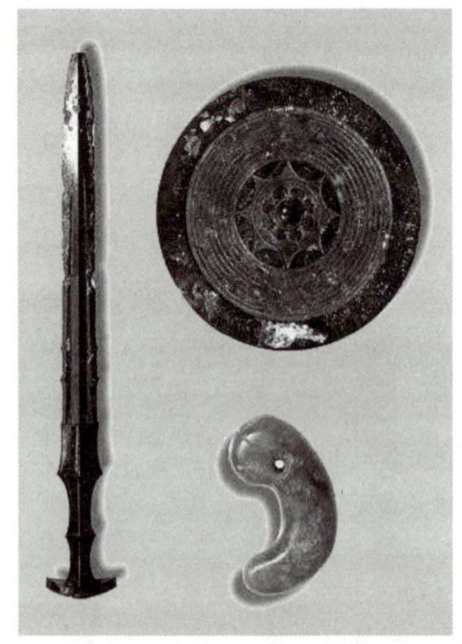

▲日本三神器，即草薙剑、八咫镜和八坂琼曲玉。日本创世神话故事中，源自天照大神，并在其后代日本天皇手中代代流传的三件传世之宝。目前仍然有一些日本人认为三神器是代表日本天皇的正统象征，类似中国的传国玉玺。

1349年，足利直义与高师直的斗争发展到了白热化阶段，高师直要求足利尊氏革除足利直义的一切职务。足利尊氏答应了高师直的要求，撤掉了其弟全部职务。此后，高师直更为骄恣，而足利尊氏与足利直义之间的关系也因此日趋紧张。

1350年，足利尊氏与足利直义兵戎相见，足利直义投奔南朝，并于次年大败足利尊氏统领的北朝军队。尊氏派人求和，足利直义杀死高师直，随后足利尊氏与足利直义携手言和。第二年，足利尊氏与其子一同归顺了南朝。但是兄弟俩的和睦局面并没有维系多久，不久，足利尊氏又与足利直义产生了冲突，1352年2月，足利尊氏毒死了自己的弟弟。足利直义虽死，但他养子足利直冬率领着斯波高经、桃井直常、石堂义房、山名时氏等旧足利直义派依然与足利尊氏作战，先后数次占领过京都。

1358年4月30日，足利尊氏病故，时年54岁，埋在京都的衣笠山下的等侍寺内。足利尊氏死后，其子足利义诠继任将军，在执事斯波义将的辅佐下，足利义诠稳固了幕府统治，并逐步压制住了南朝势力。

1368年，年仅10岁的足利义满继任第三代幕府将军，由管领细川赖之任辅佐。足利义满成年亲政后，显示出卓越的统治与领导能力，先后平定了土岐赖康、山名氏清等地方守护的叛乱，幕府统治得以进一步巩固。同时，经过几次大的征伐，南朝的势力彻底衰退。1392年，足利义满对南朝提出统一的呼吁，并顺利实现南北朝合体，成功地结束长达60年的分割状态。由此，足利义满在全国范围确立起幕府将军的绝对统治权，成为室町幕府最盛期的缔造者。

相关链接

在提到足利义满的时候，人们总是会习惯性地将其与一休和尚联系在一起，相传一休和尚是足利义满的孙子。一休和尚是后小松天皇和藤原照子所生，而后小松天皇据说是足利义满与后圆融天皇妃子藤原严子的私生子，但是足利义满对此毫不知情，直到他想谋害一休，将自己宠爱的儿子做天皇的养子时，他才从藤原严子口中得知了这一事情的真相。也正因为这个原因，本来准备将一休除掉而后快的足利义满不得不罢手。此后，足利义满一直放任一休云游四方，对他并无任何限制，甚至准许他与后小松天皇会面。

室町幕府

1420年8月，足利义满下令严禁边民骚扰明朝，得悉此消息的明朝建文帝朱允炆派使臣前往宣诏抚慰。在给足利义满的诏书里，建文帝称其为“日本国王”。足利义满对“日本国王”这一称号坦然接受，并没有觉得不妥。事实上，这个足利尊氏的孙子早已是日本国家权力的最高代表了。在他执政时期，他将幕府迁到了京都的室町，足利幕府由此改称为室町幕府。

足利义满

日本室町幕府第三代将军，幼名春王。历任内大臣、左大臣、太政大臣等要职。1366年后光明天皇赐名义满。10岁继任将军职，管领细川赖之任辅佐。成年后亲政，充分显示领导与统治才能。1392年结束南北朝分裂局面，完成国家统一大业，在全国范围确立起室町幕府将军的绝对统治权，成为室仃幕府最盛期的缔造者。1394年，让将军职于子义持，出家为僧。

公元1367年，足利幕府第二代将军，38岁的足利义诠病逝，其子足利义满在细川赖之的辅佐下，于次年坐上幕府将军的宝座。公元1378年，20岁的足利义满在京都的室町营建了富丽堂皇的府邸，并在庭院内广植各种奇花异草，称“花之御所”，并在此处执行政务，足利幕府的称谓由此被室町幕府所取代。

足利义满当政时期，将前两代幕府将军设置的“执事”改称为“管领”，并赋予其极大的权限。管领统辖政所、侍所等中央机构，而将军对地方守护的命令，也必须通过管领传达。在室町幕府前期，“管领”职位由足利氏门下的有力守护细川氏、斯波氏、田三氏三大家族轮流担任，称为“三管领”，直至室町幕府末期，“管领”职位才出现了私相授受的情况。

管领统辖下的侍所由赤松氏、一色氏、山名氏、京极氏四个家族的人出任，主要负责统领御家人、负责幕府警备任务，其权力仅次于管领，被称为“四职”。

室町幕府还编制了直接听命于将军的直辖军队，称为“奉公众”。编制“奉公众”，是足利义满看到自己虽然身为将军，却没有直接统领的军队，有鉴于此，他特意从地方守护的武士中剥离出一部分，改编为自己的武装力量。人数约在 3000 人左右。

“奉公众”平时负责护卫将军的安全，同时也兼有负责管理“御料所”，即分布于诸分国的将军直辖领上的守护动向的职责。足利义满希望强化幕府体制，统制和监督各地方的守护阶层，并借此削减其势力。

除了政所、侍所、问住所等等这样的中央机构外，室町幕府在地方上还设置了“关东御所”。“关东御所”又被称为镰仓公方或镰仓殿，由足利尊氏的第四子基氏的子孙世袭。除守护由幕府将军直接任免外，其他事物均由关东御所的辅臣“关东管领”处理。随着关东御所实力的不断加强，它与室町幕府的关系也日渐对立，至幕府中后期，关东御所已经成了室町幕府最大的威胁之一。

▲足利将军家家徽

除了关东御所，幕府还在各地设置了“守护”和“地头”，其名称虽与镰仓幕府相同，但是性质却各异。镰仓幕府的守护与地头都是将军的御家人，两者之间是主仆关系，而室町幕府的“守护”和“地头”多数由将军的直系族人和有力家臣担任。为了保护这些守护、地头的利益，室町幕府授予了其裁判诉讼、处理无主田地、征收税款的特权。这些守护、地头利用特权在地方大肆侵吞庄园，将管辖地的武士变成自己的家臣，培植自己的私人武装，逐渐发展为守护领国的守护大名。

这些守护大名在自己领国内肆意妄为，不奉幕府诏命，截留本应上缴给幕府的年贡，尤其是其日渐壮大起来的武装力量，对幕府构成了最直接的威胁。1391 年，足利氏的同族、最大的守护大名，领有 11 国守护的山名氏清反叛，举兵向京都进攻。足利义满隧起兵讨平山名氏清，山名氏清战死，山名家势力急剧衰落，史称“明德之乱”。

在削弱了山名氏清家族的势力后，足利义满将下一个目标锁定在了大内义弘的身上。大内义弘拥有 6 国领地，是关西地区最有实力的守护大名。1399 年，大内义弘宣布反叛幕府，足利义满亲任总大将，派遣细川氏、京极氏和赤松氏为前锋，以总兵力 3.6 万人攻打大内义弘。两军交战，大内义弘战死，幕府军队大获全胜。此役发生于应永六年，故史称“应永之乱”。

在削弱了各地守护大名的实力后，室町幕府加强了对财政方面的管理。除了分散各地的约200处的直辖领“御料所”为其主要经济来源外，幕府还增加了向各地大名征收年贡米和年贡钱的数量。幕府还在畿内的交通要道设“关所”，征收“关钱”，在渡口收取“津料”，并且对京都内的当铺业和酿酒业课征税收。

除此之外，与明朝进行的“勘合贸易”，也是室町幕府重要的财政收入来源。所谓“勘合贸易”，是明朝对外国来华进行朝贡贸易的一种称呼，也称“贡舶贸易”。“勘合贸易”必须在特定时间、特定地点进行。由于这期间倭寇猖獗，为了对倭寇和幕府官方船只加以区别，明朝发给室町幕府勘合符以示区分。幕府的贸易船只到港后，需出示勘合符，经明朝官员查验无误后，方能进行交易。

随着对外贸易的发展，一些港口城市日益显现出繁荣的景象，手工业和纺织业快速发展，不同产品之间的交换也日趋频繁，城市的商业形式也变得日趋多样。每月三次的定期市场“三斋市”从室町中期开始，改为每月六次的“六斋市”。随着市场的繁荣和货品种类的增加，还出现了类似于今天行业协会的组织——座。越是经济发达的地方，“座”越多。由于“座”的普及与发达，行业种类也随之增多，分工越来越细，促进了商品质量的提高。

随着商业活动的蓬勃发展，货物运输业也兴盛起来。在一些工商业发达地区，出现了“马借”、“车借”等运输组织。海上运输出现了驳船，容积达千石的也为数不少。

相关链接

明朝永乐初年，日本海盗频频侵犯东南沿海，明成祖朱棣即派郑和出使日本进行交涉，要求日本方面对海盗进行严厉打击，并用本国法律严加惩处。日本方面随即捉拿了十几个海盗头子，将他们投入特制的大锅之中，活活蒸煮而死。郑和回国报告后，朱棣帝对日本“嘉其勤诚，赐王九章”，向当时的幕府将军足利义满赠送了冠服、文绮、金银、瓷器、书画等物，并允许其向明朝十年一贡。日本由此以属国朝贡形式与明朝建立了邦交。

最后的将军

甲胄入库以后是歌舞升平，全盛时期过后是满目疮痍。作为室町幕府第15代征夷大将军，足利义昭应该很想再回到从前那段波澜壮阔。幕府独霸天下的胜景当中去。只可惜，好梦不常有，好花不常开，现实带给这个命运不济的幕府将军的是一次次的失望和叹息。更为可悲的是，他的失望和叹息总是受到各地守护大名的嘲笑和愚弄。在被强权人物反复称为“贫乏公方”以前，足利义昭的最终命运早已注定下了。

1565年5月19日凌晨，一队人马悄悄包围了京都的幕府御所。这是一场蓄谋已久的行动，他们的目的是要除掉御所的主人——室町幕府第13代将军足利义辉。此刻，一身戎装的足利义辉已经从侍卫口中得到了消息。他和妻子举行了最后的晚宴，在妻子的衣袖上题了一首辞世歌后，足利义辉带领30余名侍卫冲向敌阵。

足利义辉曾经向新阴流鼻祖上泉信纲和新当流开山祖师冢原卜传两大剑术大师学习过剑法，剑技精湛，武艺高强，被世人誉为剑豪将军，手下侍卫个个骁勇善战，加之逢此生死存亡之时，更是竭力死战，以一当百，将来犯之敌一一斩杀，使敌军无法近身。

▼足利义辉像

叛军头领松永久秀见此情景，急命由他亲自训练的洋枪队射杀足利义辉，这位身中数枪的幕府将军在奋力斩杀了数名敌军后，倒地而亡，时年30岁。足利义辉死后，松永久秀拥立足利义辉的堂弟足利义荣继任为室町幕府的第14代将军，但真正应该拥有将军继承权的是正在兴福寺出家的足利义辉的亲弟足利觉庆。

在杀害足利义辉后，松永久秀本想顺便将足利觉庆一起除掉，但由于兴福寺拥有极为强大的僧侣武装，松永久秀的阴谋无法得逞。虽然足利觉庆保住了性命，但是他的一举一动受到松永久秀的严密监视。1565 年 7 月 18 日，忠于室町幕府的细川藤孝冒着灭族的危险将足利觉庆从兴福寺救出，藏匿于南近江六角氏家臣甲贺和田惟政家中，足利觉庆此时还俗改名为义秋。然而没等喘息多久，足利义秋随着细川藤孝又开始了逃亡生活。其先后投靠过六角承祯、武田信丰和朝仓义景等有力大名，希望重振幕府雄风，然而都遭到了这三家大名的拒绝。

日本战国最后的将军是谁?

足利义昭是日本室町幕府末代将军。足利义昭为前任将军足利义辉之弟，年轻时曾入佛门，足利义辉死后，被细川藤孝等拥立为将军而还俗。足利义昭曾经流落于六角承祯、武田信丰与朝仓义景等大名处以求复兴室町幕府，但都没有成功，而且被称为“贫乏公方”。后来在织田信长的协助之下于 1568 年进入京都而成为室町幕府第十五代征夷大将军。织田信长被杀后，在大名的攻伐中，足利义昭到处漂泊，后再次出家。

无奈之下，足利义秋找到织田信长，织田信长答应帮足利义秋夺回征夷大将军之位。此时，足利义秋改名为足利义昭。

1568 年，织田信长率领大军，一路过关斩将，顺利攻入京都，松永久秀投降。进入京都后，织田信长做的第一件事就是废除了由松永久秀所立的幕府将军足利义荣，并于 10 月 18 日扶植足利义昭为室町幕府第 15 代征夷大将军。

坐上大将军之位的足利义昭以为自此以后自己就能号令天下，但是很快他发现，事情的发展并没有想象中那么顺利。他的行动处处受到织田信长的约束，无法行使将军的权力，自己的处境与傀儡无异。为了早日摆脱这一境况，足利义昭表面对织田信长言听计从，暗地里却以大将军的身份秘密联络了武田信玄、浅井长政、朝仓孝景等反织田信长势力，准备合力推翻织田信长，这就是所谓的“织田包围网”。但“织田包围网”很快被织田信长瓦解，势单力薄的足利义昭无法抵挡织田信长的攻势，虽有正亲町天皇居中调停，但是足利义昭和织田信长的决裂就此注定。

1573 年，在织田信长的逼迫下，足利义昭将 2 岁的儿子送往织田信长处做人质，自己则被逐出京都，室町幕府宣告灭亡。虽然幕府灭亡，自己四处流落，但足利义昭却不甘心就此认输。他向一些势力较小的地方大名发出请求，希望能得到他们的援助，再次回到京都。但是这些大名并没有答应他的请求，原因很简单，如果接受了足利义昭的请求给予援助，必将引来杀身之祸。足利义昭转而向别的大名提出推翻织田信长的要求，均遭到了拒绝。

1582 年 6 月 2 日，织田信长遭到家臣明智光秀的反叛，丧命于京都本能寺之中。得知织田信长的死讯后，足利义昭便将重回京都的希望寄托在了继织田信长而起的实力派大名身上，但是各大名在织田死后争权夺利，无暇顾及足利义昭的请求，足利义昭的回归京都之梦似乎又变得遥遥无期了。

1587 年，在外流落漂泊多年的足利义昭受丰臣秀吉恩赐得到了安居之所，但是一年后的春天，这位名存实亡的幕府将军再次出家。1597 年 8 月 28 日，足利义昭病死于大阪，享年 61 岁。

本应如先人般干一番轰轰烈烈事业的足利义昭，虽名义上为室町幕府的第 15 代征夷大将军，却处处受制于人，因而，他恢复家族曾经辉煌的梦想，只能寄托在他人身上。无论是六角承祯、武田信丰和朝仓义景等断然拒绝他的大名，还是表面答应帮助他的织田信长，终归都是外人，都无法按照他心中所期望地那样去做。更何况，其中还包含着权力与利益的纠纷。这一切，都注定了室町幕府的辉煌一去不复返了，而足利义昭便顺理成章地成了室町幕府最后的将军。

相关链接

家原卜传不仅是足利义辉的剑术师父，也是上泉信纲的师父，乃当时最为有名的剑术大师。因在京都的清水寺比剑时战胜对手而崭露头角，那年他才 17 岁。家原卜传的剑术近乎鬼神莫测，一次，他在家中的一扇屏风前走过，从屏风背后突然跳出一人，拿着剑向他砍去，他一闪而过时只拔了一下短剑，那人已中剑身亡。死者是叫落合虎右卫门的剑客，曾经在比武中输给了家原卜传，一直怀恨在心，伺机报复，结果还是送了性命。

》专题 武士道

有人说不识武士道，不懂日本人。作为日本人道德观念的重要组成部分，武士道及其表现出来的精神意志都深刻地影响着这一民族的性格。正如新渡户稻造指出的那样："武士道正是日本造成国民性、维系日本传统道德精神的关键，在这一点上，它或正相当于西方基督教的宗教教育。"

1566年的一个夜晚，在江户城郊外，两个年轻的武士正在进行一场决斗。只一个回合，其中一人便闷声倒下。胜利的一方在拭净自己的武士刀后，叫来儿子木曾昌义，对他说："树林里有个死人，旁边有块石头，你要用他的血在石头上印上你的手印，做不到，我就杀了你。"

当时只有6岁的木曾昌义听从父命，成功地在石头上印上了自己的血手印，并在尸体旁接受了3天严格而残酷的武士道训练。日后，木曾昌义成为了日本赫赫有名的武士。

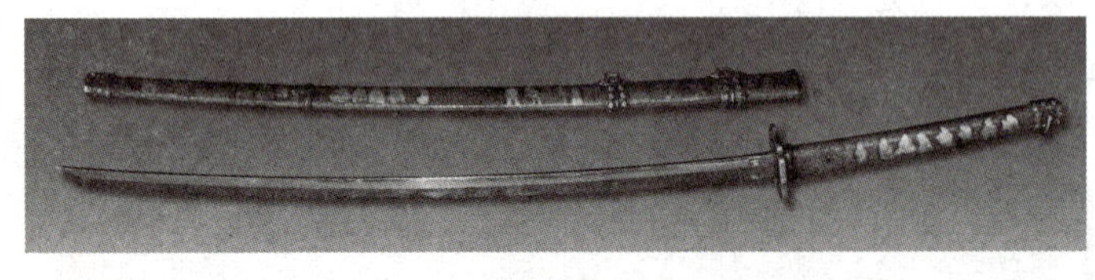

▲武士刀

木曾昌义儿时的武士道训练并不是其父亲残忍，更非其特殊的经历，在当时，几乎所有的武士都得接受类似的"惨无人道"的魔鬼训练。这被称为武士之准则。

除了看别人杀人，或是亲手杀人外，武士的训练还包括剑术、射击、骑术、枪术、道德等武士技能和文化的修炼。并在这种修炼中逐渐培养一个真正的武士所要具备的优秀品质，即武士之道的基本要求：仁义、重礼、内诚，对自己爱惜名誉，对主家秉持忠义。这些基本要求将君臣、父子、夫妇、兄弟、朋友的关系以一种较为简单和直接的形式体现出来，成为武士最重要的信仰。

武士道的兴起主要依托于武士阶层的形成和兴盛，从被称为"郎党"的保护庄园主的零星地方武装逐渐发展到超越庄园范围的地区性武装集团。无数分散的武士聚集在一地，组成了武士团。武士团用严格的制度和极强的宗族观念约束着每一个武士的言行举止，使他们形成忍耐的性格以及献身精神，这是维系武士团内部团结、组织稳定的重要思想支柱。

对于遵循武士道精神的武士来说，仅仅拥有出类拔萃的技艺是远远不够的，最重要的还必须要有“克己”的信念。“克己”的主要表现为禁欲和沉默。

禁欲并非通常人们理解的禁止人的普遍欲望，如性欲等，而是要做到喜怒哀乐不行于色，它的目的是避免因自身情绪的波动而影响他人。对武士来说，情感内藏而非外露才是武士作风。由于这种情感的主观抑制和内藏，使得人们很难窥探到武士真正的思想感情和内心活动。这也往往导致了一些意外的发生，譬如有人看到一个武士面带笑容，认为他遇到了开心事，便毫无顾虑地向前攀谈，说些笑话，但事实上，也许这个武士刚刚遭受到主家的训斥，正处于郁闷之中。这时有人在自己面前谈笑风生，这对武士来说是一种羞辱，于是，在一些文学作品和影视剧里，我们常能看到微笑中的武士突然拔刀杀人的情景。

沉默也体现着武士的道德素养。对武士来说，直露的言语和思想都是纤薄的表现，只有奋勇作战、英勇献身才是武士的真义。正因如此，在家中，除了最简单的问候和交谈，武士一般不多言语，在街上行走，也是肃穆威严，目不斜视。在武士心中，真正的语言是杀敌。

刀是武士的主要武器，也是其身份的象征，而在武士道的规范里，刀还有着另外的含义，它代表着力量和勇武。出生于武士家的子弟，自幼习武练刀，这时期所用的刀是木制的，至5岁时，才可以穿上武士特有的服装，使用真正的武士刀。在这一年，还要举行“武士入门”仪式，完成这一仪式，他们才能具备武士的身份。

武士轻易不用刀，这也是武士道所信奉的准则。因为刀是武士的灵魂，为保持它的圣洁和神圣，要经常加以擦拭，时刻保持刀身的光洁。任意地挥刀，在武士眼里是胆怯的表现，真正的武士不逞匹夫之勇，不能因为卑怯者而玷污了自己的刀。只有为了主家而战斗，

日本武士崇尚的“切腹自杀”起源于何时？

公元989年，大盗藤原义在被捕前，将腹部一字割开，然后用刀尖挑出内脏扔向官军，据说这是切腹的最早来源。切腹开始盛行，是在镰仓幕府以后，一直持续到战国时代。江户开幕以后，社会统治相对平稳，因殉死而切腹，和作为刑罚的“诘腹”，逐渐占了主流。

▲切腹自杀之前的武士

武士刀出鞘才有意义，因为这代表着武士的威猛、勇敢和勇气。这种勇气就是武士道最为崇尚的精神，为了主家，为了武士的荣誉——果断地死、毫不留恋地死、毫不犹豫地死。唯有如此，才能得到对手的尊重，也才是一个武士真正的归宿。

武士之道发展到江户时代初期，已经形成了一整套完备的礼仪规范和道德准则，这一时期，“武士道”作为一个专有名词开始出现在人们的面前。

1716 年，由江户时代佐贺藩的藩士山本常朝口述，田代陈基书写整理的《叶隐闻书》完成，此书共 11 卷，将有关武士的基本准则以及其修习武士道的心得记述在内，将武士道精神更为具体化，被后人称为武士道的修养书。

所谓“叶隐”，是指武士要像树木的叶荫一样，在别人看不见的地方为主家“舍身奉公”。“舍身奉公”标榜的是武士精神上的自我超越，它所强调的是战胜自己，而后战胜别人。战胜自己就要不断磨炼自己的意志，使自己成为一个不为外界所动的强者。

据《叶隐闻书》记载，佐贺藩的先祖锅岛直茂对其子锅岛胜茂说：“要使斩首习以为常，得先对处刑者斩首。”锅岛直茂安排了 10 个罪犯让其子尝试斩首，锅岛胜茂一口气斩首了 9 人，当锅岛胜茂准备挥刀斩第 10 个人的首级时，锅岛直茂看到那人年轻力壮，这才让儿子免其斩首。

这样的情境不免让人想起抗日战争中日本侵略者“百人斩”的恶行。事实上，武士道在培养武士成为内外兼修之人的同时，也让他们日渐变得冷酷、嗜血、盲从，逐渐成了杀人的机器，而不是一个具有思想的个体。这便是武士道残忍的一面。“明治维新”以后，武士残忍的一面发展成为军国主义思想，使这个国家走上了一条充满杀戮的变态发展之路。“二战”期间，武士道同神道一起，充当了日本侵略战争的精神武器。所谓“誓死效忠天皇”、“为天皇而战”、“切腹以谢天皇”等等都是武士道的典型糟粕。

相关链接

武士道的要求最主要有几个方面：义、勇、仁、礼、诚、名誉、忠义。

“义”是武士准则中最严格的教诲，要求武士必须遵守义理和道德。

“勇”要求武士具备敢作敢为、坚忍不拔的精神，同时要有高强的武艺。

“仁”使武士不至成为黩武主义的武夫，而要具有宽容、爱心、同情、怜悯的美德。

“礼”不仅仅是风度，更是对他人的情感和关怀的外在表现。

“诚”要求武士保持诚实，同时要摆脱来自诸如商人阶层之类的诱惑。

“名誉”的意识包含着人格的尊严及对价值明确的自觉，它要求武士为了名誉而愿意付出一切，又要具有分清是非、保持忍耐和坚忍的品行。

“忠义”具有至高无上的重要性，它是存在于各种境遇中的人们关系的纽带，忠于自己的主人是武士必须恪守的信条。

第四章

英雄的血泪：战国时代

历史是由谁创造的？是强者？是历史本身？抑或其他？这或许显得有些缥渺。但有一点可以肯定，历史的丰满源于盛世的大气与乱世的死别。因为历史本身是多面性的，唯有如此，才能描绘出一幅波澜壮阔、跌宕起伏的瑰丽画卷，历史本身也才有被人铭记的价值——不只是铭记于心，更是以史为鉴。从这一意义上来说，日本的战国时代对于人们认清这一国家、这一民族的特性有着极为重要的价值。

战国那些事儿

武田信玄、上杉谦信、织田信长、明智光秀、丰臣秀吉、德川家康、石田三成，当熟悉他们的人看到这些充满英雄气息的名字时，总是会不自觉地想起乱世纷扰、群雄争霸的战国时代。日本战国历史可与中国战国相比拟，各地大名林立，为争夺霸权攻伐不休。他们用智谋和胆略演绎出了一幕幕动人心魄的精彩故事，也为后人留下了印象深刻的谈资。

历史的车轮，总是沿着由盛而衰的道路一次次地重复辗过。统一的幕府时代经历了镰仓幕府与室町幕府的兴盛时期之后，始终还是不可避免地开始落入了走下坡路的定律之中，而且大有一发不可收拾的架势，原本明确的统一局势也逐渐变得模糊了。

1464 年，由于膝下无子，早已萌生退隐之意的室町幕府将军足利义政决定将将军之位让给正在净土寺出家的胞弟足利义视。但是令足利义政没有想到的是，第二年，妻子日野富子竟然给他生了个儿子，取名为义尚。

母以子贵，为了让儿子当上幕府将军，出身于贵族之家的日野富子拉拢“四职”之一，兼五国守护的山名宗全为义尚的监护人，并暗中阻止足利义视继承将军之位。与此相对，跟日野富子并无多少感情的足利义政为了能让自己的亲弟弟当上将军，安排了“三管领”之首，身兼八国守护的细川胜元为监护人。由此，围绕幕府将军的继承问题，出现了山名氏、细川氏两大派系，此两大派系相互斗争，爆发了历时 11 年的“应仁之乱”。

此次动乱的范围遍及除九州等部分地方以外的日本全土，有接近一半的地方大名卷入其中。政局混乱，城市毁坏，民不聊生。各

日本战国

日本战国一词出自甲斐国（今山梨县）大名武田信玄所制定的分国法“甲州法度之次第”第二十条，其开头就记着“天下战国之上”。严格说来，日本战国并非正式的历史名词，一般用来称呼室町时代爆发“应仁之乱”后到安土桃山时代之间百多年间政局纷乱、群雄割据的日本历史。

守护大名为了能在这场动乱中获得更大的利益，纷纷吸纳农民和无业民，由他们组成雇佣部队。雇佣部队配备最简单的武器，没有粮草供应，没有赏赐，但允许他们在战争中获得的所有战利品收归己有。

这些雇佣部队没有纪律，没有约束，各自为阵，死伤最多。由于生死无着，他们肆意纵抢，滥杀无辜，给百姓带来了无尽的痛苦。加之战争带来的伤害，各地百姓忍无可忍，终于起来反抗。各守护大名忙于相互争斗，无暇顾及百姓的反抗，便将镇压的任务交给了各自的守护代或家臣。这些守护代或家臣原本就有很强的实力，在镇压农民的反抗过程中，他们的实力更加壮大，逐渐产生了取而代之的念头。他们凭借自己强有力的私人武装，放逐甚至谋害主家，自己成了领主。除了守护代或家臣，一些地方豪强乃至富甲一方的商人也趁机组织私人军队，侵夺原守护的权力，将地方守护的领国变成自己的领地。他们的权力不受幕府约束，更不用听幕府号令，权势和领地都是靠自己一刀一枪夺来的。这些新崛起的割据势力为获得更大的领地和权力，相互征伐、彼此对抗 120 余年，这段乱世被后代称为“战国时代”，而这些地方军阀则被称为“战国大名”。

日本是如何进入战国时代的?

1443 年，日本室町幕府第八代将军足利义政在任时沉醉娱乐，不理政事，其妻日野富子玩弄大权，本来内定义政之弟义视为下一代将军，但日野富子生子义尚后，推翻前决定，立义尚为下一代将军。掌握幕府实权的细川胜元、山名宗全各支持一方，明争暗斗，其他地方、守护纷纷卷入其中，形成两大武装集团，终于在 1467 年 5 月爆发了“应仁之乱”。尽管此次战乱最终未见胜负，但幕府权威一落千丈，各守护大拥兵自重，雄霸一方。从此，日本进入战国时代。

这些战国大名包括篡夺出云守护京极氏实权的尼子经久，驱逐美浓守护土岐氏成为大名的斋藤道三，此人后来成为了战国一代枭雄织田信长的岳父。“三管领”之一、尾张守护斯波氏也因大权旁落而被守护代织田氏独揽大权，后织田信长继承家业，统一织田氏族，并彻底取代斯波氏成为尾张领主，跻身于战国大名之列。其后，他更以尾张为基础，积极扩充织田氏势力，鼎盛时期成为统领二十余国的强权大名。

家臣谋反，守护作乱，你方唱罢我登场的纷乱局面在战国这个乱世不断上演，这种情形被后人称为“以下克上”。在逐步取代旧守护大名之后，以全新姿态登上历史舞台的战国大名为了加强各自的实力，赢取更大的胜利，不约而同地加强了对领地各方面的管理，并进行了创新。

战国大名毫不留情地没收领地内各豪族的土地，予以重新分配。并课以较重的税收来抑制豪族势力的壮大，以此巩固自身权力。这些豪族有些虽成了大名的家臣，但没有协助大名处理政务的权力。在这一系列的限制下，以往势力甚大的豪族实际上已经成了无土无权，只凭土地收入维系的小地主。

相比之下，农民的处境得到了改善。为了防止农民反抗，也为了促进农业生产，获取更多的军粮，战国大名们免除了农民的债务，减少了税收，使其能安心农活。

为了能更好地支配自己的领地，约束家臣的行为，防止发生权力被篡夺的事件，战国大名相继制定了适用于自己领地内的法律，称为“分国法”，也称家法。“分国法”对家臣的各种行为作出了具体规定，比如如何居住，如何购买兵器，钱财怎样使用才算正当，子女如何婚配才算合法。小到吃饭睡觉，大到出征作战，如此种种，类别繁多。

战国时期，随着战争规模的不断扩大，几万人甚至几十万人参加的合战日渐频繁。大名们的军阵体系由此也逐渐完备起来。战国大名的军阵一般由大名本阵和若干独立作战军团组成。本阵成员包括总大将、副将、军师、佑笔、军奉行、军目付、使番、物见番头等。除此之外，还有马回、小姓、药师、祈祷僧等后勤保障人员。在本阵之外，担任不同作战任务的独立军团的组成人员由侍大将、枪大将、铁炮大将、足轻大将、弓大将以及其下的兵吏、兵丁组成。

1543 年，一艘开往中国的葡萄牙商船途中因台风迷失方向，漂到了日本种子岛。船上的葡萄牙人带有当时欧洲流行的火绳枪。种子岛年仅 16 岁的领主时尧花重金从葡萄牙人手中购得了两支火绳枪，并命自己的专用工匠八板清定进行仿制。

▼正举火绳枪射击的日本武士

起初的仿制以失败告终，一年后，不甘心失败的八板清定从再次来到这里的葡萄牙人那里学到了先进的火枪技术，成功地制造出了被日本人称为“种子岛枪”的火绳枪。随着火枪的仿制成功，火枪很快传遍日本各地，对战国时代中期以后的作战方式产生了巨大的影响。

战国大名很快抛弃了古老的战法，迅速组

建各自的火枪队。日本历史上火枪第一次在一场战役起决定性作用的是长筱合战。在这次战斗中，织田信长以3000人的火枪队通过三段射击法击败了武田家称雄于世的骑兵，此战后，武田家开始走向没落。

由于认识到了火枪的巨大威力，这一时期各大名本城的建筑方式逐渐发生了改变。拥有高大城墙、窄小射击孔的巨大城堡开始出现，城堡四周挖有护城河，城堡上建有观察敌情的瞭望台。火枪的出现推动了战国大名在军事上的革新。随着新式战法的涌现，各个大名的实力也在此消彼长。随着战国几个能征善战的大名的出现，日本社会出现了再次统一的征兆。

相关链接

1543年，一艘葡萄牙商船遇到台风来到来日本种子岛，船员们爬出船舱，发现自己来到了一块从未发现的“新大陆”。他们弃船登岸，发现这片大陆上的居民服装非常怪异，而岛上居民见到这些金发碧眼的人也惊恐万分，马上报告了当时种子岛的领主时尧。时尧发现两个葡萄牙商人手上拿着长约两尺的铁棍，棍子的前面有个洞，后面却是封闭的，棍下有木制的长拖，样子很是奇特。时尧便向葡萄牙人问其用途，与葡萄牙商人同行的明朝人五峰将他的话进行了翻译，这个五峰不是别人，正是骚扰明朝东南沿海的倭寇首领王直。葡萄牙商人听后说这是火枪，并向时尧演示了一番，很快，弹丸射出，远处的树枝应声折断，其速度快如闪电。时尧看到这一幕，只惊得目瞪口呆，他为火枪的威力所折服。凭着武士的直觉，他马上意识到这将是在未来战场上发挥巨大作用的战争新元素，便立即以重金买下两支收为家宝。

上杉谦信与武田信玄

一个信奉佛教、崇尚信义的人，却要在不是你死便是我亡的战国时代不停地进行征伐，最为紧要的是，在同一时代，还出现了与自己实力相当的武田信玄。“既生瑜，何生亮”的感叹不时响起，上杉谦信，这个被称为“军神”的战国最强武将的内心大概每天都翻涌着剧烈的波澜。正因如此，48 岁便撒手人寰对于这个男人来说，或许是最好的“劫数”。从此，上杉谦信就不用再为与其他大名的争斗而伤脑筋了，他可以安心地与自己信奉的佛教战神毗沙门天促膝长谈了。

1530 年 1 月 21 日，春日山城（今新潟县上越市）新添了一个婴儿。这年为虎年，作为父亲的越后国守护代长尾为景便给自己的小儿子取名为景虎。这个婴儿就是日后被当人们称为“越后之龙”的上杉谦信。

▼“越后之龙”上杉谦信

1536 年 12 月，在镇压农民起义中，长尾为景战死，其最疼爱的儿子长尾晴景继任守护代。此时的长尾国，豪强并起，占据一方，各自为政，形势极为严峻。长尾家的家臣原本希望长尾晴景即位后能迅速平定领地内的混乱局面，然而，令他们没想到的是，长尾晴景好色贪杯，毫无守护代的霸气和统将之才。地方势力根本不把他放在眼里，一些家臣和豪族相继发生反叛。

为了恢复领内的既有秩序，长尾晴景让已经继承关东管领“上杉”姓氏，改姓名为上杉谦信的景虎入驻越后中部的栃尾城，以确保长尾家在越后中部的统治地位。当时，上杉谦信只有 14 岁，当地豪族根本没把这个小孩子放在眼里。但令他们始料不及的是，在有力家臣的支持下，这个小孩子成功地降服了这些反对长尾家的地方豪族。

在栃尾城这座城池的一番作为，让上杉谦信的声望渐渐盖过了其兄长尾晴景。支持上杉谦信的家臣公开打出了拥立其为守护代的旗号，这令长尾晴景始料未及，他决定尽快除掉自己的心头大患。很快，长尾晴景联合一部分族人和家臣讨伐自己的弟弟。虽然长尾晴景兵多将广，却屡屡被上杉谦信打得人仰马翻，溃不成军。

上杉谦信为什么被称为“越后之龙”？

上杉谦信是活跃于日本战国时代的大名，越后守护代长尾为景幼子，小名“虎千代”，成年后称长尾景虎。由于继承了关东管领“上杉”姓氏，并先后得到关东管领上杉宪政和室町幕府幕府将军足利义辉的赐名，故又称上杉政虎、上杉辉虎。笃信佛教，出家后法号谦信。由于谦信拥有很高的军事统率能力，所以在后世被称为“越后之龙”，一般通称为“军神”，并以行侠仗义闻名于世。

1548 年 12 月，经过越后守护上杉定实的调解，长尾家的两兄弟相对而坐进行和议。和议的结果是，长尾晴景引退，谦信作为晴景的养子继任守护代之职。这一年，上杉谦信 19 岁。两年后，上杉定实去世。他膝下无子，本家无人继任守护，在幕府的支持下，上杉谦信获得了越后守护之职，开始了他全新的人生。此时的上杉谦信似乎还没意识到，几年后，自己的命运将和人称“甲斐之虎”的武田信玄紧紧地联系在一起。

1521 年，武田信玄出生在甲斐国山城积翠寺，其父是甲斐国守护武田信虎。1541 年，武田信玄依靠支持他的家臣的帮助，流放了武田信虎，成为甲斐武田氏第 17 代领主，由此开始了波澜壮阔的后半生。武田信玄拥有卓越的军事才能，熟读《孙子兵法》，武田军标志性的军旗“风林火山”即取自《孙子兵法 · 军争篇》“其疾如风，其徐如林，侵掠如火，不动如山”之语。其用兵方略与上杉谦信可谓一时瑜亮。

上杉谦信与武田信玄两人的初识是在第一次的川中岛合战。

1552 年，因为北条氏康的突然夜袭而溃败的关东管领上杉宪政逃到越后向上杉谦信求救，希望他能赶走北条氏康。1553 年，被武田信玄侵占领地的信浓国守护小笠原长时来到越后，向上杉谦信哭诉自己的遭遇，并请求其出兵夺回被武田信玄占领的领地。考虑到武田信玄的兵锋正在慢慢逼近自己的势力范围，上杉谦信决定出兵与武田信玄一较高低。于是在这年 8 月，这一对战国双雄之间爆发了日本战国史上最激烈悲壮的战斗——川中岛合战。

川中岛合战一共进行了 5 次，前后共历时 11 年，双方各有胜负。

这中间还发生了上杉谦信出家一事。

1555 年 10 月，第 2 次川中岛合战结束后，回到越后的上杉谦信还没等喘上一口气，家臣间为争夺对方领地而产生的纷争就让这条龙伤透了脑筋。家臣们纷纷来到上杉谦信面前，希望得到他的仲裁。面对内部纷争，上杉谦信心灰意冷。

1556 年 3 月，上杉谦信独自前往高野山，准备在那里出家。得悉此消息的家臣们深感意外，急忙召开紧急会议。随后，众人自发驱逐了想趁内乱谋反的家臣，极力劝阻上杉谦信出家。上杉谦信答应了大家的请求，但同时提出了一个条件，要求家臣起誓相互团结，一致御敌，并让他们将自己的儿子作为人质送往本城春日山城。这年上杉谦信 27 岁。

第 4 次的川中岛合战是 5 次合战中最精彩也最惨烈的一次。在这次战斗中，武田信玄采用了军师山本勘助提出的“啄木鸟战法”，派遣一支别动队夜袭上杉谦信位于妻女山的本阵，欲将其赶下山，而武田信玄则率 8000 本阵人马在山前的八幡原守株待兔。但是上杉谦信识破了武田信玄的计谋，武田本阵遭受了几乎上杉谦信全军的攻击。据说，在这次战斗中，上杉谦信还和武田信玄来了次一对一的对决。这次对决“甲斐之虎”受伤，而“越后之龙”则全身而退。

▲日本战国时期的名将武田信玄。因任甲斐守护，而且具有卓越的军事才能，被人称作“甲斐之虎”，与“越后之龙”上杉谦信可谓一时瑜亮。

这次合战武田信玄一方战死者近 5000 人，上杉谦信一方战死者达 3500 多人。武田信玄损失了包括胞弟武田信繁在内的诸多名将，备受信赖的军师山本勘助为了承担“啄木鸟战法”的失败，抱着必死的信念冲进敌阵，在砍死众多敌军后战死。

11 年的川中岛合战，让龙虎之争打得难解难分。也正是在这一次又一次的川中岛合战中，这对战国双雄逐渐加深了对彼此的了解，互生英雄相惜的好感。1573 年 5 月，在武田信玄临死之前，曾一再嘱咐其子武田胜赖与上杉谦信冰释前嫌，重修友好，认为在无信义的乱世，只有上杉谦信才是真正可信赖之人。

在得知武田信玄死讯之后，“越后之龙”十分伤感，暂停各种娱

后人如何评价上杉谦信?

日本史学界的权威坂本太郎在其著作《日本史概说》中评价谦信说:"在杀伐无常,狂争乱斗的诸国武将中间,上杉谦信以尊神佛、重人伦、尚气节、好学问的高节之士见称,令人感到不愧是混乱中的一股清新气息。"可谓是非常精辟的总结。

乐3天,并派使者前去吊唁。此时,有家臣提出趁机攻取甲斐,上杉谦信认为"乘人之危之举,不齿为之",没有采纳家臣的建议。直到死,上杉谦信也没为难过武田信玄的继任者。

不仅武田信玄对上杉谦信的人格肯定有加,战国时期的其他大名也十分钦佩他的为人。他的老对手北条氏康曾对他的儿子说,武田信玄、织田信长都是两面三刀之人,只有上杉谦信不一样,受人之请,必忠人之事,在整个日本,只有上杉谦信一人值得信任。

武田信玄死后,在诸多战国大名中,真正能称得上"越后之龙"对手的只剩下织田信长一人。

1577年,上杉谦信兵围七尾城,守城大将长纲连与织田信长交好,便一面坚守城池,一面派人向织田信长求援。织田信长立刻命自己最勇猛的武将柴田胜家为主帅,统兵5万,欲与上杉谦信决战。然而这时,上杉谦信已经通过内应一举荡平了七尾城,得悉七尾城被破的织田细长决定撤兵,但事有不巧,此时恰逢手取川涨水,织田军无法后撤,被赶来的上杉谦信打了个人仰马翻。织田信长与上杉谦信的第一次正面交锋以惨败告终。

1578年4月,上杉谦信下达了与织田信长再次对决的命令,但是这次命运之神似乎特别眷顾织田信长,就在上杉谦信准备起兵之际,上杉谦信突然因病去世。因为上杉谦信喜欢饮酒,有"酒豪"之称,有人认为他的死因可能是由于饮酒过量而死。就这样,这位"军神"以突然死亡的方式结束了自己短暂而辉煌的一生。

相关链接

关于上杉谦信的死,除了饮酒过量这一说法外,广为流传的还有"惊魂"一说。1575年,上杉谦信家臣柿崎景家在负责出售上杉谦信300匹老马时,接受了织田信长送给他的一套精美和服,此举让上杉谦信怀疑其与织田信长内通,于是便将其诛杀。1578年4月的一天,上杉谦信上厕所时,看到了柿崎景家的鬼魂,惊吓而死。

"第六天魔王"织田信长

是时势造英雄，还是英雄造时势？这或许是一个永无答案的千年疑问。古语言，生得壮壮阔阔，死得轰轰烈烈。今天的人们很难去真切地知晓织田信长出生时究竟是怎样一个情形，但其死去时熊熊燃烧的那一把大火，却为一个纷争时代的结束照亮了某种希望。这个对新鲜时髦的玩意趋之若鹜，喜欢喝葡萄酒的战国枭雄在其戎马倥偬中，或许会时常念起他最喜欢的一句话："人间五十年，跟天下比起来，如梦似幻，人生一度得生，焉有长生不灭者？"

1534 年 7 月 2 日，织田信长出生于尾张国，是尾张守护代织田信秀的嫡长子。由于母亲是织田信秀的正室，织田信长 6 岁那年，就成为了那古屋城的城主。少年时期的织田信长，常有荒诞不经、令人侧目之举，显示出其与别人与众不同的一面。一次，织田信长带着几个玩伴来到清州织田家控制的清州城，公然放火，这一举动让织田信秀相当吃惊，好在清州织田家因同族之面并没有过分追究，才保住一条性命。

1546 年，织田信长在古渡城举行了成年仪式，1551 年，已架空尾张守护斯波氏、掌握实权的织田信秀中风去世。织田信秀去世后，原本应由织田信长即位，然而对其怪诞行为严重不满的以柴田胜家为首的家臣，决意废掉织田信长，由品行端正、头脑聪慧的信长亲弟织田信行为即位。为了保住自己的地位，织田信长也拉拢了一批家臣，骨肉相残的悲剧由此拉开序幕。

1556 年 4 月，大力支持织田信长的斋藤道三去世，信行派认为这是难得的机会，于是便在同年 8 月 24 日，举兵向织田信长发起进攻。9 月 27 日，双方在尾张国春日井郡庄内川一个叫稻生的地方发生激战，史称

▲织田信长，战国大名。织田为其苗字，族姓则有三说：平氏、忌部氏或藤原氏，平氏可能性较高。被称作“第六天魔王”。他成功控制以近畿地方为主的日本政治文化核心地带，使织田氏成为日本战国时代中晚期最强大的大名，但后来遭到部将明智光秀的背叛，魂断本能寺，织田氏也因而一蹶不振。

“稻生之战”，此战以信行派败北而告终。织田信长决定乘胜追击，将反叛者一举荡平，但后经母亲调停，织田信长赦免了信行派众人。然而一年后，信行又企图举兵谋反，因人告发，被织田信长除杀。

在巩固主君之位后，织田信长开始了统一织田家的征途，先后除掉了清州织田家和一门宗家的织田信安，后又将尾张国守护斯波义银放逐，最终在1559年确立了对整个尾张国的统治权。

这一时期的织田信长羽翼尚未丰满，并无征伐天下的野心，在与周围领国的争战中，也多采取守势。一些实力远胜织田家的大名根本不把这个性情乖张的年轻人放在眼里，此时的织田信长充其量不过是地方豪强。但是一场以寡胜多的奇袭让“织田信长”这一名号响彻整个日本，为其以后的“天下布武”奠定了基础。

1560年，在先后控制远江国、三河国后，与室町幕府为同族的战国大名今川义元率领对外号称4万的大军向京都进发，准备朝觐天皇和幕府将军。由于尾张国是上京的必经之路，今川义元要织田信长借道于他让其通行，但织田信长没有答应他的要求，而是积极备战，决定兴兵与之对抗。但是面对今川义元数倍于己的军力，织田家臣认为只有3000兵力的己方绝无胜算，这一仗必定是以卵击石，织田家也必定败亡。

果然如家臣所料，今川义元所到之处，织田家的城池一一陷落，面对这一危局，织田信长表现得很镇定。5月19日上午，今川义元率领本部军马来到桶狭间。桶狭间山位于东海道与大高道的分歧点鸣海丘陵内，高65米，地处沓挂与大高城中间。同日下午，织田信长集中全部兵力向今川义元发起突然袭击。毫无准备的今川军顿时乱作一团，直到看清织田家的军旗，才意识到遭受了敌军进攻。这一战，史称“桶狭间合战”。今川义元战死，余者败退本国骏河。

经此惨败，今川家势力日渐衰退，而织田信长实力和声势大增，正式拉开了其征战四方的壮阔人生，而同时，原先受今川家控制的三河国的德川家康由此成为独立的战国大名。1562年，出于各自利益的需要，德川家康和织田信长在清州订立盟约，史称“清州同盟”。“清州同盟”使织田信长免去了后顾之忧，他开始将目光投向美浓国。

1561年，美浓国领主斋藤义龙暴死，随着其子斋藤龙兴的即位，斋藤家开始出现分裂，这给织田信长夺取美浓国创造了良机。1564年，织田信长将妹妹阿市嫁给北近江的浅井长政，并缔结盟约，由此形成了对美浓国的包围圈。在斋藤家家臣内斗中被排挤的稻叶一铁、氏家直元、安藤守就先后投靠织田信长，为织田信长吞并美浓国出谋划策。1567年，织田信长击败斋藤龙兴，将美浓国划入自家版图。这年，织田信长33岁。其后，织田信长攻伐天下势如破竹，锐不可挡。

1568年，织田信长将养女雪姬嫁给武田信玄的四子武田胜赖，以此与武田信玄缔结盟约，借此在吞并弱国的同时，维系与强国的和睦关系。1574年，织田信长攻灭越前守护朝仓氏，越前国成为织田家的领国。然而朝仓氏家臣和当地的"一向宗"却不服织田信长的统治，掀起了声势浩大的反叛，在镇压反叛中，织田信长的兄弟织田信广、织田秀成先后战死，直到1580年，才彻底平定这场反叛。

1578年，有"军神"之称的战国大名上杉谦信去世，在与上杉谦信争斗中始终处于劣势的织田信长开始转向优势，将越后国的一些城池先后占为己有。1579年，因为怀疑盟友德川家康的妻儿与武田胜赖暗中勾结，遂命两人切腹自杀。迫于织田信长的压力，尚无能力与其争斗的德川家康只得依命行事。

此时的织田信长已经统领近30个领国，其势之大，无人能敌。1576年，织田信长动用1万名劳力建造安土城，并在1579年完工后将本城迁往此处，作为其统一日本的根据地。春风化雨，晴天好，就在织田信长壮志满怀，欲将统一日本的征途再向前推进之际，一场毫无预兆的变乱彻底改变了他及织田家的命运。

安土城

因织田信长往返京都和本城岐阜的时候，需寄宿安土渔村的安养寺，因此在信忠继任家督后，信长便命信忠和秀吉在安土修筑新城。修筑安土城，动用了1万名劳工，还请京都等地优秀建筑师献计。安土城位于100多米的山顶上，七层楼的建筑高65米。城下有大道贯穿，沿路兴建民居、寺庙和武将居所。

相关链接

1572，武田信玄写信给织田信长，信中署名"天台座主沙门信玄"，没多久，织田信长给武田信玄回信，信中署名为"第六天魔王信长"。这是织田信长自称"第六天魔王"的开始。在这相对的称呼中，凸显着两个战国大名浓重的对抗味道。武田信玄相信死后可以成佛，但织田信长认为，只有现在看到的才是真实的，死后成佛是无稽之谈。

本能寺之变

通常说来，世上的英雄平生有两大遗憾：其一，病卧床榻，而不能马革裹尸；其二没死在战场，却死在了自己人手里。相较而言，死在自己人手中，对曾经叱咤风云的战将来说，更是难以抹去的耻辱。即使所谓的“难以抹去”只是我们作为后人的形容，不过自称“第六天魔王”的织田信长或许会同意后人对其心情的想象。在他走向黄泉路之时，可能还会咬牙切齿地问道：家臣明智光秀为什么要害自己？

1582年3月11日，继承武田信玄衣钵的武田胜赖兵败自杀，妻儿也一并身亡。曾经叱咤风云，令敌人胆战心惊的甲斐武田氏至此灭亡。对“第六天魔王”织田信长来说，消灭了武田一族，意味着普天之下，已无与自己抗衡的对手。此时的织田信长控制着以京都为中心的近半个日本，用不了多久，他便能统一日本，结束乱世纷争的战国时代。他决定四面出击，将剩余的不肯听从号令的大名悉数铲平。

▲织田信长家臣羽柴秀吉，即后来的丰臣秀吉。

这年，织田信长家臣羽柴秀吉（即后来的丰臣秀吉）奉命进攻高松城，在对高松形成全面包围后，羽柴秀吉派人劝降城主清水宗治，但遭到了清水宗治的拒绝。在劝降无效后，羽柴秀吉随即攻克了高松以北的冠山、宫路山两城，切断了清水宗治与其领主毛利辉元之间的联系，高松城成了一座孤城。

高松城城墙坚固，加上有多道壕沟环绕城外，羽柴秀吉认识到如果强攻只能自取灭亡，智取方为上策。他发现高松城附近有条河流，于是召集了附近百姓，加上自己的人马，在高松城外建起了一道长堤。长堤建好后，羽柴秀吉命人将河水灌入，高松城顿时从孤城变为了孤岛。

此时，毛利辉元与他的两个叔叔吉川元春和小早川隆景率领5万大军前来增援高松城。由于兵力单薄，得知此消息的羽柴秀吉急忙写信向织田信长求援。在收到求援信后，织田信长立马下令明智光秀、细川忠兴、池田恒兴、中川清秀、高山重友等家臣整备兵马，火速前往增援。

6月1日，织田信长的3.5万名援军奔赴高松城援助羽柴秀吉，而自己则只带了百来个侍卫从本城安土城出发，当天晚上寄宿于京都的本能寺。就在同一天，原本向高松城进发的明智光秀掉转前进的方向，率领自己的1.3万人马直奔京都而来。

为什么要突然掉转方向，不去驰援陷入苦战的羽柴秀吉，反而要去京都呢？对明智光秀的这一举动，手下的士兵满腹疑惑，许多人认为此举是明智光秀受织田信长之命去讨伐德川家康。为了能神不知、鬼不觉地进入京都，明智光秀将1.3万人马分为三队，分散行动。为了确保万无一失，明智光秀还下令在前往京都的路上，如果遇到可能泄露行踪的人就全部诛杀。行军至京都，明智光秀给士兵下达了一道改变战国末期格局的命令——“前进，敌在本能寺！”

至2日清晨，明智光秀的三路人马已经将本能寺团团包围。一开始听到外面的骚动，织田信长以为是侍卫在吵架，但是随后侍卫进房告知情况，织田信长终于明白了自己的处境。他随即率领侍卫与明智光秀展开了对战。

明智光秀的士兵将织田信长及其侍卫围困在一道走廊之中。织田众人虽全力奋战，但因敌人势大，相继战死。织田信长退入房间，自焚而死，时年49岁。

在取得本能寺胜利之后，明智光秀又急忙率军赶往妙觉寺，那里正住着织田的嫡长子织田信忠。得知明智光秀背叛后，织田信忠迅速撤离了妙觉寺，赶到二条御所。而此时，已经得悉织田信忠动向的明智光秀也来到了二条御所，将其围得水泄不通，并很快发动了进攻。织田信忠及其部下虽殊死抵抗，挫伤了明智光秀的锐气，但因实力悬

织田信长为什么被称为“尾张大傻瓜”？

年轻时的织田信长帅气潇洒、个性不羁，总是会做一些他人难以理解的事情，由此获得了一个“尾张大傻瓜”的绰号。但他却丝毫不介意，继续做一些怪异的行为举止：13岁时，已经快成年的织田信长还会穿着女装去参加聚会，并且围着火盆跳舞；人家说泥池里有蛇怪，他衔着短刀潜入池中；为了伸张正义，他可以手握烧红的铁斧，皮肤烧焦也在所不惜；他还经常身穿浴衣，袒露着上身，腰间挂满钱袋、葫芦、火石包等小物件，骑着马四处去游玩。

殊，明智光秀的军队还是攻破了二条御所的大门。此时，二条御所火光四起，杀声震天。在连续砍翻了几名敌军后，织田信忠切腹自杀，其随从也全部战死或自杀。织田信忠死时年仅 26 岁。

消灭织田信长及其嫡长子后，明智光秀被正亲町天皇封为“征夷大将军”，一跃成为战国末期的中心人物。在得到天皇的册封后，明智光秀号召各地大名相应归顺自己，但在这时，明智光秀的生命正在以他无法料及的速度走向死亡。

3 日，与毛利辉元处于对峙状态中的羽柴秀吉接到织田信长已死的消息后，急忙与毛利辉元达成停战协议，率军折回京都，讨伐叛臣明智光秀。13 日，羽柴秀吉发起山崎之战，将明智光秀击败，明智光秀战死。在随后召开的关于确立谁来继承织田家衣钵的“清州会议”上，由于打败明智光秀的功绩，羽柴秀吉占据了主导权。这令织田信长的另一重臣柴田胜家很为不满。

1583 年，两人及其各自支持的一派爆发了贱岳合战，此战，羽柴秀吉一举打败了柴田胜家，使得原本支持他的织田家臣倒向自己一边。羽柴秀吉成了织田信长衣钵的真正继承人。

相关链接

明智光秀为何突然叛变织田信长，到今天仍然是未解之谜，由于正史上没有明智光秀本人出现在本能寺的记载，所以近年也有多家学说认为事实是明智光秀背了黑锅，而主谋其实是羽柴秀吉或德川家康等。以下为主要几种说法，但都没有确实的证据：

怨恨说：在天目山之战后，信长邀请家康参加庆功宴，当时光秀负责接待家康的工作，但信长因为不满光秀的招待品太过昂贵以及嫌湖水的鱼味道有异，因此斥责光秀，并命令由其他人负责，在家臣的劝阻下，才由光秀继续接待。光秀由此心生怨恨。

野心说：明智光秀自己瞄准了天下统一，但和本能寺后光秀失魂落魄的反应有出入。

四国说：明智光秀的重臣斋藤利三与四国大名长宗我部元亲有亲关系，但在 1580 年信长开始对四国进行侵略，利三于是集合四国的武士，在本能寺攻击信长。

丰臣秀吉

一只猴子也许成不了大事，但一个外号“猴子”的人就很难说了。被人叫作“猴子”，不光是因为其面容萎缩，酷似猿猴，还因为他灵活机变的心思。据说就是因为这一点，织田信长才开始关注起身边这个小侍童来。他根本就没有想到，多年后，这个小侍童会成为统一日本的“太阳神之子”。就连“猴子”本人也觉得自己神速的“进化”之路有些不可思议，或许这才是他编造自己是太阳神钻进母亲肚子而诞生的这一神话的动机。不管怎么说，这个被称为“猴子”的男人的确与众不同。这个男人就是原名羽柴秀吉，后因天皇赐姓而改名的丰臣秀吉。

1551 年，15 岁的羽柴秀吉在被继父毒打一顿后，离开了他熟悉的村子和玩伴，离家出走了，从此再也没有回来过。过起流浪生活的羽柴秀吉先是以做小买卖为生，后来又当了几年的雇佣兵，直到 1554 年，羽柴秀吉才迎来了人生第一缕曙光。

这一年，羽柴秀吉遇到了在织田信长家做侍童的儿时玩伴，这个玩伴劝说他投靠织田信长。厌烦雇佣兵生活的羽柴秀吉听从了玩伴的劝说，来到织田家，做了织田信长的侍童。在织田信长身边，羽柴秀吉身上的才能慢慢显现出来，在别人对倒塌的城墙一筹莫展之际，他却在一天之内就将城墙修好了；他还将织田家的后勤事务管理得井井有条，节省了很多人力物力，减轻了农民的负担，这让织田信长对其很是赞赏，于是提拔他成为了正式的武士。

▼丰臣秀吉

1560 年，羽柴秀吉参加了被称为战国三大夜战之一的“桶狭间合战”，并立下战功。为了奖赏他的功绩，织田信长命

1554 年
丰臣秀吉在织田信长家为侍童。

1561 年
好友前田利家作媒，娶浅野长胜的养女宁宁为妻。

1565 年
在信长家中升为奉行，易名秀吉。

1568 年
加入织田进京军，负责京都的守护之责。

1573 年
攻落小谷城，浅井家灭亡。以功领浅井家原来的北近江国，把小滨城改名“长滨”作为居城。从织田家两重臣丹羽和柴田中取二字，改姓“羽柴”。

家臣浅野长胜将养女宁宁嫁与羽柴秀吉。这个宁宁就是后来大名鼎鼎的北政所。

1573 年，织田信长攻入小谷城，打败了浅井长政，近江浅井氏由此灭亡，同年，这个战国枭雄猛烈如火的攻势又迫使朝仓义景自焚而死，其主要家臣也被织田信长收服。在这两次扫平的战争中，羽柴秀吉又立下了赫赫战功，被织田信长封为今滨城城主。从这一年起，羽柴秀吉开始跻身于战国群雄之列。

1581 年 3 月，羽柴秀吉奉命进攻鸟取城。为了尽快攻陷这座城池，羽柴秀吉制定了“军粮攻”的作战计划。他派商人以市价数倍的价钱收购鸟取城以及附近若狭、丹后、但马等地农民手中的存粮，致使鸟取城内无军粮可收。于是悲惨的一幕发生了，在羽柴秀吉尚未发起进攻前，鸟取城内已经乱作了一团，没有食物的士兵互相残杀，以死者人肉充饥。眼见大势已去，鸟取城主吉川经家投降了羽柴秀吉，并以切腹的方式换取了手下士兵的生命。这一战被后人称为“鸟取断粮”。这时的羽柴秀吉已经成了独当一面，受到织田信长无比信任的重臣。

第二年，织田信长因家臣明智光秀的反叛而自焚于京都的本能寺。织田的死给他的敌人和他的家臣都带来了机会，羽柴秀吉当然也不例外。1583 年，在击败了死对头，同为织田信长家臣的柴田胜家后，羽柴秀吉与织田信长的次子织田信雄因为继承人的问题发生激烈冲突。为了赢得主动，织田信雄向德川家康求助，一起进攻羽柴秀吉。双方势均力敌，难分胜负，然而就在双方处于胶着状态时，织田信雄却私下接受了羽柴秀吉对他单独开出的和谈条件，在没有告之德川家康的情况下，私自率军归于羽柴秀吉帐下。此后，德川家康为了保全实力，也与羽柴秀吉讲和，并臣服于他。

在结束了内部因继承织田家权力而发生的战事后，羽柴秀吉正式拉开了统一日本的序幕。

1585 年，羽柴秀吉打败了刚刚统一四国没多久的长宗我部氏，同年，羽柴秀吉希望正亲町天皇封其为“征夷大将军”，但是后来却让正亲町天皇封自己为“关白”。1586 年，正亲町天皇传位给他的孙子后阳成天皇。后阳成天皇在即位的当天，就封羽柴秀吉为太政大臣，同时赐姓丰臣，从此以后，羽柴秀吉改叫丰臣秀吉。在获得天皇的封赏后，踌躇满志的丰臣秀吉加快了扫平群雄的步伐。1567年至1590年这3年间，丰臣秀吉先后平定了岛津氏、北条氏、伊达氏，基本完成了日本的统一。

在平定各地大名以及统一日本之后，丰臣秀吉实行了一系列的统治措施。

1588年，丰臣秀吉向全国下达了一道命令，禁止百姓拥有长短刀、长枪、火枪等武器，这就是有名的《刀狩令》。当时百姓拥有武器的数量是惊人的，从加贺国的一个郡里就没收了1703支武士刀、1540支腰刀、160支长枪；从出羽国的一个郡里也没收了250支武士刀、2739支腰刀、336支长枪、26支火枪、12具盔甲。实施《刀狩令》后，民间再也没有对丰臣秀吉巩固统治构成威胁的力量。1591年后，丰臣秀吉又发布了规范身份等级的法令《身份统制令》，禁止武士务农和从事工商业，也禁止农民从商，不准农民脱离土地，建立起一套士、农、工、商身份有别、职业永固的等级制度。

在发布这一法令的同一年，丰臣秀吉辞去“关白”一职，由其养子丰臣秀次继承“关白”，自己则成为“太阁”。“太阁”即隐退后的“关白”之称。丰臣秀吉虽然从“关白”变成了“太阁”，但其依旧牢牢把持着掌控国家的权力。这一年，丰臣秀吉开始对全日本的土地进行丈量，登记造册，重新划分土地归属，推行“耕者有其田”政策，在日本史上被称为“太阁检地”。

就在实行“太阁检地”的前4年，丰臣秀吉下了一道命令，对在日本国内快速传播，并受到广泛欢迎的基督教下达了驱逐令。基督教是1549年传到日本的，到发生本能寺之变的1582年，日本的基督徒已经达到15万人。基督教在日本的传播过程中，一些地方领主相继成了基督教徒，为了表示信教的虔诚，他们还将自己的领地无偿地赠送给基督教会。这让丰

1582年
水攻高松城。本能寺之变后，与毛利家言和，退兵姬路城。同年，山崎之战，击败杀害了织田信长的明智光秀。

1585年
天皇赐姓“丰臣”。

1586年
以怀柔政策，收服德川家康。

1590年
攻灭关东北条家，统一日本。

▼丰臣秀吉下令进行“太阁检地”

臣秀吉感到非常不安，他害怕照这样发展下去，外国的宗教势力会危害自己的统治，于是决定对基督教“重拳出击”。但是这次驱逐基督教的行动并不彻底，在一些沿海港口，由于对外贸易的发展，基督教仍在持续发展，信教人数也在不断增加。

在对身份等级和土地制度进行重新规范后，丰臣秀吉也不忘建立自己的政权统治体系，但他的统治体系无疑是粗糙简陋的。出于稳定政局的考虑，他从归附的大名中挑出最有实力的 5 人来共同管理国家事务，这 5 人被称为“五大老”，其中以德川家康势力最为强大；丰臣秀吉还任命自己 5 个亲信家臣负责具体事务，被称为“五奉行”。“五大老”也好，“五奉行”也罢，都是因人设位，没有长远打算，这为日后丰臣氏的败亡埋下了伏笔。

丰臣秀吉是怎么死的?

1597 年，丰臣秀吉再派水陆军 14 万进入朝鲜，决心与明帝国分个高低。明军在大将邢玠、老将邓子龙的率领下，大破日军。丰臣秀吉征服朝鲜的梦想破产。对外战争的失败使得丰臣秀吉一下子为千夫所指，国内骂声一片，那些本来就看不起他的贵族大臣们更是群情汹涌，丰臣秀吉病倒不起，于 1598 年 8 月 18 日气病而死。

日本重归统一之后，饱经战乱之苦的百姓热切期盼着安定生活的到来，但是丰臣秀吉的扩张野心打破了他们的梦想。1592 年 4 月，丰臣秀吉发兵 15 万入侵朝鲜半岛，开始了被称为“永禄之役”的侵朝战争。

侵朝战争最初阶段，由于国内战争的长期磨炼，丰臣秀吉的军队进展非常顺利，在先进的火枪的配合下，先后攻陷了京城、开城、平壤三大城市。虽然在陆地上日本军队占尽优势，但是其水军却被朝鲜名将李舜臣打得一败涂地，几乎全军覆没。同时，应朝鲜国王之请而来的援朝明军此时已经与日军作战，在中朝联军的共同打击下，日军渐渐招架不住，从攻势变成了守势，同时，开始派遣使者与明朝进行和谈。和谈于 1596 年 9 月彻底破裂，丰臣秀吉准备发动第二次侵朝战争。1597 年初，14 万日军再次入侵朝鲜，史称“庆长之役”。

为了报复上次战争的失利，第二次侵朝战争中，日本军队对普通百姓也大开杀戒。他们砍杀百姓的头领，以此冒充战功。还割下老弱妇孺的鼻子与耳朵装入罐子寄给丰臣秀吉。这些装满鼻子和耳朵的罐子埋在京都方广寺大佛的西侧，被称为“鼻冢”。虽然日军残忍凶暴，但是朝鲜各地发起的义军和援朝明军使其很快陷入了绝境。1598 年 8 月 18 日，丰臣秀吉病死，侵朝军队陆续撤回日本，第二次侵朝战争依旧以失败告终。

前后两次侵略战争不仅给朝鲜人民，同时也给日本人民带来了巨大的灾难，日本国内矛盾空前尖锐，同时，战争的失败也使丰臣氏的威望急速下降，整个日本似乎又笼罩在了一片黑风秽云之中。

相关链接

丰臣秀吉的母亲是一个虔诚的日吉权现（即太阳神）的信奉者，她心中最大的一个愿望，就是希望日吉权现能够赐给他一个男孩，以延续夫家的香火。这个愿望她曾经在祷告时说过无数次，或许真的是神仙显灵，有一天晚上，睡梦中她见到太阳进入了她的身体里，很快她就发现自己怀孕了。到了 10 个月的时候，肚子里的孩子丝毫没有要出来的迹象，她只能耐心地等待，又过了 3 个月，即怀孕 13 个月之后，孩子终于出生了，那一天是天文五年（1536 年，猴年）一月一日。丰臣秀吉诞生在如此喜气的节日里，一家人都认为这个孩子是日吉权现的恩赐，于是便为其取名为日吉丸。此外，这个猴年出生的孩子，因为脸也长得很像猴子，大家便亲切地称他“猴子”。

“战国第一忍者”德川家康

“被迫”让自己的儿子和妻子切腹，“被迫”臣服于强者，“被迫”一次次低头——这令人惊讶的无数众多的“被迫”组成了德川家康的前半身。以当代人的眼光审视，德川家康的“被迫”无疑是一种欲成大事者坚毅的忍耐，这也正是为什么他被称为“战国第一忍者”的原因。唯有忍耐才能在尔虞我诈、你死我亡的战国寻求立足之地，才能厚积薄发，以一点破全局，成为最终的胜者。正因如此，“战国第一忍者”也是个不折不扣的“老狐狸”。

1543 年 1 月 31 日，三河国冈崎城主松平广忠显得非常兴奋，他在屋子里焦急地来回踱步，不时走到门外听听走廊那头的情形。就在他不知道准备第几次转身回屋时，耳畔传来清脆的婴儿的啼哭声。松平广忠原本紧绷的脸顿时舒展了许多。他急忙跑到正室的房间，侍女告诉他夫人生了个儿子，说完，将婴儿抱与松平广忠。这个婴儿就是后来开创“江户时代”的德川家康。

德川家康小名竹千代，他本姓松平，“德川”一姓是他在 25 岁时天皇赐的。其先祖原为三河国土豪，至松平广忠这代，松平氏已经是西三河的大豪族。但由于地缘因素，长期处于当时势力雄厚、名震列岛的大名织田氏与今川氏的积压之中，经常受到两者的侵扰。

▲德川家纹

1547 年，织田信秀率军攻打三河国，兵围冈崎城，情势危急。为了能得到邻国今川义元的帮助，松平广忠被迫将年仅 4 岁的德川家康送往今川义元处当做人质。临行之前，父亲松平广忠给德川家康上了人生中最重要的第一堂课，他强忍着悲痛对儿子说：“竹千代是个懂事的好孩子，今日之举，实属无奈。去到他国之后，遇事能忍则忍，可让则让，万事以保命为上上策，同时仍需葆有心中远大的志向。”

松平广忠的这一番话，年仅4岁的德川家康到底领会了多少，我们不得而知，但从其后来的经历看，这些话却成了他一生的原则与写照。

就在被送去今川义元处的途中，不顾亲戚情份的户田康光将消息卖给了织田信秀。于是，织田信秀事先设下埋伏，劫走了竹千代。接下来的十几年时间里，竹千代始终未能摆脱人质的身份，先是尾张国后是骏河国，终日寄人篱下，常常受到他人的排挤与欺辱。但他忍辱负重，始终铭记已逝父亲告诉他的话，练习剑术、学习兵法、研究治国之道，长成了一名满腹经纶、骁勇善战的文武全才。1556年，今川义元将自己的外甥女濑名姬许配给德川家康为正室。

1560年，“桶狭间合战”，今川义元遭织田信长突袭阵亡。德川家康趁乱逃脱，返回冈崎任城主，展开了自己全新的人生。在与织田信长结为盟友后，全力经营自己的领地三河国。就在德川家康踌躇满志，欲成就一番大业之际，自己的一亩三分地却在1563年被境内的“一向宗”搅得天翻地覆，德川家康耗时半年，以内部瓦解的方式才平定了这次叛乱。巩固了自己在三河国的统治。

▲日本战国末期杰出的政治家和军事家德川家康，江户幕府的第一代征夷大将军。被称为“战国第一忍者”。

后方安定以后，自1568年起，德川家康又与武田信玄联手实施东进政策，开始了自己扫荡群雄的征程，实际上是想坐山观虎斗，等着武田氏与今川氏互相厮杀。1570年，德川家康联合盟友织田信长，在近江国浅井郡姉川大破浅井长政和朝仓义景的联军，史称“姉川会战”。此后，德川家康又联合武田信玄攻伐苟延残喘的今川氏，攻破曳马野城，并将本城迁居于此，改名滨松。

但是德川家康与武田信玄的联合建立，便因武田信玄进攻他的势力范围远江国而告破裂。1572年10月，武田信玄带领2.5万人马攻打远江国，得知消息的德川家康率所部人马织田信长援军共8000人在三方原迎战武田信玄，史称“三方原会战”。由于武田信玄谋虑比之德川家康更高一筹，加上兵力悬殊，德川家康此战大败，在众将扮作德川家康吸引武田军注意力后，他才侥幸逃回滨松。

武田信玄死后两年，即1575年5月，继任者武田胜赖包围长筱城，被困其中的德川家康随即向织田信长求救，5 月 18 日，德川家康终于盼来了救兵，“长筱之役”由此爆发。此战，武田家诸多名将战死，元气大伤，武田家由此走向衰败。1581 年，德川家康攻陷高天神城，把武田氏彻底从自家地盘上驱逐了出去。第二年，因灭武田家有功，德川家康被织田信长获封为骏河国领主。

不料形势骤变，织田信长在本能寺被杀，丰臣秀吉抢先一步夺取了中央政权，成为了日本的实际统治者。得到这个消息以后，德川家康很是不满，此时的他已经拥有三河、远江、骏河、甲斐及信浓南部地区的统治权，成为战国屈指可数的强力大名之一。但经过深思熟虑之后，他还决定暂时臣服于丰臣秀吉，以增强自己的经济和军事实力静待时机成熟。就此，德川家康成了丰臣家有力的家臣。

1589 年，丰臣秀吉讨伐北条氏，因在讨伐中屡立战功，北条氏投降后，德川家康被封在关东地区，成为领有相模、伊豆、武藏、上野等地拥有 250 万年贡的大名。1590 年，德川家康将本城迁居到江户城。定居江户后，为吸引外地商人来江户经商，发展城市经济，德川家康建立了类似于现在的货物中转站，他还组织大量人力开河挖渠，使大型船只可以自由停靠于江户城下。江户城的繁荣为德川家康最终夺取天下奠定了雄厚的经济基础。

就在德川家康迁居江户后两年，即 1592 年，丰臣秀吉出兵朝鲜，要求各大名出兵助战。为了保住多年来好不容易发展起来的实力，德川家康诈病躲过了这次出兵，还以同样的理由躲过了 1597 年的战争。

1598 年，丰臣秀吉死后，德川家康以“五大老”首席的身份进入伏见城，挟丰臣秀吉 5 岁的儿子丰臣秀赖以令诸侯。对此，其他大名颇有微词，甚至对他破口大骂，他也从来都不放在心上。但权力的诱惑实在太大了，以石田三成为首的大名，终于还是厌倦了过嘴瘾，发动了一场针对德川家康的战争。

结果，德川害康在关原合战中消灭了反对派，战争刚一结束，他就马不停蹄地追击残敌，将所有的反对派都连根拔起。一时间，诸路大名如风过草低，纷纷向他效忠。1603 年，德川家康被天皇任命为征夷大将军，开创幕府于江户，他逐渐登上了自己人生的顶点。

征战半生，德川家康历经种种磨难：他在隐忍中探索方向，他在隐忍中积蓄力量，他在隐忍中等待时机，终于他成功了，等到了父亲期望他成为的那个人。欲速则不达，或许就是德川家康之所以被称为“战国第一忍者”的终极战略，也正是基于此才有了长达260多年的江户时代。

》专题 忍者

忍者，很神秘，似乎也很诡异。这或许是人们对它的第一印象。的确，当代社会，人们已经很难在现实生活中直接感受到“忍者”的存在了。按照古老的传统，忍者不能对外通婚，而内部又保持神秘色彩，其真实面具始终难以窥探，人们也只能通过那一幕幕精彩的电影画面来想象他们的生活。此刻，人们最想问的可能是——忍者现在到底还存在吗？

作为深受中华文明影响的国度，日本忍者也是自中土东渡而来。它最早的原型是中国古时的刺客。这些刺客都归属于一定的组织，受雇执行杀人任务。为了圆满完成任务，刺客往往需要掌握各类技巧，包括使用暗器、攀爬窃听、化装易容等等。刺客在春秋战国时期兴起，因政治或其他原因替主家或某国国君除去心头之患，在这一过程中也兼刺探情报，专诸、聂政、荆轲等在《史记·刺客列传》中提及的这类人物便是典型代表。

至秦朝，刺客逐渐发展成游侠群体，除暴安良。汉武帝时，游侠衰落，但刺客行业依旧存在。到南北朝乱世中，因朝廷斗争和对外战争的需要，刺客制造混乱以及收集情报的功能被强化，与此同时，刺客作为一种职业也得到完善。至唐朝，刺客由遣唐使引入日本。

俗话说，入他乡，随其俗，传入日本的“刺客”改名为“忍”，因其执行任务需意志坚强且甘于寂寞、心性隐忍而得名。但这也只就通常称呼而言，在不同的地方其名称也有不同。到了公元710年，“忍”被称作“斥候”，战国时代，叫法虽多，但以武田信玄命名的“乱

日本战国时代最爱用忍者的大名是谁?

战国时期，各大名交战不断，武田信玄非常讨厌自己国家的秘密被他人知道，所以著名的“甲斐之虎”武田信玄成为日本大名中最喜欢使用忍者的人。

波”最广为流传。“忍者”作为正式名称固定下来是在德川家康建立幕府以后。江户时代，战乱平息，国家归于一统，以刺探军事情报以及对敌方首脑展开暗杀的忍者趋于没落。

要说忍者的黄金岁月，还当数战国时代。忍者的等级制度、训练内容、基本规范都确定于这一时期。日本战国时代与中国的战国时代一样，到处充满了阴谋与杀戮、残酷与背叛。为了相互倾轧、争权夺利，各大名们往往互派忍者进行监视与渗透。忍者所具有的特殊能力在这个时代有了广阔的用武之地。

在等级制度上，从战国时代开始，忍者因其能力与实际作用的不同，被分为上忍、中忍、下忍。上忍专门负责对所执行任务的整体规划，中忍则对实施步骤进行统筹与指挥，而下忍就是具体执行者。上忍、中忍、下忍之间等级分明，稍有不顺，便会招来杀身之祸，这也间接强化了忍者“忍”的特性。

各类影视作品中所呈现的忍者的特异武功，其实是对其能力的夸大，虽然忍者能自如地使用各类暗器，能去常人所不能去的所在，有的还能在水中屏息几分钟，但这些异于常人的本事都是靠平日的艰苦训练得来的，这些特异武功被统称为“忍术”。忍术的训练主要包括四个部分：肢体平衡、形体灵敏、体能、攻击技巧。

肢体平衡是从走竹竿开始，经过一段时间的训练，从竹竿转至滚木上，要求不滑倒，还要上下行动自如，翻腾跳扎，如履平地。具备这样的平衡能力后，才能在屋顶、墙头及树木上行走如飞。要训练出灵敏的形体，需从小练起。最常使用的训练方法就是在各类障碍物之间快速跑动，身法稍有不灵或反应略有不敏，就会被障碍物伤到。体能的训练主要以长跑的形式进行，据说，达到上忍等级的忍者，每日可跑 150 多里。忍者的进攻技巧除了纯粹正面进攻所需的剑术、箭术、马术、柔术及投镖之外，隐遁之术也是非常重要的组成部分。隐遁之术也就是逃脱之术，在行动出现始料未及的情况下，忍者便依靠各种独门秘术一纵即逝。

在行动中，除了刀剑外，忍者最常使用的武器是各类飞镖以及其他特制器物，如手里剑、撒菱、手甲钩、水蜘蛛、忍刀等。

手里剑即铁蒺藜，是一种投掷武器，九米之内可以使人立刻毙命。其种类多样，有八角形、六角形、十字形等。忍者在使用手里剑时，事先会涂上毒汁，从而成为杀伤力极强的武器。撒菱，是忍者使用隐遁之术时撒在身后的一种菱形武器，使敌人难以近身，为自己顺利脱身赢得时间。手甲钩是忍者近距离搏斗时除了刀剑外使用频率最高的一种武器，其外形多变，可轻易致人于死地。水蜘蛛是一种水面行走工具，能让忍者在水面上快速通过，从而减少暴露行踪的几率。忍刀比武士刀短得多，质量也较差，它的用处不在实战，而在于其多用途的功能。将忍刀往地上一插，刀的护圈便可当作垫脚之物；把刀的护圈往高处一挂，双手可安全地握住刀身攀缘上升。刀鞘可以在水中当作呼吸和窃听工具。

对于忍者来说，除了掌握高超的忍术外，对自我的严格要求也是其性情修养的重要一面。所谓的严格要求也包括饮食方面的控制。由于忍者行动中必须经常性地待在狭窄的空间里，因此，忍者必须保持瘦小的体格，发胖对于忍者而言，是与被杀同样可怕的事情。所以，忍者在饮食方面极为慎重，有其特殊的食谱，被称为“忍者食”。“忍者食”以稻米为主，配以清淡的蔬菜，而能快速增加体重、增强体味的食物则一律排除在外。

忍者还有“携带食”一说，“携带食”就是行动中为能随时补充能量而携带的食物，因为忍者一旦在某处执行任务，就不能随意离开特定位置，以免暴露位置，这就需要随时能充饥的食物。这些“携带食”主要有饭团、芋头等。

战国时代，忍者发展迅猛，流派繁多，其中以伊贺与甲贺两派最为强盛。伊贺与甲贺虽都地处群山地带，但是立场各异，互相敌视。伊贺忍者起先并未依从任何一个战国大名，但因其势力发展过快，遭到了当时欲统一日本的织田信长的忌惮。1581 年 9 月，织田信长发重兵对伊贺展开了大规模清剿，伊贺派创始人百地三太夫战死沙场，伊贺派势力遭到重创，后依附于德川家康，在其图霸大业中立下汗马功劳，成为德川氏的御用忍者。

相对于伊贺派最初的“自由之身”，甲贺派则非常自觉地寻找着

为何伊贺与甲贺多忍者？

伊贺与甲贺位于重山围绕的封闭小盆地里，在战略上的位置十分重要，且靠近日本的中央近畿地带，深受京都文化影响，寺院、庄园都很多，土豪们一个个崛起。战国时代，这么小的地区居然有 60 个土豪，所以大家都想夺取对方的土地，于是土豪们互相结盟，互相探查敌情，也互相屠戮，忍术迅速发展，开始冠于全国。

自己的靠山，先是六角氏，后为细川氏，再后依从于织田信长。依托其势力，甲贺派得以迅猛发展，本能寺之变后，甲贺派发生分裂，迅速衰落，至江户时代中期，几乎销声匿迹。

伊贺与甲贺虽然门派不同，各有从属，但是这两大忍者流派为忍者基本规范的奠定都作出了巨大的贡献。1676年，忍者藤林保武参照《六韬》和《孙子兵法》的内容，结合伊贺与甲贺的思想精髓，写成了忍者书《万川集海》。

《万川集海》共有十卷，分别从忍者的历史、忍者的人格修养、忍者的组织形态、忍者的智慧、忍者的计谋、忍者的武器等诸多方面对其理论基础与技术能力加以系统阐释，可以说是了解忍者世界的百科全书。

相关链接

关于忍者的故事，在江户时代流传很多，其中以熊野寺秘籍被毁一事最为人乐道。据说某一寺庙方丈有本中国武功秘籍，一个名叫上野守直的武士非常渴望得到它，于是他派出忍者堀川去寺庙将秘籍偷回来。寺庙戒备森严，难以潜入。堀川花了数月时间，挖了一条通往寺庙的道通，自以为神不鬼不觉，但寺庙方丈早已将这一幕洞悉明了。他派人在地道口用火攻，将堀川活活烧死。

心有不甘的上野守直于是又派了一个叫八郎的忍者去执行盗秘籍的任务。八郎是个年轻貌美且能歌善舞的小伙子，他以侍童的身份被寺庙招了进去。他以美艳的外表迷惑众人，许多僧侣将其当成自己的同性梁人。时间一长，他引起了方丈的注意，两人很快勾搭在一起。从方丈的口中，八郎得知他是半夜躲在密室用很幽暗的灯光来读秘籍的。一天晚上，当方丈在密室幽光下读秘籍时，八郎潜入密室，勒死方丈，随即携带着秘籍，隐遁无影。

拿到秘籍后的上野守直迫不及待地抢过秘籍，也不理会八郎向他讲述方丈在密室暗灯下阅读秘籍这一重要细节，自顾自走进房间，把秘籍摊在阳光明亮的小桌上阅读。就在这个时候，奇怪的事情发生了，没等几秒钟的时间，整个秘籍的文字开始褪色。原来该秘籍是用一种一见光就消失的特殊墨汁书写的不能见光，否则文字会全部隐形消失。一部具有极高价值的秘籍就这样被毁掉了。

第五章

江户风云录：德川氏的王朝

提起江户时代，人们总是习惯说德川家康开创了300年太平盛世。所谓“300”不是什么确数，称为“太平盛世”似乎也有点言过其实——即便果真“盛世”过，德川幕府末期的混乱局面也已经将这段美好的时光完全葬送。何况，无论何种世道，对于百姓而言，需要的只是三餐的温饱、生活的安定。也许正因为这个原因，在倒幕运动中，百姓站到了倒幕派的一边。内忧外患之下，幕府又怎能不覆灭！

江户时代

一朝天子一朝臣，其实随着权力转移的，不只是权力的依附者，还有维护权力的制度与律令。当德川家康最终取代丰臣氏而掌握了全国政权之时起，一个全新的属于德川家族的时代便拉开了帷幕。为了长久地把持权力，德川幕府的世代将军都在不断改革以适应社会上发生的关键性变化。于是，有了长达260多年的江户时代。然而，正如并非所有的实验都会成功一样，德川幕府的改革也不可能始终得到民众的支持，“天保改革”便是一个失败的典型。但政坛不同于实验室，没有重新来过的可能与机会，一次失败会造成无法弥补的后果，“天保改革”就将德川幕府拉入了不可挽救的深渊。

“太阁”丰臣秀吉死后，其政权内部立刻出现了两派对立的势力。以石田三成为首的一派坚持拥立丰臣秀吉幼子丰臣秀赖为将军，继续丰臣氏的绝对统治，而以德川家康为首的另一派则想通过夺权结束丰臣氏统治，自己取而代之。

1600年9月，德川家康与石田三成两派之间爆发了著名的“关原合战”。这一战德川家康获得最终胜利，取代丰臣氏掌握了全国政权。1603年，时人称之为“老狐狸”的德川家康被封为“征夷大将军”，受封后不久，立刻在江户城开设幕府，开始了最强盛也是最后的武家政权。这一时代被后人称为“江户时代”。

或许是为了向曾经侍奉过的“太阁”丰臣秀吉学习，或许是为了稳固德川氏永世的统治，1605年，德川家康把“征夷大将军”的职位让与儿子德川秀忠，自称“大御所”并隐居骏府城，但在背后仍然掌握着幕府军政实权。1615年5月，德川家康发动“大阪之役”，彻底打垮了一直与自己作对的丰臣秀赖及其追随势力，1616年3月，

德川家康为何能成为笑到最后的大名？

尽管丰臣秀吉风云一时，但德川家康却是战国时代笑到最后的大名。日本有个故事：一只杜鹃不唱歌，织田信长说：“不唱歌，我就杀了它。”丰臣秀吉说：“不唱歌，我会想办法让它唱。”德川家康却说：“我会等着它唱。”德川家康四分之三的人生都是在别人的光环下生活，正是靠着这个忍字诀，他最后成为真正得到天下的人。

他出任太政大臣，并向明朝皇帝称藩，被明朝皇帝册封为“日本国王”。

在国内建立起绝对的统治地位后，德川家康吸取丰臣秀吉的教训，对中央和地方机构进行了系统而严格的设置。在中央机构方面，德川幕府设置了“大老”、“老中”、“若年寄”、“奏者番”、“高家”、“大目付”、“町奉行”、“勘定奉行”和“寺社奉行”九种职位。

“大老”是德川幕府临时设置的最高官职，负责政务，参与重要政策的确定；“老中”是幕府中央常设的最高职务，直属征夷大将军统辖，是具有最大权力的政务官；“若年寄”主要负责管理将军直属的武将“旗本”以及家臣“御家人”；“奏者番”是礼仪官，负责幕府所用礼仪事项；“高家”是“老中”的属官，掌管幕府的典章；“大目付”也是“老中”的属官，主要负责对各地大名的监察；“町奉行”负责掌管江户城内的民政与刑事事务；与其同为一级的“勘定奉行”负责幕府的财政；寺社奉行主管全国的寺院和神社。

日本生鱼片

生鱼片是日本料理中最有代表性、最具特色的食品。江户时代以前，生鱼片主要以鲷鱼、鲆鱼、鲽鱼、鲈鱼为材料，明治以后，肉呈红色的金枪鱼、鲣鱼成了生鱼片的上等材料。切生鱼片的刀是特制的，且不能沾水。选择的鱼肉一定要新鲜，不少日本人认为生鱼片真正好吃是在杀了数小时之后。吃生鱼片要以既杀菌又开胃的绿色芥末和酱油作佐料。日本人自称为“彻底的食鱼民族”，捕鱼量居世界第一位，一年人均吃鱼100多斤，超过大米消耗量。

在地方机构方面，德川幕府设置了京都所司代、大阪城代以及骏府城代。京都所司代负责京都警卫，对皇室与关西大名进行监视，并管理畿内的幕府直辖地，是地方官职中职权最高的官位；大阪城代是幕府派驻到大阪的最高官员，全面负责大阪城的内外事务，包括军事指挥权及诉讼裁断权，由德川幕府的重要家臣担任；骏府城代是骏府的最高官员，其职责与大阪城代相同。这些地方官员的下属统称为远国奉行，由“老中”统辖。

在加强中央集权的同时，德川幕府也加强了对各地大名的控制。1615年，德川幕府颁布了《武家诸法度》，规定各地大名要在一定期间轮流来江户参觐，对参觐时的随员数量也作出了具体规定。1635年，德川幕府的第三代将军德川家光修订《武家诸法度》后，对大名参觐制度进行了完善，修订后的《法度》规定：全国大名一年当中必须有一半时间留住江户，辅佐将军，期满后可回自己的领国，但是随其而来的妻小家眷以及重要的家臣还要继续留在江户，实际上成了德川幕府的人质。《法度》还规定各地大名在江户的住所要自行修建，供养妻小家臣的费用及参觐的路费，也都由大名自己承担。幕府的这一规定不仅有效监管了大名的行为，也削弱了大名的经济实力，令其很难反抗幕府。

俗话说无心插柳柳成荫，原本为了加强对大名的监管，制定了参觐制度，但是随着大名每年定期来到江户，且随行有大量的家臣和侍从，这些人长久住在江户，极大地促进了江户地区商业、娱乐业的发展，也间接带动了文艺的兴起，并最终发展成为独具日本特色的艺术形式。现代日本的传统文化，诸如茶道、花道、相扑、艺伎等都是在这一时期兴起并成形的。

德川幕府相较于镰仓幕府和室町幕府，其权威和统治力更甚一筹，这不仅来自于幕府强大的军事力量，也与其拥有的巨大财富分不开。当时全国的土地总收入约为3000万石，而幕府单从直辖领地就能收获700万石的年贡，这还不包括各地大名交纳的年贡。除了从土地上获取巨大收入，幕府还将触角伸向了江户、大阪、长崎这些大城市，从这些城市的各类税赋中抽取一定比例的数额。此外，幕府还控制了矿山的开采权和对外贸易。

江户时代的身份等级制度在沿袭丰臣秀吉制定的《身份统制令》的基础上，有了更进一步的细化，其规定也较原有的统制令严格。比如士、农、工、商中的商人，虽然属于富裕阶层，但德川幕府特意规定，商人不准穿戴华丽昂贵的衣服，只能身披简单粗陋的服饰，这一规定同样适用于手工业者。当时，商人和手工业者都居住在依各地方大名居住的主城而建的市镇里，这些市镇被称作“城下町”，商业和手工业者因此也成为“町人”。

▲幕府的统治

在外来的冲击到来之前，日本德川幕府稳稳掌控着国内的局势。在武士军刀和军事堡垒的威慑之下，虽然也面临体制束缚经济的矛盾，但至少在表面上，江户时期的日本仍维持着一片平静详和的太平景象。

在“町人”之下，还有一个“贱民”阶层，他们多为罪犯之后，被划定在特定区域生活，从事最为人瞧不起的行当，而且不能与别的阶层通婚。这样，贱民阶层只能在内部自我发展，子孙后代也不能脱离这一身份，形成了日本社会特殊的群落现象。

因对外贸易的需要，德川幕府初期实行的是开放政策，外国人能在日本自由从事商业活动，由幕府特许从事对外贸易的日本豪商也能长期驻留国外。然而因为西方传教士活动日益频繁，在普通老百姓中的影响日益深厚，严重威胁了幕府的统治基础，德川幕府决定像丰臣秀吉那样对基督教及其传教士进行驱逐。1612 年，也就是在国内还存在反对德川氏统治的势力时，德川幕府就颁布法令，强令信仰天主教的老百姓改变自己的宗教信仰，要求他们只信仰自己本国的宗教——神道教。

日本为什么要实行锁国政策?

锁国是日本江户时代德川幕府实行的外交政策。1635 年开始实行，直到 1868 年德川幕府被推翻、明治维新开始时为止。随着基督教的传教士来航日本并且在日本传教，将军开始颁布“禁教令”，从而开始有锁国的念头。江户时代中期发生了“费顿号事件”，即一艘英国船伪装成荷兰船并且驶入长崎要求给予食物、水和柴薪，当长崎奉行交出这些物品后便扬长而去，此事件使得长崎奉行松平康英切腹。震怒的幕府下达了“异国船打退令”，下令所有外国船只一靠近日本本土就予以炮弹攻击，促使日本完全锁国。

不愿意改变天主教信仰的百姓纷纷起来反对幕府的这一法令，但迎接他们的是幕府冰冷的刀枪。这些百姓不是被判重刑就是被活活吊死，有的则沦为各地大名的奴隶。为了保全自己和全家的性命，一些人纷纷向幕府低头，并将家中有关天主教的物品全部烧毁。

也就在这一时期，幕府加紧了对外贸易的限制，1623 年和 1624 年，幕府先后禁止了与英国和西班牙的贸易，1635 年，幕府发布禁船令，严禁各类船只驶往海外，违令者处斩，家小没入官府，卖为奴仆。虽然幕府依旧允许中国和荷兰的商船来日本通商，但停泊地和贸易地只限于长崎一港，其行动范围也被严格限制。除此之外，到长崎的中国人与荷兰人都要向幕府提交有关介绍外部世界的情况报告书，被称为“风说书”。由中国人提交的情况报告书叫做“唐风说书”，由荷兰人提交的则称为“荷兰风说书”。德川幕府依靠这种方式来了解外部情况。由此，德川幕府统治下的日本进入了自我封闭状态，历史上将这一时期称为“锁国时代”。

锁国时代的日本，农业生产水平大幅提高。由于幕府大力鼓励农民开垦荒地，日本的耕地面积有了大幅度的提高，从 17 世纪初德川幕府刚刚建立时的 170 多万公顷，增加到了 18 世纪中期的 300 万公顷。土地的增加和农业的发展也带动了先进农具的出现，使得农民的生活较之以往有了很大的改善。

江户中期，随着人口的增长和商品贸易的繁荣，各地颇具规模的小市镇如雨后春笋般涌现出来，这些小市镇的出现加快了物品的流通，一些全国性的商贸城市陆续出现。这些商贸城市集中了一大批从事金融业、手工业的商人，商人们为了谋取最大的利益，相互联合，垄断市场，操控商品价格，造就出了一大批腰缠万贯的巨商，商人在社会上的影响力因此变得越来越大。

随着商人势力的迅速崛起，到18世纪初叶，日本社会的贫富差距急剧拉大，商人们的经营活动给幕府和各地大名带来了源源不断的财富，普通百姓的生活则日渐困顿下去。而且随着幕府和各地大名对农民年贡上缴量的不断增加，农民依靠种地无法承担巨额赋税，为了维持生计，只得典当土地，农民失地现象频出。农民的土地产出是德川幕府和大名们收入的最重要来源，随着失地农民的激增，幕府的财政收入受到巨大影响。

幕府的财政困境直接影响了武士阶层的生活，由于俸禄不能按时发放，即便发放也被幕府和大名们以各种原因克扣，一些中低层武士沦为破产的浪人，或是依附于商人。德川幕府初期制定的身份等级制度开始悄然瓦解。

农民的失地和武士的破产直接影响了幕府的统治，为了化解这一危机，德川幕府分别在第四代将军德川吉宗、第十一代将军德川家齐、第十二代将军德川家庆在位期间实行了改革，即“享保改革”、“宽正改革”、“天保个改革”三大改革。

1716年开始进行的“享保改革”的重点在于保护农民权益，重新分配土地，将农民的年贡固定化，对商人则采取控制打压政策，掌控大米价格，严厉禁止商人哄抬物价。这次改革取得了良好的效果，幕府的财政收入扭亏为盈。“宽正改革”于1789年开始实行，这次改革的主要政策依旧是重农抑商。其废除商人的特权及其所属的行会，增加农村土地，对于各地大名也作出了具体规定，要求他们不能豪奢，禁止各大名之间互相赠送贵重礼物。但是此次改革由于实权派人物松平定信的辞职而告终止，幕府由此失去了掌控全局的能力，日本社会再次陷入混乱之中。1841年，德川家庆任用家臣水野忠邦为“老中”，主持实施“天保改革”。此次改革的主要目的是增加幕府直辖领地面积，这些新增的领地原是各地大名的富饶领地，而幕府作为交换分配给他们的则是贫瘠荒芜的土地，这引起了各大名的强烈不满，他们纷纷起来抵制幕府的这一行动。为了平息众怒，

日本浪人

日本一种到处流浪的武士。他们因战乱而离开主君（大名），失去户籍，但仍保持武士传统。明治维新后，有些人为军部所用，充当侵略扩张的先锋。

德川家庆免去了水野忠邦的“老中”之职，“天保改革”也在各利益阶层的反对下以失败收场。

“天保改革”的失败使德川幕府的权威一落千丈，也使得其统治发生了动摇，幕府实力不可避免地走向了衰落，一场彻底改变日本命运的运动正在悄然逼近风雨飘摇之际的德川幕府。

相关链接

团扇在奈良时代由唐朝传入日本。在日本最初使用团扇的是皇宫贵族。至平安时代末期，才允许普通百姓使用。江户时代后期，随着日本夏季祭祀、盂兰盆节的兴盛，团扇大为普及。从1688年开始团扇成了日本女子晚间乘凉时必备的物品，商人开始以团扇作为商品在市场出售。这就更加促进了团扇的发展，相继出现了银制团扇、丝绸制团扇，且团扇从实用发展到鉴赏和装饰用，团扇的种类也因此增多。如出现大型灭火团扇、涂漆防水团扇，也有送风调节火势的团扇。与团扇有关的信仰在这一时期也逐渐兴起，江户时代的人普遍相信，在门口挂一把团扇，便可免除火灾。

汉学和兰学

俗话说，宁肯给聪明人提鞋，也不与愚笨者交友。对于这句话，日本可谓理解深刻，无论是千百年来对中国优秀文化的汲取，还是明治维新以后的一切向西看，都是对这一俗语的最佳注解。因此，对于现代日本来说，与其看作东洋一枝花，不如将其视作中西文化的最佳结合体更为确切。对于这一结合，中国和荷兰的先民看得最为透彻。

1603 年，德川家康在江户设立幕府。随着幕府统治的巩固，多年不见的和平气象逐渐显现，与这一气象相适应的是文化的大发展。这一时期，先进的中华文明又出现了向日本传播的高潮，形成了汉学兴盛的景象。当时在日本，影响最大的汉学流派是朱子学和阳明学。

朱子学最初是被禅宗和尚当成自我修为的学问传入日本的。朱子学的理论侧重于伦理道德的“大义名分”，即人各有尊卑等序，世间一切以此为运行基础，不可更改变动。君臣父子人人都要遵循这一原则。

其学说其实就是对日本当时泾渭分明的等级制度的肯定，宣扬统治阶级权力至高无上，百姓要安心于自己所处的地位，不得反抗，以下犯上。这一思想非常符合刚刚建立起统治的德川幕府的政治需要，因此朱子学很快被统治阶级接受并得到重视。

德川幕府初期，朱子学的代表人物为藤原惺窝与林罗山师徒二人。藤原惺窝原为禅僧，后还俗专心研究朱子学，并以朱子学理论批判自己曾经皈依的禅宗，试图为朱子学在日本思想领域争得一席之地。其所著的《假名性理》、《四书五经倭训》，是最早用日文撰写的宣扬朱子学的书籍。

然而藤原惺窝的努力并没有结出丰硕的果实，他将所有希望寄托在了自己的得意门生，被称为“五大天王”之首的林罗山身上。罗林山 1582 年出生于京都，本名信胜，号罗山。德川幕府建立后的第三年，藤原惺窝将罗林山推荐给德川家康，以 23 岁的年轻少年身份，成为德川幕府的重要政治和思想顾问。

林罗山没有辜负师父的厚望，他广招门徒，宣传朱子学说。与此同时，他还积极参与幕府的政治活动，制定法令，用其学说帮助幕府建立起自己的意识形态体系，从而受到幕府的高度信任。在林罗山的努力下，第三代幕府将军德川家光统治时期，幕府将朱子学定为官学，并将其推广到民间，资助林罗山在各地开设专门讲授朱子学的学堂。

随着朱子学在日本取得独尊的地位，各领国的领主也在自己的领地上建立起了教授朱子学的学堂，这些学堂被称为“藩学”，主要招收领主子女及中高层武士。而一些下级武士，为了增加自己的文化修养，也自觉地投入到朱子学学习的行列当中。在这些武士当中，相继产生了影响后世的大学问家。

在朱子学的影响下，日本的文化艺术和自然科学技术得到了进一步的发展，各种新兴的艺术形式在这一时期大量出现，最具代表性的就是“浮世绘”。

“浮世”原是佛语，指人的生死轮回和人世的虚无缥缈，即俗家所说的尘世。而“浮世绘”就是表现这一尘世中人们各种生活风情的绘画。“浮世绘”是江户时代最有特色的绘画，是日本最具民族特色的绘画形式，不仅对日本，对西洋绘画都产生过深刻的影响。

日本阳明学起初的发展由于受到朱子学的压制而没能得到很好的发展，中江藤树的弟子熊泽蕃三虽然竭尽全力将阳明学传播到了上层社会，但也没能改变阳明学被压制的被动局面。直到德川幕府末期，由于“尊王攘夷”运动的兴起，阳明学实践务实的精神鼓舞了当时的倒幕派，由此，阳明学出现了复兴的态势，渐渐取代朱子学，成为当时日本的主流思想。

在日本广兴汉学的同时，由于幕府实行锁国政策，除了中国，唯有荷兰才被允许进行两国贸易。在吸收中华文明的同时，荷兰的

浮世绘

江户时代，描写风景及百姓的风俗人情的多彩的版画被称为“浮世绘”。此名称的由来是因为当时描绘“浮世”的歌舞伎和花街柳巷的风俗。1670 年菱川师宣将单一墨色印刷的木版画卖出，故被称为“浮世绘”的创始人。浮世绘的特点是以木版印刷，大量生产，价钱廉宜，且易于购买。起初，市场上仅有单一墨色印的画(墨折绘)，但不久出现“赤版”，以红为主色，再加印黄和绿，在日本绘画史上打开了新的境界。

自然科学和文化艺术也顺理成章地成了日本学习的对象。1720 年，幕府第八代将军德川吉宗放宽了对外国书籍的限制，允许引入非宗教类的外国书籍，尤其是荷兰书，并命人将这些书翻译成日文。在这些书籍当中，介绍自然科学的书籍占了绝大部分。里面记载了欧洲的最新事物，如显微镜、热气球，及有关新近地理知识等等，日本人开始热衷于西方的科学文化知识，称之为“兰学”。

“兰学”的翻译和传播促进了日本近代自然科学的发展，以西方理论知识为研究方法成为时尚。1750 年，幕府医官野吕元丈写成了 12 卷本的《荷兰本草和解》；1754 年，被后人称为“日本试验医学先驱”的山胁东洋通过人体解剖，推翻了旧有的理论，并写出了《脏志》一书。

在天文和地理学方面，由于“兰学”的影响，日本学者也取得丰硕的研究成果。1774 年，长崎的本木良永完成《天地二球用法》一书，详细介绍了哥白尼的地动说；1812 年，伊能忠敬用测量器费时 20 年测绘出《大日本沿海舆地全图》，其水平与现代相差无几。

除了在中上层人士中传播外，“兰学”对日本民间的影响也是巨大的。1789 年，教授“兰学”的学堂“芝兰堂”在江户创立。随后，类似性质的民间私塾在全国各地遍地开花。

1838 年，著名兰学家绪方洪庵在大阪开设传授兰学的学堂，名为“适斋”，培养了众多的人才，如福泽谕言、桥本佐内、大村益次郎、吉田松阴、高杉晋作、木户孝允、伊藤博文等。这些人才在幕府末期成为倒幕维新的中坚力量，推动了日本近代化的进程。

相关链接

日本阳明学的创始人中江藤树是日本历史上有名的孝子。他在《孝经心法》中说：“义，孝之勇也。礼，孝之品节也。智，孝之神明也。信，孝之实也。”实际上是把“孝”视为所有好的品德的基础。27 岁时，他突然辞掉承袭于爷爷的官职，回家侍奉母亲，因为他认为孝比忠更重要，千万不能给自己留下“子欲养而亲不在”的遗憾。30 岁时，他才成家，因为《礼记》里说：“三十而有室。”在汉学的影响下，中江藤树将“孝”扩展成了一种哲学，并贯彻于自己行为的始终，故而在其辞世之后，会有“近江圣人”的美称。

黑船来航

一个人能够改变一个国家的命运吗？对于别的国家来说，答案或许是否定的，但若是问日本人，大多数都会点头称是。在不停地点头中，他们的脑海中可能还会浮现那个人的名字——佩里。正是这个人，率领着一支舰队，用武力恐吓的手段强行打开了日本的国门，让这个国家从此走上了波澜壮阔的变革之路。

1846 年，美国人比德尔率领全副武装的舰队，手持总统给幕府将军的亲笔信，来到日本，要求德川幕府向美国开放国门，进行自由贸易，还要求在江户设立领事馆。这一要求遭到了幕府的强硬拒绝。1853 年 7 月 8 日，刚刚升任美国东印度舰队司令，有“美国蒸汽机军舰之父”之称的海军准将马特修·卡尔伯莱斯·佩里率领着通体黑色的蒸汽战舰来到江户湾的浦贺港。

美国战舰的出现让驻守在海岸边的幕府士兵惊慌失措，面对冒着滚滚浓烟的黑色怪物，他们感受到了前所未有的恐惧。他们迅速将此消息汇报给了浦贺奉行。浦贺奉行指派两名下级武士以“浦贺总督”和“浦贺副总督”的名义去与对方接触，暗中窥测、了解其来意。佩里向“总督”和“副总督”说明了此行的目的是递交总统菲尔莫尔签署的国书，要求确定递交仪式的地点。

▼日本人所绘佩里

而与此同时，仗着自己强大的武力，佩里毫无忌惮地派出测量人员探测江户湾沿岸的水深，想以此摸清航道，向幕府施加压力。多日没有露面的浦贺奉行在目睹了美国黑船的种种举动后，十分不安，在一番踌躇之后，他被迫同意在浦贺附近的久里滨举行接受美国国书的仪式。

7 月 14 日，佩里率领 300 余名全副武装的士兵离船登岸，踏上了日本的国土。这位美国海军军官或许还不知道，他是第一个踏上日本本土的外国军人。在当地官员安排的幕篷内，在肃穆的气氛中，佩里递交了美国总统要求日本开国的亲笔信，并以强硬的态度要求日本必须在来年春天对国书作出答复，如果到时的结果没能满足美国的期待，那么前来日本的舰队将比现在更大、更多。面对佩里的恫吓，幕府官员唯唯诺诺，只希望佩里舰队尽快离开日本。

美国黑船虽然离开了日本，但是它武力威胁日本开国的要求却给幕府留下了不得不面对的难题。为了听取意见，幕府要求各领国广泛讨论，献计献策。与此同时，幕府一改常例，将佩里来日要求开国之事汇报给了京都的天皇，征询天皇对此事的意见，这实际上是将外交权转交给了皇室，也等于废除了天皇不得过问朝政的规定。幕府的权威因为佩里的武力叩关而受到了严重的削弱。

▲外国舰队的到来

日本作为脱离亚洲大陆的一个岛国，对于西方探索的船队而言，恰好是一个绝佳的休整地和补给站。尽管幕府统治者畏惧外来的影响，下令闭关锁国，西方列强的觊觎之心却难以回避，一旦恰当的时机到来，载满洋枪火炮的舰队就会以武力叩响日本的国门。

各领国上报来的意见说长道短，莫衷一是。支持开国的人认为，这是大势所趋，而且开国并非意味着日本臣服“外夷”，而是“学夷之长”，输入先进的科学技术，使国家富裕强盛。而主张维护现有国体，反对“夷人”武力威胁的人则坚持认为，要武力对武力，驱逐“夷人”的进犯，持这一观点的人被称为“攘夷派”。有的人则在和与战之间犹豫不决，拿不出任何建议，仅表态以幕府决定是从。

在众多的意见中，“攘夷派”的观点占了上风，此时在位的孝明天皇也是一位“攘夷派”，在他的支持下，京都的天皇朝廷一时间成了“攘夷论”的大本营。

面对纷纷攘攘的各种意见和建议，幕府也是左右为难，心中无数，做不出明确的判断。无奈之下，幕府“老中”阿部正弘决定等来年美国人来时，再做打算。

1854年2月13日，佩里率领美国最先进的7艘蒸汽战舰出现在江户湾小柴冲，这7艘船体坚固庞大的舰船首尾相衔，所有的炮口全都齐刷刷地指向海岸。佩里决定，如果日本方面不同意美国的开国要求，就立刻对江户海岸进行炮轰。

幕府在江户附近的横滨为美国人设立了接待所，此处也是双方进行谈判的所在地。在这次谈判中，幕府同意保护遇难船员，向过境的美国船只提供煤炭、淡水、粮食等物资，但除此之外，拒绝和美国订立通商条约，开放口岸。

佩里第一次来到日本语言上是如何进行沟通的？

佩里来日本是有目的而来的，他在来江户之前先去了琉球，当时那里是东亚最繁盛的商港之一，有很多在那里与南洋菲律宾做贸易的人都通晓日语和英语，佩里就是在那里招募了同时会英语和日语的水手作为翻译的。

幕府的态度让趾高气昂的佩里很是不满，他向幕府官员提出，仅仅救护遇难船员或提供物资是远远不够的，日本必须开放长崎以外的港口并立即与美国订立条约。为了给幕府施加压力，佩里命令舰队官兵在横滨海岸登陆，恣意闯入民家、商店，骚扰当地百姓，而海上的战舰也做好了随时开战的准备。佩里还特意邀请幕府官员登舰参观，让他们亲身体会美国的强大武力。

在佩里的强硬姿态下，幕府被迫屈服，接受了美国的开国通商要求。1854年3月31日，双方在横滨签订了用英、日、汉、荷兰四种语言写成的《日美修好条约》。除了将原先幕府同意的保护遇难船员，向过境的美国船只提供煤炭、淡水、粮食等物资这两条写进条约外，条约还规定：日本向美国开放下田、箱馆两个港口；同意美国外交官在18个月内进驻这两个港口；给予美国最惠国待遇等。有关最惠国待遇的这一条规定为日后订立《日美修好通商条约》做了铺垫。《日美修好条约》是日本历史上第一份不平等条约，它的签订使日本的国门从此被打开，佩里武力叩关达到了预期目标。

条约签订后，双方互赠礼品。美国送给日本的都是代表西方最新科技的产物，如电报机、钟表、望远镜、纺织品、蒸汽火车模型和大炮。为了向日本人展示蒸汽火车的性能，随佩里舰队而来的工程技术人员在横滨铺设了铁轨，然后烧煤开动，面对隆隆作响、车轮飞滚的蒸汽火车，围观的幕府官员看得目瞪口呆。相比之下，日本方面赠送给美国人的礼物就显得有些寒酸，除了大米、白酒，就是纸扇、漆器，都是一些农产品和传统手工制品。从礼物上，日本人认识到了自己与美国人的巨大差距。

1854 年 6 月 20 日，佩里和幕府官员在下田签署了《下田条约》。《下田条约》是《日美修好条约》的附属条约。此条约就下田开港作出了详细的规定，条约所用文字为日语和英国，而译本则为荷兰语。

日本与美国签订条约开启了与西洋各国签订不平等条约的序幕。1854 年 10 月 14 日，日本与英国签订了《日英修好条约》，同意向英国开放长崎、箱馆两港，给予英国最惠国待遇，承认英国指挥官有权处置违反日本法令的官兵，实际上承认了英国在日的治外法权。

1855 年 2 月 7 日，日本与俄国订立了《日俄修好条约》。通过条约，俄国取得了抚岛以北的日本固有领土千岛群岛，并首次将领事裁判权写进条约文本。看到西方列强一个个在跟日本签订的条约中获得了巨大利益，与幕府保持了 200 余年来往的荷兰心有不甘，也开始蠢蠢欲动起来。1856 年 1 月 30 日，双方签署了《日荷修好条约》，这项条约的签订使荷兰不费吹灰之力便均沾了美、英、俄三国对等的权益，荷兰在日本的势力越发壮大。

1856 年 8 月 21 日，根据《日美修好条约》的规定，顿赛德·哈里斯作为首位美国驻日本总领事，乘军舰来到日本下田港。于 9 月 4 日，在下田开设领事馆并举行了升旗仪式，成为第一个驻日本的外国使节。

▼美国驻日本第一总领事顿赛德·哈里斯

幕府与各国签署的不平等条约，使得日本从一个封建的农业岛国逐渐走向沦为半殖民地的危险边缘。通过自由通商，大量廉价的西洋商品销往日本，同时日本的生丝、棉花等原料产品则被掠夺，日本传统的纺织业遭到严重打击，手工业者破产，生活陷入困境；而在与各国签订的条约中都规定金银可免税输出输入，于是列强大量套购日本黄金，致使日本黄金大量外流，钱价下跌，物价暴涨，经济陷入一片混乱。

为了摆脱贫困，贫民和下级武士纷纷发起暴动，争取自己的权利，而社会的动荡也使各地大名看到了幕府的软弱无能，他们采取自强的改革措施，促进当地社会经济的发展，成为了可与幕府抗衡的“强藩”。德川幕府的统治处在了摇摇欲坠的边缘。

相关链接

1854年9月7日，英国东印度舰队司令斯特林少将，率舰队因追击俄国舰队而闯入日本长崎港。在与长崎奉行水野忠德的交涉过程中，斯特林要求日本保持中立，可以拒绝向英俄两国提供维修舰船的便利。但担任翻译的译员乙吉英语水平太低，竟误译为英方要求给予维修军舰并补充给养的权利。水野以为斯特林提出了与佩里相同的要求，在请示幕府“老中”阿部正弘后，10月14日与斯特林订立《日英修好条约》。《日英修好条约》使英国轻而易举地获得对日殖民权益，斯特林喜出望外，英国外交部也愉快地迅速批准了因日方人员失误而订立的条约。

尊王攘夷与倒幕运动

就历史的经验而言，新时代的开启必定充满了诸多的险难与波折，往往交织着奋进与屈辱的历史，而唯有如此，新时代的到来才带有更多的创造性。新体制的创造、新生活的创造、乃至于新国民的创造，犹如凤凰涅槃，浴后重生，以新的姿态面对这波澜壮阔的时代。无疑，对于明治维新时期的日本来说，它必将承受这样的煎熬。

佩里武力叩关，使得德川幕府打破常例，问政于京都的孝明天皇，这一举动不仅提高了天皇的地位，也暴露出日益没落的幕府统治正在逐步失去自身的权威。随着大量攘夷派人士聚集到京都天皇的麾下，其坚持的“攘夷论”观念与原本就在京都占据统治地位的“尊王”思想相互融合，形成了效忠天皇，驱逐外夷的“尊王攘夷”思想。

安政五年，即 1858 年 7 月，幕府“大老”井伊直弼迫于美国压力，在没有孝明天皇敕许的情况下，径自与首任美国驻日本领事哈里斯签订了《日美修好通商条约》。这一举动引起了天皇的不满。一些主张攘夷的强藩藩主策动天皇下诏，拒不批准签约，并历数幕府丧权辱国的行径，号召各领国起来反抗幕府。

“尊王攘夷派”的这一行为惹怒了幕府，从 1858 年 10 月到 1859 年的春天，幕府对京都的“尊王攘夷派”志士进行了大规模的抓捕，吉田松阴、桥本左内、赖三树三郎等领袖相继被暗杀，作为支持者的藩主也被流放或关押，其余受此牵连的百余人均被判刑，这一事件被称为“安政大狱”。“尊王攘夷”受到严重挫折。

为了替死去的志士报仇，水户、萨摩两藩的“攘夷派”志士在 1860 年 3 月 24 日发起了一次暗杀行动。他们的目标就是造成“安政大狱”的幕后黑手井伊直弼。这一天天空飘着细细的白雪，17 个

为什么说“樱田门事变”是明治维新的导火线？

1860 年倒幕运动开始于樱田门外，水户、萨摩两藩浪人刺杀了井伊大老。幕府的崩溃，就是自樱田门外开始的。虽然说暗杀这种政治行径在历史上几乎没产生过什么积极的效果，但这次事变则是一个例外。如果肯定明治维新，就应肯定作为其开端的这次事变。

水户藩志士人和1个萨摩藩志士埋伏在井伊直弼宅邸附近的樱田门，伺机行刺。当井伊直弼乘坐骄子由60人组成的护卫队从家中出来时，志士们发动了突袭。虽然井伊直弼的护卫在人数上占有优势，但因事出突然，护卫一时没有反应过来，志士们利用这一时机，接连砍翻几名护卫，直接冲到骄子里，砍下井伊直弼的首级，然后四散逃匿。这一过程中，有几名志士先后被砍成重伤，后切腹自杀而死。有8人带伤向官府自首，2人在逃亡途中被幕府抓捕，1人于逃亡两年后自杀，只有2人在逃亡后得享余年。

“公武合体”是指什么?

公武合体，又称为公武合体论、公武合体运动、公武一和，是日本江户时代后期的一种政治理论，主旨是联合朝廷（公家）和幕府（武家）改造幕府权力。此政论获得幕府和部分大藩属的支持，主要目的是要结合朝廷的权威，压制当时的“尊王攘夷”运动，以避免幕府倒台，和进一步强化幕府的地位。

为了不在双方之间造成更大的对立，也为了取得权力的平衡，幕府实行了所谓的“公武合体”。“公武合体”实际上是幕府和天皇相互妥协的产物，由此，原先支持“攘夷”的孝明天皇也转而支持“公武合体派”，并将自己的妹妹和宫嫁给了幕府的第十四代将军德川家茂。天皇朝廷希望以这种方式使“公武合体”得以巩固，天皇的权威也能因此加强。但是天皇的举动让一部分“尊王攘夷派”很是不理解，他们纷纷表示反对天皇与幕府联合。

为了巩固权力，1863年，“公武合体派”驱逐了“尊王攘夷派”在京都的势力，掌握了政局的主导权。1864年，幕府对“公武合体”进行改革，建立了由幕府和各地强藩大名组成的参领会议，这实际上又企图架空天皇的权力。

虽然京都的“尊王攘夷派”遭到驱逐，但是地方强藩的“尊王攘夷”依旧如火如荼。长州藩和萨摩藩是地方“尊王攘夷”的中心，他们驱逐了幕府派驻本地的官员，对美、英等国的船只和人员进行炮击和杀害。这一举动引起了西方列强的不满，美、英、法、荷等四国对长州藩和萨摩藩进行了严厉的报复，迫使两藩屈服，并要求赔偿战争损失。而此时，对“尊王攘夷”愈演愈烈的长州藩和萨摩藩强烈不满的幕府也发动了对两藩的征讨。在内乏外攻之下，长州藩和萨摩藩只好向幕府屈服，保守势力重新掌握藩政，“尊王攘夷”志士被迫逃亡。

斗争的失利使“尊王攘夷派”认识到若想抵御外国侵略，使本国独立富强，必须先打倒软弱无能的幕府。“尊王攘夷派”随即改变战略，由“攘夷派”转化成了“倒幕派”。1867年1月30日，孝明天皇去世，16岁的睦仁太子即位。在倒幕派的鼓舞和支持下，1867年12月9日，睦仁天皇实行“王政复古”，废除摄政、关白、幕府，设立“总裁”、“议定”和“参与”三个新职务；发布《王政复古大号令》作为施政纲领。

看到新天皇的一系列举措后，为了试探天皇的用意，幕府将军德川庆喜以退为进，向朝廷提出辞去将军一职。倒幕派认为其是在假意拖延，因为德川庆喜即使去职，还是拥有大量的直辖领地和武装，这些都对天皇权力构成威胁。倒幕派决定对德川庆喜的势力采取彻底的打击，但是没等他们动手，德川庆喜却先下手了。

1868年1月26日，1.5万名幕府军兵分两路朝京都进发，第二天早晨，一路8000人来到京都附近的伏见，另一路7000人来到鸟羽，准备对京都形成包围。倒幕派立即组织实力最强的长州藩和萨摩藩分兵御敌。当时的倒幕军人数只有幕府军的三分之一，但是他们装备精良，士气高昂，并且还受到百姓的拥护和支持。

▲1868年1月29日萨摩军与幕府军在鸟羽、伏见一带的激战

1月27日黄昏，幕府军开始发动进攻，遭到了倒幕军顽强的阻击，幕府军未能前进一步，而倒幕军猛烈的炮火却使幕府军伤亡惨重。幕府军决定趁夜色发起突袭，但是倒幕军早有准备，突袭失败。到次日清晨，幕府军开始溃退，倒幕军乘胜追击，于1月30日攻占了大阪，原本在大阪等候胜利消息的德川庆喜在城破前已乘坐军舰从大阪逃到了江户。倒幕军专攻江户，江户守军无心抵抗，投降了倒幕军。德川幕府近300年的统治宣告终结。之后，德川庆喜被封于静冈，后迁至骏府，1913年，他因肺炎去世，享年77岁，他是德川幕府历代将军中最长寿的一个。

长达260年的江户时代，与这位最长寿的德川幕府将军一起，随着德川幕府统治的结束都沉入了历史的深渊之中，成了仅供回忆与追思的过往。然而，时间对此未表现出丝毫的同情与怜惜，只是头也不回地继续狂奔向前，因为接下来的日子可能会更精彩。

相关链接

1862年9月14日，在横滨郊外一个叫生麦村的小村庄，四个英国人因没有按当时的规矩给武士让道而遭到武士的砍杀，造成英国人1死2伤，史称“生麦事件”。1863年8月11日，英国人向萨摩藩提出要求处罚“生麦事件”的肇事者，并向受害者家属赔偿2.5万英镑，遭到萨摩藩拒绝。

1863年8月15日，英国舰队扣住了萨摩藩的三艘蒸汽船。中午，萨摩藩的岸防炮向英国人发起攻击，英国人被打得措手不及。随即，英军使用100门炮攻击炮台和鹿儿岛城，萨摩藩大败。1863年11月15日，英国和摩藩萨在横滨议和，萨摩藩同意赔款。

》专题 艺伎春秋（一）

阿国，不是一个国，而是一个女子，这个女子在她 32 岁的时候，在京都四条河原进行了一场被后人称为“歌舞伎”的表演，这种表演似梦似幻，窈窕缥渺，令人如痴如醉，很快就受到了人们的欢迎。不过阿国不会想到，自己开创的这种舞蹈形式会对“艺伎”的产生造成影响。也许她并不希望这种事情的发生，因为任何一个“艺术家”都想让自己变得更为纯粹，然而，历史，或说事物本身的发展总是超出人们的想象。

1603 年，也就是德川家康在江户城设立幕府的同一年，一个来自出云国的铁匠之女阿国来到古城京都，以边跳舞边歌唱的形式进行艺术表演，极受当地人的欢迎。这种表演形式经过长期发展，成为了被日本人称为“国剧”的歌舞伎。1607 年，阿国将这种表演形式带到了因幕府的设立而逐渐繁华起来的江户，一时间满城轰动，歌舞伎因此也就在江户流行开来，欣赏歌舞伎成了当时的高官显贵主要的娱乐消遣方式。

歌舞伎的广受欢迎，引起了当时在各地巡回表演各类杂耍的流浪艺人的注意，为了吸引观众，一些流浪艺人开始模仿起歌舞伎这种表演形式，这些模仿者多为女性，因此被称为女歌舞伎。由于流浪艺人的特殊性质，这些女歌舞伎从业者的主要表演场所是“茶屋”。“茶屋”原先只是供统治阶层专门饮茶的场所，后来随着女歌舞伎的加入，逐渐演变成以歌舞表演为主的娱乐场所，喝茶倒成了其次。

▼日本的艺伎

1617 年，德川幕府在江户的日本桥附近的吉原专门划出一块土地，将当时已经公开化的私娼迁入其中，形成幕府控制并垄断的卖淫区，称为“廓”。随着“廓”

▲日本浮士绘中的艺伎

的发展，幕府还将以经营歌舞伎为主的茶屋迁入吉原，纳入德川幕府统一管理。虽然如此，仍有许多从事女歌舞伎的流浪艺人在吉原之外活动，但是失去了茶屋的依托，这些女歌舞伎从业者的生活不可避免地陷入了困境。为了摆脱这一局面，这些流浪艺人以表演女歌舞伎的形式，卖艺又卖身，逐渐形成了暗娼群体。

为了增加“廊”的收入，充盈幕府的税赋收入，德川幕府于1629年下令禁止吉原之外女歌舞伎的表演。女歌舞伎遭到禁止后，由年轻男子为表演者的男歌舞伎逐渐流行开来，且暗地的女歌舞伎表演依然在进行。1651年，江户町奉行石谷贞清下令禁止男歌舞伎表演，随着男歌舞伎的没落，一直处于“地下活动”的女歌舞伎又再度兴盛起来。

此时的江户，已不像幕府设立之初那样只有茶屋一种消费娱乐之所，随着商品经济的发展，流动人口的增加，在江户城里，旅店、剧场相继出现，为女歌舞伎从业者提供了新的表演舞台。为了配合新的环境，女歌舞伎从业者的表演内容也发生了相应变化。为了增加表演情趣，激发客人的兴趣，表演者也往往陪客人玩闹游戏，逐步演变成了艺伎。这时的表演者大都已是只卖艺不卖身了。

艺伎最初被称为“女舞伎”，在1736年到1741年间，艺伎与女舞伎并称，直到1750年以后，才统称为“艺伎”。艺伎的受业传道来自艺伎馆，艺伎馆相当于艺伎的家，“家长”被称为“妈妈”，大多也是艺伎出身。“妈妈”不仅要负责传授有关艺伎的各种经验和行规，还要负担她们的生活开支，而艺伎馆的收入则来自艺伎表演所得。

在二战之前，艺伎主要来自贫苦人家，她们十来岁就被卖到艺伎馆，称为雏伎。这些雏伎很大一部分时间需要用来照顾成年艺伎的生活，艺伎馆的日常打扫也由她们负责，起得比谁都要早，睡得比谁都要晚，对于成年艺伎的打骂责怪不能有任何抱怨，久而久之，这些雏伎养成了比一般女性更温柔顺从的脾性。雏伎到了13岁，便可以在正式艺伎的带领下，走出艺伎馆为客人进行表演，这时候的艺伎被称为“半玉”。“半玉”的收入只有正式艺伎的一半。旧时艺伎的收入是以表演次数来计算的，燃一炷香为一次，一次的费用叫做一枝花。近代以后，艺伎的收入则按小时来计算。

“半玉”的收入要全数交给艺伎馆，即使成为正式艺伎后，也是如此，有所不同的是，“半玉”不能收取客人的小费，而正式艺伎则可以，这也是正式艺伎的主要经济来源。只有当艺伎全数还清了艺伎馆为培养她而付出的包括吃、住、衣服在内的费用后，她们的收入才能全部归自己。这时的艺伎可以继续留在艺伎馆，也可以出去自己开设艺伎馆，当然，也可以从此脱离这个行业。

手抱三弦上画楼，
低声拜手谢缠头。
朝朝歌舞春风里，
只说欢娱不说愁。
——黄遵宪

艺伎表演时所用的乐器，主要以三味线和鼓为主。三味线是一种弹拨乐器，约在 16 世纪后期从中国传到日本。日本艺伎所使用的三味线长一米，用猫皮或狗皮制成。艺伎使用的鼓分为大鼓和小鼓，大鼓用槌敲击，小鼓用手拍打，相传是唐末经朝鲜半岛传到日本。

无论是三味线还是鼓，其音色都非常单纯古朴，正因如此，它们对表演者的节奏要求尤为严格。只有经过严格的演奏训练，具有独特艺术理解力的艺伎才能演奏出令人如痴如醉的音乐来。

除了演奏乐器，舞蹈也是艺伎表演的主要内容。艺伎所跳的舞，轻柔曼妙，缓慢而富有节奏。跳舞时，艺伎脸上一般都没有表情，主要以双手的动作和身体的姿态来表达内心情感。

艺伎所穿的和服与一般人的不同，是和服当中最华丽的一种。艺伎每次出门表演，都会因季节和场合的不同而改变和服样式。有时出席重要的宴会，和服的肩膀两头还要缀上艺伎馆的家徽，以示对客人的尊重。艺伎的妆容也与一般人的大为不同。艺伎的脸、脖子、前胸、后颈都是白色。这层白不是面霜，而是一种白粉，这些白粉含有化学成分，常年使用，往往导致艺伎未老先衰。一些艺伎为了避免自己过早老去，发明了一种用鸟粪制成的白粉。

除了会演奏令人陶醉的乐曲和表演动静相宜的舞蹈，向客人展现女性最为优雅迷人的气质和修养，也是艺伎这一职业所要承担的任务。由于从小受到严格的训练，艺伎深知客人的需求。她们往往将女性气质表现得时而神秘，时而清朗；时而小鸟依人，时而妩媚多姿，让客人沉醉在这一美妙的仪态当中，欲罢不能。为了应对各种类型的客人，除了弹奏和舞蹈，较之一般人，艺伎还具备深厚的文学修养，她们常常以此来吸引男性，让他们沉浸在虚幻的情感当中。客人来的次数越多，艺伎的收入也就越丰厚。

一般来说，从业时期的艺伎是不能结婚的，只有在不做艺伎以后才可以。但是艺伎也有所谓的“模拟婚姻”，这种婚姻形式被称为“水扬”。“水扬”当中的模拟丈夫被称为“相公”。通常情况下，艺伎在16岁时，艺伎馆就要为她举办“水扬”。在这种模拟婚姻中充当“相公”的人不是大财阀就是政府高官，一般人均不在艺伎馆的考虑之列，这是为了艺伎在以后的从业过程中能有这样的强势人物时时关照。

做艺伎的“相公”需要先付给艺伎馆一大笔钱，犹如民间结婚习俗中的“定礼”。在付上定礼之后，“相公”还要花钱置办风光体面的酒席，邀请社会上的重要人物，向大家宣布自己要做某某艺伎的“相公”，希望大家提携之类。酒席结束后，这个艺伎的初夜权也就归属于这个“相公”了。

▲相拥取暖的吉原艺伎

地震震塌了东京、横滨地区大多数的建筑，几百万人无家可归，政府不得不宣布临时执行特别的军事法，以遏制迅速增长的骚乱和恐慌。没有地方栖身的艺伎们不得不靠彼此的体温抵抗飒飒的秋风。

这种模拟婚姻因人不同，长者能维持几年，短的也就几个月，甚至在水扬仪式结束后彼此的关系就宣告终止。在模拟婚姻关系存续期间，“相公”要每月付给艺伎一定的生活费，还要承担艺伎购置衣服和化妆品的费用。在艺伎圈子里，艺伎对自己的“相公”一般不直呼其姓名，有了“相公”以后，艺伎虽然依旧能接待别的客人，但是不能和客人单独会面，更不能和其他客人发展亲密的关系。

二战期间，艺伎作为日本这架战争机器的重要组成零件，从为一般客人进行表演，变成了为当时整个日本进行“表演”的工具。她们被当局强行组成慰安队，成为随军的军妓，有的艺伎则脱下华丽的和服，穿上短衣，去工厂进行劳动，或是为提振士气参加义务演出。

整个二战期间，日本百业萧条，国家经济面临崩溃，为了挽救自己的败运，从服装穿戴到各种行业，当局都作出了各种限制性规定，很多饭店、茶屋、艺伎馆受法令影响，被迫关门歇业，大批技艺失去了工作。艺伎业面临死亡的绝境。

1945 年 8 月 15 日，日本宣布无条件投降，美国麦克阿瑟将军率领盟军登陆日本，开始了对这个国家的“改造”。出于自身利益的考虑，美国对日本的“改造”采取的是积极的扶持政策。因此，日本很快从绝境中走了出来，尤其是 1955 年以后，日本经济开始高速发展，百姓的生活水平有了大幅提高，社会上又出现了灯红酒绿的繁华景象。经济的发展，也使艺伎业走上了复兴之路。

到 1960 年以后，泡温泉、看艺伎成了旅日游客最惬意的观光内容。这一时期，企业出于招待重要客户、召开商务宴会的需要，对艺伎的需求也在快速增加，这也为艺伎的复兴提供了一条道路。当然，战后艺伎业的复兴也包含了日本人对传统文化的价值观的回归。由于从明治维新开始，日本习惯于一切向“西”看，至二次世界大战，侵略战争失败，受美国支配，西化现象更是比比皆是。上世纪 50 年代以后，与经济的飞速发展成相反态势的是日本人的精神世界的日益没落。为了挽救逐渐迷失的自我，人们不断地寻求日本民族的文化根源。而艺伎身上所体现的日本传统文化之美，寄托了人们对传统日本的恋古情思。这时的艺伎，也从酒席茶屋之中的歌舞演绎，变成了传统文化的一大载体。

相关链接

京都的祇园，是日本最具代表性的花柳街。据说 20 世纪 30 年代，祇园有个 14 岁出道的艺伎，名为阿雪，擅长胡琴，美国大亨摩根的外甥对她的娇小身躯和黑发一见钟情。但是阿雪已经有了恋人，只能拒绝他。这个大亨的外甥用了 4 万日元的天价，软磨硬泡了三年，终于抱得美人归。此事在当时的日本十分轰动。

》专题 艺伎春秋（二）

艺伎虽为弱小女子，但其看似孱弱的身躯里却也隐藏着坚毅和果敢，在身份制时代，只有她们才有勇气对随时可取人性命的武士展现自己的傲慢，手执利刃的武士对此也没有丝毫脾气；而在明治维新前的“尊王攘夷”运动中，一些颇具侠气的艺伎又在其中扮演着重要的角色，演绎了一出又一出惊险刺激的人生大戏。

1854 年，美国东印度舰队司令佩里率领舰队，用坚船利炮打开了日本封闭了 240 多年的国门，此后，西洋各国纷纷在日本建立自己的领事馆。德川幕府的软弱引起了各地领国的不满，为了转移矛盾，幕府将外交权力交给了当时的孝明天皇，让其与外国人交涉，企图将天皇推向风口浪尖，自己坐收渔翁之利。然后令幕府没有想到的是，看似奇妙的一招，到头来却是搬起石头砸了自己的脚，最终葬送了自己的统治。

随着天皇掌握处置对外事务的一切权力，一些原本对幕府就心存不满的各地武士纷纷来到京都，明着帮助天皇出谋划策对于外国人，暗地里却在策划着如何打倒幕府。没多久，幕府逐渐感受到了来自武士阶层的威胁，于是很快加强了对京都的警戒，派出武士暗杀那些反对自己的倒幕武士。随着两派势力的争斗，原本不问世事的艺伎也加入其中，分为“佐幕”艺伎和“尊王”艺伎。

▲正在表演三味线及日式横笛的资深艺伎

江户末期，在京都最有名气的艺伎当数“岛村屋”艺伎馆的头牌艺伎君尾，她长年在一家名为“鱼品”的茶屋进行表演。1862 年，来自长州藩的尊王武士井上馨走进了“鱼品”的大门，在挑选艺伎的时候，他一眼就被君尾给吸引了，君尾对他也是一见钟情，两人暗地里开始了交往。

交往没有多久，因要与同样来自长州藩的伊藤博文去江户火烧英国领事馆，井上馨与君尾暂时分离，据说分离前，井上馨还给这个他心爱的女人写了封情书。井上馨走后没多久，幕府实力派人物岛田左近看上了君尾，想要讷她为妾。一般艺伎对于能做他的妻妾求之不得，但君尾却拒绝了他。她的这一举动一时传为美谈。但是没过几天，井上馨委托朋友找到君尾，让他答应岛田左近的求婚，在他身边作卧底，刺探幕府的情报，君尾二话没说便答应下来。此后，尊王武士欲除掉岛田左近，君尾暗中配合，虽然第一次行动失败，但在第二次行动中终将这个幕府的重要人物杀掉。君尾为尊王派立下了一大功劳。

除了帮助尊王派除掉幕府武士，君尾还多次救过被幕府武士追杀的尊王派武士。其中最有名的就是后来被称为“明治维新三杰”之一的木户孝允。1864年8月18日，尊王派武士准备从京都夺回天皇。然而行动被幕府发觉，他们加强了京都的防卫力量，尊王派因寡不敌众，行动失败，大部分尊王武士不是战死就是切腹自杀，只有包括木户孝允在内的极少数人有幸逃脱。这件事情就是日本历史上有名的“禁门之变”。

木户孝允很快又悄悄潜回京都，以刺探京都里幕府势力的动向。但是他的行踪被幕府发现，并很快被抓获。在被押往江户的途中，木户孝允趁机逃脱，来到了京都的艺伎聚集区躲避追捕。他逃进的一家茶屋里，几个幕府武士正在寻欢作乐，他们见木户孝允行迹可疑，准备上前盘问。这时君尾恰好在场。因为井上馨的关系，君尾对同样来自长州藩的木户孝允非常熟悉。此刻，君尾一见来人是木户孝允，急忙对幕府武士说，这是自己的帮佣，然后走到木户孝允面前给了他几个耳光，斥责他为什么没把自己要的东西带回来，要他马上回去取，木户孝允这才得以脱身。明治维新以后，君尾置办了一栋豪宅，安享富裕的晚年。

从茶屋脱身后，木户孝允来到了曾经结识的艺伎几松之所。几松与君尾一样，也是当时有名的艺伎，拥有自己的住所。木户孝允初来京都，见到几松的第一面就爱上了她。但因为一直奔劳于推翻幕府统治的运动中，没有太多机会与几松缠绵恩爱。这次“亡命京都”，他又想起了几松。逃到几松家后，几松在自己院子里盖了个小屋，

日本艺伎是否就是妓女?

艺伎并非妓女，是一种在日本从事表演艺术的女性。除为客人服侍餐饮外，很大一部分是在宴席上以舞蹈、乐曲、乐器等表演助兴。她们的交易是满足男人们的梦想——享乐、浪漫和占有欲。通常与她们交易的，都是上层社会有钱有势的男人。在昂贵的餐厅和茶舍里，谈论生意的男人们喜欢请一位艺伎相伴，为他们斟酒上菜，调节气氛。

让木户孝允扮成佣人住在里面。但是时有幕府的人过来盘查，几松觉得这样躲下去迟早会出事，于是让木户孝允装成和尚躲在庙里。

在躲避幕府追杀的过程中，由于行动不便，几松承担起了主要的联络工作。她协助木户孝允达成了长州藩与另一强力领国萨摩藩的联盟，为推翻幕府统治奠定了坚实的基础，这其中木户孝允功劳最大，而几松也是功不可没。随后，木户孝允与几松在长州结为夫妻。

1877 年，木户孝允因病去世，几松出家为尼，在木户孝允墓所在的香院隐居，与木户孝允墓相伴至 1886 年去世。真可谓生前患难，死后长守。

相关链接

▲娇美的中村喜春

1913 年，中村喜春出生在东京银座，父亲是医生，家教严格。16 岁那年，她不顾家庭反对毅然投身艺伎行列。欣赏中村喜春表演的客人多为巨商名流，著名影星卓别林到日本访问时也曾看过她的表演。27 岁那年，中村喜春与一名日本外交官结婚，后因发现丈夫的婚外情，最终以分手收场。离婚后的中村喜春重当艺伎，并以出色的三味线技艺，为当时冷清的日本舞坛注入了全新气象。1956 年，中村喜春移居美国，以教授日本音乐和舞蹈为生，还受聘于大学，教授日本文化。她还曾经担任著名歌剧《蝴蝶夫人》的顾问，教人们如何穿和服以及其他日本礼仪。在她 70 岁的时候，还出版了自传《东京艺伎回忆录》。

第六章

近代的扩张与侵略

从安内到扩张，明治维新使日本焕然一新的同时，也使它走上了一条不归路。取琉球、侵朝鲜、甲午战争后又割占台湾，日本在一次又一次的战争中获取了巨大的利益。这时的日本，与其说是“神之国”，不如说是“战争之国”、“杀人之国”。其野心在“无一例外”的得逞中无限度地膨胀，如同一个气泡越吹越大，没有人怀疑它会破裂。

明治维新

倘若我们把“明治”理解为“明智”，便会发现，明治天皇和他的臣僚在当时复杂的内外形势下，是多么“明智”地选择了自己的发展道路。这条道路既曲折又宽敞，既给日本带来了无尽的好处，也给邻邦带来了无尽的灾难。不过，百年之后我们再回眸那段“明治维新”的岁月，在感叹清末“百日维新”失败的同时，也将意识到，国与国最大的差距并不在技术，而在于精神。

德川幕府退出历史舞台后，日本的武家制度也随即走向了终结。以睦仁天皇为首的新政府决意发展经济，富国强兵，实现民族振兴，摆脱西洋诸国的控制，将日本带入现代化强国的行列。

1868年9月3日，睦仁天皇下诏将江户改称东京，10月23日取《易经》“圣人南面而听天下，向明而治”之意，改年号为“明治”，于第二年将首都从京都迁到了东京，随即颁布并实施了一系列的革新措施，走上了具有资本主义性质的现代化改革之路。史称“明治维新”。

维新的头一炮是从建立中央集权式的政治体制开始的。1869年6月，明治政府开始实行“版籍奉还”和“废藩置县”政策。所谓“版籍奉还”是指各领国将领地和百姓的统治权上交中央政府，领主失去特权，成为政府官员，以政府俸禄为生；“废藩置县”是在“版籍奉还”的基础上废除各藩国，以府、县的行政建制将全国分为3府72县，这3府分别是东京、大阪、京都，至1888年，后又并为3府42县。

明治政府还对身份等级制进行了改革，废除了“士、农、工、商”的四阶身份制，废除了公卿及各地藩主的贵族称号，统一称为“华族”；将藩主以下的武士改为“士族”；同时颁

▼年轻的明治天皇

1868年，16岁的明治天皇及其幕僚从幕府将军德川庆喜手中接过统治大权。明治天皇勇于接受西方风俗，从1872年起他就带头剪掉发髻，穿起西装，这张照片是他25岁时身着欧洲军装所照。

布了《废刀令》，禁止武士使用武士刀，并对全国人口重新进行登记，颁布《户籍法》，建立现代化户籍制度。

在身份制改革中，受冲击最大的是那些“士族”。1876 年，明治政府颁布了《金禄公债条例》,用发行公债的方式一次性买断了“华族”和“士族”的俸禄，原本俸禄很高的“华族”获得了较高的公债额，而“士族”俸禄原本就低，所得公债额自然少得可怜，在华族享受荣华富贵时，“士族”，尤其是其中的下级武士的生活失去了依托，成为了社会的最底层。

▲走向世界

明治四年的11月，日本政府派出以岩仓具视、木户孝允、大久保利通为首的使节出访世界，一方面以主动和开放的姿态与各国建立外交关系，另一方面对各国国情做一番考察。随同使节团一同出发的，还有6名女留学生。使节团归国后呈交了一份详细的报告书，它成为日本实现近代化的重要基础。

1882 年，明治政府设立日本银行，统一货币，废除各藩设立的关卡，允许农民自由流动，土地也可自由买卖,并积极鼓励“华族”投资经营银行、铁路及其他企业，培植了一批财阀。随着经济的快速发展和各地人员来往的频繁，各地落后的交通状况急需改善。明治政府于是大兴土木，兴建公路和铁路，1872 年，日本的第一条铁路——东京至横滨间的铁路通车。到 1914 年，日本全国铁路总里程已经超过 7000 公里。

教育是提高国民素质和提升文明程度的重要方面，明治政府在财政并不宽裕的情况下，依然积极地发展近代义务教育。明治政府将全国划分为 8 个大学区，各设 1 所大学，下设 32 个中学区，各有 1 所中学，每 1 中学区下设 210 小学区，每一所小学区设 8 所小学。学校除了教授各类社会与自然科学知识外，还向学生灌输忠君爱国的思想，此外还向英、美、法、德等先进国家派出留学生。除了在学校教育中宣扬忠君爱国的思想，在民间，明治政府还大力鼓励神道教，并将其定为日本的国教，对国民进行思想控制。但是明治政府并没有限制其他宗教的存在，1873 年，明治政府取消了对基督教的禁令。

在司法方面，明治政府仿效西方列强的制度，以法国刑法为基准，在 1882 年订立了日本刑法；1898 年，以法、德民事法为基准，订立了混合式民事法；1899 年，借鉴美国商法，订立了日本商法。

明治维新的重中之重是强兵，为了扩充国防实力，明治政府大力兴办国有的军工企业，同时，还积极鼓励各私人大财阀投资军工生产，并给予税收上的减免。1872 年，明治政府颁布了《征兵令》，要求凡年龄达 20 岁以上的成年男子一律要服兵役。现役为 3 年，预备役为 2 年，后来随着对外扩张的需要，将现役改为 3 年，预备役为 9 年。在全国总动员的情况下，兵员达 40 万人。

随着经济的发展和人们生活方式的改变，社会文化也显现出不同以往的精神面貌。人们开始从单纯的物质追求转向了对西方生活和行为方式的钟情，日本社会开始慢慢地走向西化。由天皇带头，人们热衷于穿洋装，看戏剧，跳交谊舞。同时，在观念上也逐渐有了现代化的倾向，比如守时、讲究卫生等。

随着国力日渐充实，日本不断地跟西方列强交涉，要求废除以前幕府与之签订的不平等条约。自 1894 年起，日本开始就废除条约陆续和列强展开了谈判，到 1911 年，所有的不平等条约全部废除。而就在逐步摆脱西方列强控制的同时，日本对外扩张的野心也日渐显露，1874 年，日本出兵侵略台湾，虽然在台湾人民和清军的抵抗下，没有得到任何便宜，却因为清朝政府的软弱无能，意外地获得了巨额的赔款。1875 年，日本军舰侵入朝鲜领海，蓄意挑衅，遭到守军炮击，明治政府以此为借口，逼迫朝鲜签订了《江华条约》，由此日本侵略势力进入朝鲜。1879 年，日本并吞琉球国，改为冲绳县。至 19 世纪 80 年代末，以并吞朝鲜、侵略中国为主的所谓“大陆政策”基本形成。

“明治维新三杰”指的是哪三人？

1868 年，革新派实行“明治维新”，废除封建割据的幕藩体制，建立统一的中央集权国家，恢复天皇至高无上的统治，发展资本主义，并逐步走上对外侵略扩张的道路。在明治维新的众多元勋当中，担任最重要角色的是西乡隆盛、大久保利通、木户孝允三人，被称为“明治维新三杰”。

相关链接

明治维新以后，日本政府对本国的“少数民族”阿伊努人采取同化政策，让阿伊努人集中居住在指定的地域内，放弃渔猎改行农耕，并对其居住、就业等加以种种限制，从而使阿伊努人的生活方式乃至心理素质都发生了巨大的变化。现在，阿伊努人多已使用日语，原有的宗教、文化和生活习惯也大都消失。现约有 2.5 万阿伊努人生活在北海道，他们主张保护自己的民族权利，消除残存的民族歧视现象。

侵占琉球国

对于强盗来说，他们的逻辑是——见者有份，或者说只要自己看上的就是自己的，别人不得染指，甚至连表达不同意见的机会也没有。在侵占琉球国的时候，日本就不折不扣地扮演了这样一个令人唾弃的角色。在这个演技绝佳的强盗眼里，琉球国是一块巨大的肥肉，但自从咽下这块肥肉起，他的日子就没再太平过。

琉球群岛，处于今日本与台湾之间，在《隋书》中被称为“流求”，《元史》中写作“瑠求”。12 世纪初，琉球群岛的南部、中部和北部分别出现了南山、中山、北山三国。1372 年，明太祖朱元璋命使臣杨载带着“即位建元诏”来到琉球群岛，告知这里的国家自己即帝位的消息。

“朕为臣民推戴，即位皇帝，定有天下之号曰大明，建元洪武。是用遣使外夷，播告朕意，使者所至，蛮夷酋长称臣入贡。惟尔琉球，在明朝东南，远据海外，未及报知。兹特遣使往谕，尔其知之。”

——朱元璋命杨载带到琉球的“即位建元诏”

朱元璋遣使来到琉球群岛后，位于中部的中山国王察度派遣其弟泰期等一行人随使臣杨载来到中国，向明朝进献了自己国家的珍贵物品，朱元璋则回赠了当时明朝实行的《大统历》以及绫罗绸缎。此后，琉球三国几乎每年都遣使来到中国，与明朝正式建立了朝贡关系，成为了明朝的属国。

1429 年，中山王尚巴志统一了琉球群岛，建立了琉球王国，此后，琉球国每一任国王都需要由明朝政府册封任命才能正式进行统治，没有得到明朝认可的王位继任者无权行使统治权。至 1550 年时，琉球王国达到其黄金时代。这一时期，琉球与周边国家，如朝鲜以及日本的贸易有了快速的发展。

在与明朝建立朝贡关系上的交往中，琉球王国广泛吸收了大陆先进的科学技术和文化成果，本国文明得到了很大提升。15 世纪下半叶，琉球王国产生了本土的音乐。受明朝影响，佛教于这时也盛行起来，崇信佛教的皇宫贵族在王国各地建造寺院。这些寺庙的方向一律向西，以示倾慕明朝、慕义向化之意。

明万历三十七年，即1609年，德川家康命令与琉球王国相近的鹿儿岛萨摩藩岛津家九率领3000士兵侵略琉球。由于受明朝保护近百年，岛内不见兵戈，虽然拥有精锐的皇宫卫队，但终因寡不敌众，琉球国王被岛津家九虏去，日本控制了琉球王国，并且派驻官吏监督琉球内政长达45年。为了换回国王，琉球只得同意德川幕府的要求，向其每年进贡8000石粮食。虽是进贡，但是在琉球看来，两国的地位并没有发生性质上的改变。琉球将向日本朝贡看成是正常的两国贸易。

1644年，明朝灭亡，清朝定鼎北京。琉球王国遣使来到中国请求册封。由于当时国内战乱尚未平息，而且清朝认为琉球王国还未将明朝赐给琉球国王的印信上缴朝廷，所以琉球王国第一次向清朝请求册封没能成功。

1654年，由于清朝的干预，日本势力退出了琉球王国，为感念恩德，1655年，琉球王国再次遣使来清朝朝贡。这回使者上缴了明朝的印信，希望能得到正式的封号。于是，顺治皇帝向琉球王国颁布了《敕琉球诏》，封琉球国王为尚质王，确认了琉球王国作为清朝属国的地位，规定了琉球王国的朝贡时间和所行人员的数目。到了康熙元年，康熙皇帝再次向琉球王国颁布了《敕琉球诏》。在这份诏书中，对琉球王国王位继承做了详细规定，只有被清朝敕封以后才能称王，没有敕封前，只能称作世子。

19世纪中后期，明治维新使日本走向了快速发展之路，在经济、文化、军事等方面逐渐赶上西方列强的脚步，同时日本对外扩张的野心也渐渐显露出来。

1868年，没有征得琉球王国的同意，日本的明治政府单方面将琉球王国划归鹿儿岛县管辖，并且加紧了对琉球内政的干涉。就在日本朝野盘算如何以更好的借口控制琉球时，一个突发事件使日本看到了彻底占领琉球的“希望”。

1871年11月27日，一艘载有66名前往中国进行贸易的琉球人

1871年
日本在全国实施废藩置县，琉球国被当作令制国编入鹿儿岛县。

1872年
日本宣布琉球群岛是日本的领土，不承认中国自1372年起对琉球的宗主国地位，宣布废除琉球国，设置琉球藩，正式侵占琉球。

1875年7月24日
日本明治政府派遣内务大丞松田道之赴琉球，强迫琉球国王停止向清朝朝贡礼仪，断绝与清朝的外交关系。

1879年3月11日
琉球藩被废除，设冲绳县。

▲日本吞并琉球后，中国上海《点石斋画报》的报道

的船只，在回国途中因遭遇飓风，漂到了今台湾南部，船上一些人因同台湾当地的牡丹社民发生冲突而被杀，其余人则由清政府送回琉球。这一事件被清廷称为“牡丹社事件”。

1873 年，日本遣使来到中国。到达北京后，使臣来到总理衙门，拜见了大臣毛昶熙和董恂。在与这两位大臣的交谈中，日本使臣谈起了“牡丹社事件”，询问清廷是如何处置犯事的台湾岛民的，毛、董二人淡淡言道：“杀人者皆属‘生藩’，系化外之民，朝廷不予追究。”这句话让日本使臣抓住了把柄，“化外”的意思就是清政府无力管辖的地方，既然清政府无力管辖，那么日本就要代表琉球王国为死去的琉球人向那些“化外之人”讨回公道。

当时的清政府依然将日本看成“小国”，认为日本人的话不过是一番笑谈。但是在清政府疏于防范之际，日本人却开始了其蓄谋已久的行动。行动是从海军将领桦山资纪与其部下装扮成大陆商人来到台湾进行秘密勘察开始的。在这次勘察中，日本获得了有关台湾沿岸地形的详细数据，为其日后武装登陆台湾做好了准备。

桦山资纪回到日本后，明治政府很快组建了以陆军中将西乡从道为总指挥的侵略军，准备出兵占领台湾。然而此时，明治政府却遇到了一个棘手的问题。由于当时的日本国力尚不强大，缺少大型的运兵船只，无奈之下，明治政府只好向正在积极向东方世界扩张的美国租借了“纽约号”邮船。不久以后，明治政府租借美国邮船一事传到了英国驻华公使威妥玛的耳朵里，这让他很是吃惊，他担心美国势力的介入会破坏英国在中国的利益。于是他向美国施加压力，迫使其宣布中立，但称邮船为民间船只，不在政府禁止之列。就这样，1874 年 5 月，满载 3000 名日本侵略军的美国邮船驶向了台湾，并在琅峤成功登陆。

英国公使威妥玛一直在关注日本的动向，当他得知日本军队登陆台湾后，立即向清朝政府报告了这一事件。清政府一开始对日本入侵并没有高度重视，以为只是日本不法之徒的骚扰。不久，负责外交事务的李鸿章在陆续接到英、德、美等国的报告后，才认识到此次事件的严重性，随即上奏清廷，请求派员处理台湾之事。

1874 年 6 月，清廷委任沈葆桢为钦差大臣，督办台湾军务。沈葆桢到台后，积极加强战备，坚守城池，在台日军虽然接连攻破了十几个原住民部落，却很难向台湾的市镇推进。由于补给不及时，加上水土不服，很多日本士兵得了传染病，死亡者接近整个侵略军的三分之一。遭受了巨大损失，耗费了巨额军费却没有占得丝毫便宜的明治政府只得命西乡从道撤军。

但日本并不甘心“无功而返”，9 月，日本内务卿大久保利通来到中国，通过英国驻华公使威妥玛和美国驻华公使忻敏向清政府提出条件，要求赔偿日本此次出兵台湾的军费。在英、美等国的“调停”下，中日两国签订了《北京专约》。清政府答应给日本死亡士兵 10 万两抚恤银，并对其在台修建的各类建筑以 40 万两白银购回。除了巨额赔偿，清政府还在《北京专约》中承认台湾“生藩”对日本国属民妄为加害，日军出兵是“保民义举”。正是这条规定，为日后琉球王国被日本侵占留了下隐患。

1875 年，日本以武力强行占领琉球王国，要求琉球王停止向清朝进贡，并废除清朝年号，改为日本明治年号。眼见情势危急，琉球王尚泰急忙派人向清政府求助。但因此时清廷正忙于跟侵扰新疆的阿古柏作战，无暇顾及琉球一事。收复新疆后又不全力处置琉球国之事，致使日本在 1878 年 4 月，单方面将琉球王国改为直辖的冲绳县，并将琉球王室迁移到东京看管，对琉球开始了殖民统治。

琉球形势的急剧恶化让清廷意识到了问题的严重性。1879 年 3 月，美国前总统格兰特来到中国，李鸿章希望格兰特能从中斡旋此事。但当格兰特进行调停时，日本人却拿出《北京专约》当中“日本国此次所办，原为保民义举，中国不指以为不是”一条，认为既然清政府承认日本出兵是“保民义举”，就等于承认了琉球是日本的领地，

琉球留学生在清朝有着怎样的待遇？

琉球学生来清朝后，清朝皇帝往往命给予琉球留学生以“都通事”（官职称呼）这个级别的待遇，每天的伙食非常丰富，四季会发给他们袍褂、衫袴、靴帽、被褥等，一应俱全，连从琉球来陪侍的从人也会对他们多加照顾。留学生如果在清朝病故，皇帝会“赐银百两，交礼官择近京地葬之，并以二百两赡恤其家”。

这让格兰特束手无策，也让清廷哑口无言。至此，因清廷的腐败无能，最终未能改变日本侵占琉球国的事实。

尝到甜头的日本，彻底看清了与自己一水之隔、大清朝这个“庞然大物”，竟然是如此的软弱。世人皆有欺软怕硬的劣性，在利益面前表现得尤其明显。于是，琉球成了一次试探性的举动，成了推动“大陆政策”最强的助力。

相关链接

如今的冲绳，是一个世人皆知的旅游圣地，琉璃般一望无际的海滩，珍珠般的岛屿，水天一色的古迹吸引着来自世界各地的游人。隋朝时，炀帝派人出海寻访异国，行至此处，见到一片珍珠般的岛屿，“若虬龙浮在水面”，遂取名流虬。到了唐朝，为避“龙”讳改名为流求。朱元璋时期，又以琉璃玉和珍珠球为喻，将其名美化为琉球。

甲午海战

国家之间的关系与人际关系颇为类似，倘若身边所立是个强势的人，恐怕会给心理带来难以言说的压力，不管那个强势的人事实上是如何的面慈心善。于是被影响的这个人要么远离对方,要么打倒对方。当 19 世纪末的日本远眺大清王朝的背影时，心中所想大概也是如此。当然，那时的情况恰好相反，日本正在崛起，而大清朝正在衰败。尽管如此，作为邻国，清朝的背影还是不可避免地遮住了日本往更远处“眺望”的视线，这令日本“寝食难安”。正如当时鼓吹对外侵略的日本首相山县有朋说的那样：“日本不希望有一个强有力的皇帝，日本所希望的是受日本控制的无能皇帝统治下的无能国家。”

在出兵台湾、侵占琉球获得巨大利益之后，日本的扩张野心越发膨胀。很快，它又将目光投向了邻国朝鲜。虽然在 1875 年，日本通过《江华条约》已经在朝鲜拥有了勘察海口、自由贸易及领事裁判等权利，然而，日本野心家欲壑难填，一心想将朝鲜变成自己的殖民地。

1882 年 7 月 23 日，由于一年多时间没有领到饷米，驻守京城的朝鲜士兵发起暴动，杀死众多的外戚权贵，并且还攻打了日本公使馆，处死了日本籍的军事教官。史称“壬午兵变”。躲过一劫的外戚集团的核心人物，朝鲜国王李熙王妃的闵妃（即后来的明成皇后）请求宗主国清朝出兵，而侥幸逃脱的日本公使花房义质回国后也要求日本即刻向朝鲜出兵。

清朝出兵朝鲜，很快抓捕了参加“壬午兵变”的士兵，以闵妃为首的外戚集团重新控制了朝政。而日本方面则派出了 1500 名士兵和四艘军舰，要求朝鲜赔偿在兵变中的所有损失，并且还获得了在朝鲜驻军的权利。由此，日本加快了控制朝鲜的步伐。1884年12月4日，在日本驻朝公使竹添进一郎的策动下，由金玉均、洪英植、朴泳孝等贵族青年组成的亲日派组织“开化党”，以“打倒清国”为口号，发动政变，推翻了亲中政府，成立了由亲日派主导的新政府。亲中派请求清朝出兵平乱，于是，清廷派袁世凯以保护藩属国为名，于6日率兵进入朝鲜王宫，杀死开化党领袖及大臣几十余人，而策动政变的竹添进一郎则焚毁使馆后，潜逃回国。

伊藤博文

日本长州人。藩士出身。1863年赴英国学习海军，回国后积极从事倒幕运动，后致力于制定日本宪法。1885年起四任内阁总理。1888年起三任枢密院议长，1889年国会组成，又任贵族院议长。他是中日甲午战争的主要策划者，战后任和谈全权代表，胁迫清政府签订《马关条约》，并一度任台湾事务总裁。1898年9月曾来中国，阴谋插手维新变法运动，因戊戌政变突发而离去。

明治天皇在听取了竹添进一郎的汇报后，立即增兵朝鲜，与此同时，为了稳定朝鲜的局势，清政府也向朝鲜派出了军队，形成两国对峙的态势。在不少人提出与清朝决一雌雄之际，以伊藤博文为首的一派人，看到了日本与清朝的国力差距。他们随即采用外交手段，联合西方列强向清政府施加压力，迫使清政府于1885年3月与日本签订了《天津会议专条》，由此确立了日本在朝鲜与清朝的同等地位。为了将清朝兵力彻底赶出朝鲜，实现侵占朝鲜的险恶目的，从这一年起，日本大力开展了针对清朝的扩军备战计划。

19世纪80年代中期的清朝，经过20几年的洋务运动，建立起了近代化的军事工业，军队装备了先进的火枪铁炮，1888年，更是建立了全亚洲最强的海军——北洋水师。然而，北洋水师在成军之后，就再没添置过新的舰船，1892年之后，连基本的弹药都停止购买。大量的海军军费被慈禧太后挪用，致使舰船得不到及时维护而渐趋老化。而日本方面，则每年以整个国家60%的财政收入来发展陆军、海军，其海军方面，采购的都是当时最新式的军舰，至1894年，日本海军在总排水量、舰船火力上都已超过了北洋水师。

这年，朝鲜爆发东学党农民起义，朝鲜政府请求清政府出兵协助镇压。清政府先后派叶志超、聂士成率兵赴朝，日本也不甘人后，向朝鲜派出军队。而此时，东学党农民起义已告结束，日本已无出兵朝鲜的借口，然而，日本并没有停止向朝鲜出兵，反而增派了军队。7月12日，日本外务大臣陆奥宗光电令驻朝公使大鸟圭介“目前有采取断然处置之必要，不妨利用任何借口，立即开始实际行动”。23日，大鸟圭介带领驻朝日军攻占朝鲜王宫，拘禁了李熙，成立了傀儡政府。

在大鸟圭介的指示下，25日，傀儡政府废除了与清朝的一切条约，并对清朝军队实施驱逐。这一驱逐行为的实施者是被傀儡政府“授权”的日本军队。这一天，日本陆军开始向驻守朝鲜牙山的清军发起攻击，海军则在朝鲜的丰岛海面突袭清朝军舰，击沉运兵船“高升”号。8月1日，清政府与日本同时宣战。“甲午战争”由此拉开序幕。

9月15日，1.6万日军向驻守在平壤的1.7万清军发起进攻。在太原镇总兵马玉崑、高州镇总兵左宝贵的指挥下，清军屡挫日军攻势，战至中午，日军毫无所获，不得不暂停攻击，退回驻地。此时的形势于清军有利，然而就在这时，清军统帅叶志超却贪生怕死，竟然举起白旗，停止了抵抗，并且率军向后撤退，15晚，日军占领平壤。

17日，北洋水师与日本联合舰队在黄海发生激战。此次海战，北洋水师共出动了10艘军舰，日本则投入了12艘军舰。北洋水师旗舰“定远”号首先向敌舰开炮，紧接着，北洋各舰一齐发炮轰击。经过5个多小时的激战，北洋水师损失了“致远”、“经远”、“超勇”、“扬威”、“广甲”5艘军舰，其中“广甲”号临阵脱逃，触礁自毁，官兵死伤千余人；日本联合舰队的“松岛”、“吉野”、“比睿”、“赤城”、“西京丸”5舰军舰受到重创，其中“赤城”、“西京丸”两舰在被拖行后不久即告沉没。

10月24日，由日本陆军大将山县有朋率领的第一军3万人向鸭绿江一侧的清朝守军发起了进攻。由于清军士气低落，加上各路人马不能统一调度，难以形成合力，被日军一一击破，至26日，日军便轻松占领了九连城和安东县（今丹东）。

就在山县有朋向鸭绿江一侧的清军发起攻击的同一天，日本的另一陆军大将大山岩统帅第二军在花园口登陆。11月6日，日军占领大连，于次日攻占大连湾，在这里休整数天后，兵锋随即指向了旅顺。当时的旅顺约有1.3万清军，但因守将潜逃，士兵群龙无首，无心应战，于21日被日军攻陷。占领旅顺后，日军对全城进行了惨绝人寰的大屠杀，旅顺成了人间地狱。

1895年1月20日，大山岩率领他的第二军在荣成湾龙须岛登陆，于30日配合海军对威海卫及停泊于港内的北洋水师发起连续性

《马关条约》之后李鸿章为什么“终身不履日地”？

在《马关条约》谈判之时，李鸿章要求再削减五千万两，最后甚至满眼含泪向伊藤博文哀求：“就算送给我回国的路费吧。”但伊藤博文根本不为所动。李氏父子只得无可奈何地在《马关条约》上签了字。因为《马关条约》的强烈刺激，李鸿章发誓“终身不履日地”。两年后他出使欧美各国回来，途经日本横滨，再也不愿登岸，当时需要换乘轮船，要用小船摆渡，他一看是日本船，怎么也不肯上，最后只好在两艘轮船之间架了一块木板，75岁高龄的老人就这样慢慢腾腾地挪了过去。

攻击。北洋水师提督丁汝昌、“定远”舰管带刘步蟾、“镇远”舰管带杨用霖先后自杀殉国。2 月 17 日，威海卫海军基地陷落，北洋水师全军覆没。

▼议和使李鸿章谈判之图

甲午战争耗时仅 6 个月便宣告结束。清政府不得不派出军机大臣李鸿章向日本请求议和，与李鸿章相对而坐的是日本时任首相伊藤博文。这一事件使仍处于西方列强阴影中的日本陡然间信心大增。

对于清政府来说，北洋水师的覆没不过是清军在辽东战场连遭败绩的开始，自 3 月起，日军先后攻牛庄，取营口，占田庄台。辽东半岛尽归日本之手。随着战争的失利，清廷决定与日本议和。4 月 17 日，清廷特命全权大臣李鸿章和日本内阁总理大臣伊藤博文在春帆楼签订了丧权辱国的《马关条约》,故《马关条约》又被称为《春帆楼条约》。

《马关条约》共 11 款，并附有“另约”和“议订专条”。其主要内容为清政府承认朝鲜是“独立”国家，不再与清朝有藩属关系；开放沙市、重庆、苏州、杭州四地为通商口岸，日本有权在这四地派驻领事官；将辽东半岛、台湾及其澎湖列岛割让给日本，赔付日本 2 亿两军费。

甲午战争的胜利，使日本获得了巨大的战争利益，尤其是清政府 2 亿两的赔款，让日本国库顿时充盈起来。日本将这笔巨额赔款的大多数用在发展军事上，使军事实力有了极大的提高，也使其一跃成为与西方列强平起平坐的亚洲“强国”。

相关链接

甲午战争时期，许多日本间谍在战争爆发前都只是“志愿者”，支撑这些间谍的机构，竟是一家日本的民营企业，名叫“乐善堂”。首领岸田吟香是日本的第一代企业家，他曾是军人，但因言论不当而被迫改行。1877 年，他在东京的银座办起了“乐善堂”，并将其分号开到了中国。从此，他通过在华的商业活动，以商养谍。乐善堂的所有人员分为“内员”与“外员”两种，一线的间谍们都安排在“外员”部门，对于山川土地的形状，人口的疏密，风俗的善恶贫富，都要求从军事和经济的角度进行实地调查。

地狱之城旅顺

没有人会对“地狱”投去喜悦的目光，更不会有人会主动去亲近它。无论是人们想象中的地狱场景抑或“地狱”这一词汇本身，都充满了令人汗毛耸立的恐惧与无措。但是，对100多年前的旅顺人来说，“地狱”是如此的接近，近得让他们无从回避，近得让他们没来得及诧异，就被恶魔夺去了生命。当人们翻阅关于这次屠城的史料时，在哀叹弱国子民悲惨命运的同时，对于“魔鬼”的暴行会有更深入的了解。

1894年11月21日，日军占领了旅顺，对全城百姓展开了疯狂的屠杀。

日军进攻旅顺前，在旅顺城内，有8位清军统领，1.3万名守军。但是8人互不隶属，各行其是，联络不畅，给统一御敌造成了诸多困难。尤为严重的是，这8个人从一开始就认为旅顺迟早会落入日本人之手，对固守丝毫没有信心。

11月17日，日本第二军兵分三路逼向旅顺。第一路为右翼纵队，第二路为左翼纵队，第三路为骑兵搜索队。18日上午，骑兵搜索队的前锋到达土城子，准备暂作休息，不料此时突然出现3000多名清军，将骑兵队团团包围，双方随即展开激战。骑兵队不敌，全力突围，向双台沟方向逃去，而受伤的日军大多切腹而死。此战是旅顺守军第一次主动出击歼敌，也是唯一的一次，此后，旅顺守军转入消极防御。

20日，第二军司令大山岩召集三路将领在李家屯西北的高地上召开会议，决定于21日凌晨2点发起总攻。至当天清晨6点，日军已经逼近了旅顺的各个炮台，并发动了攻击。清军立刻开炮还击，但因日军火炮命中率高，且火力较之清军更为猛烈，至中午，除了海岸炮台，旅顺的其余炮台不是被日军摧毁就是落入日军手中。在岸众多的炮台中，最为坚固的当属黄金山炮台。这座炮台的大炮射程远、威力大，最为关键的是黄金山炮台的所有大炮都能作 360 度旋转，没有任何射击死角，是对付日军的一把利剑。日军也意识到了这座炮台将给自己全面占领旅顺带来困难，于是在进攻当天就已做好付出巨大代价的准备。出人意料的是，当日军第二联队慢慢逼近炮台时，他们并没有受到猛烈的攻击。原来，在日军进攻炮台前，负责守护包括黄金山炮台在内的东岸炮台守将黄仕林已经弃炮台而逃，由此，东岸的黄金山炮台、摸珠礁炮台、老砺嘴炮台纷纷陷于敌手。至 21 日晚，原本还能维持一战的西岸炮台也由于守将夜逃而尽归日军所有。

原本被清廷寄予厚望的经十余年苦心经营的“东洋第一堡垒”旅顺，仅在一天之内就被日军攻陷。清廷大为震动，不过他们不去惩办逃离阵地的将领，却将一个与旅顺失陷毫无直接联系的总理船政、专办水陆营务的道员龚昭革职查办，做了别人的替罪羔羊。

旅顺百姓原以为此次日军进城与往日外国军队进城别无二样，不过是抢粮抢钱，充实军需，满足奢欲，等吃饱拿够后日子也就太平了。然而令善良的百姓没有想到的是，一场噩梦正悄悄向他们逼近。这场噩梦是从 1894 年 11 月 22 日开始的。

硝烟渐渐散去的 22 日清晨，一些胆大的百姓从家里出来，准备一天新的开始。此时，一群日军迎面走来，不由分说，将他们团团围住，不停地用枪托击打他们的胸口。这时有一个人突然跪了下来，请求日军饶他一命。一个日军举起刺刀插入其头部，然后拔出武士刀砍下他的头颅。身旁百姓顿时尖叫起来，四散逃去。

▼日本血洗旅顺，哀鸿遍野。

日军四处追杀这些百姓，用刺刀挑死了几个，有人想要翻过一处院墙，被日军拖了下来，用刺刀连捅了数十下。但对全城百姓来说，22 日清晨的这一幕不过是梦魇的开始。至中午，更大的屠杀像洪水一样朝旅顺百姓涌来。

无论是在大街上还是在小胡同里，每时每刻都在发生着人间惨剧。日军一开始还是用刺刀或武士刀一个一个将人刺死、砍死，后来为图省事，将几十人捆作一团，用机枪扫射。一个英国人目睹此事后，在日记中写下了这样一段话：“枪声、呼喊声、尖叫声和呻吟声，到处回荡。街道上呈现出一幅可怕的景象：地上浸透了血水，遍地躺卧着肢体残缺的尸体；有些小胡同，简直被死尸堵住了。死者大都是城里人。”

旅顺“万忠墓”是如何来的？

1894年11月，日军攻陷旅顺，对市内居民连续四天进行杀戮，老弱妇孺无一幸免。屠杀过后全市仅剩36人被留下埋葬同胞尸体，估计超过2万人遇害。死者葬于白玉山东麓的安葬岗，今称“万忠墓”。

除了壮年男子，老人和妇女甚至孩子都不放过。同样是这位英国人，亲眼看到了这样丧心病狂的一幕：几个日军围住一个抱着不满两岁小孩的妇女，他们撕开她的衣服，用刺刀穿透了她的胸膛，然后将小孩用刺刀刺穿，挑起来举向高空，让周围的人观看。日军发出令人作呕的欢呼声，而百姓则沉默不语。

24日清晨，一阵枪炮声惊醒了正在熟睡中的美国记者克里曼，他穿上衣服刚一出门，便看到一群日军正在追赶三个中国人，其中一人抱着全身赤裸的婴儿，婴儿没有哭声，想必已经死了。日军开枪将其中两人打死，然后抓住第三人准备将其砍头。克里曼说明自己的身份，想救此人一命，但最终日军还是将其杀害。25日，克里曼和他的助手威利阿士走到一处老屋旁，看到两个日军正蹲坐在一具尸体边，不知在做什么，上前一看，他们忍不住呕吐不止。原来这两个日军刚刚剖开尸体的肚皮，正在剜心。

没等克里曼和助手走远，他们又目睹了惨无人道的一幕。一个白发苍苍的老人正跪在路中央，向日军求饶，而那些日军只是一味地狂笑，没过多久，其中一个日军举起武士刀将老人一刀砍成两半。事后，克里曼将他的所见所闻写成长篇通讯，发表在《纽约世界》上，让更多的人知道了在古老的中华大地上正在发生的惨剧。

在旅顺大屠杀中，除了日军犯下的滔天罪行外，随军记者在这座城市也变成了可怕的杀人恶魔。一个名叫甲秀辅的记者在他寄给友人的信中这样写道：“我于23日在旅顺市街用日本刀斩杀了中国军的败残兵，可是屠杀中国人的不止我一个人，别的随军记者还有很多……”他的这封信后来被刊登在12月7日的《东京日日新闻》中。甲秀辅所指的“很多”当然也包括海军随军记者佐伯安，在旅顺被攻陷的第三天，他在街上用刺刀捅死了一名孕妇，并四处抢劫。

由于国外记者的报道，日军在旅顺城的暴行被公之于众，震惊了世界。原为日本舰队袭击清朝运兵船“高升”号而为日本辩护的英国法学家胡兰德，在旅顺大屠杀发生后不久，便撰文强烈指责日军的暴行：“日本将卒之行为，实逸出常度之外……彼等除战胜之初日，从其翌日起四日间，残杀非战斗者妇女幼童矣。……此时得免戮杀之华人，全市内仅三十有六人耳，然此三十有六之华人，为供埋葬其同胞之死尸而被救残留者……”

旅顺大屠杀一共进行了四天，上至白发苍苍的老人，下到嗷嗷待哺的婴孩，旅顺全城被屠杀者约2万余人，只留下了36个活口。之所以留下这36人，不过是为了驱使他们掩埋同胞的尸体。由于尸体太多，除了36个活口之外，日军还从旅顺农村抓来了百来个农民，组成“扛尸队”。日军命他们将尸体集中到张家窑，而后浇油火烧，将骨灰装进四口大棺材里，埋在白玉山下，插上“清军将士阵亡之墓”的木牌子，以欺瞒世众。次年春天，冰雪消融，气温上升，未来得及焚烧的尸体腐烂变质，导致疫病流行，旅顺成了名副其实的地狱之城。

相关链接

1931年7月9日，日军制造“万宝山事件”，鼓动平壤暴民屠杀华侨109人，伤163人，下落不明者63人；10月4日，日军在长春活埋了中国伤兵400余人；1932年4月30日，日军进犯黑龙江通河县城，见人就杀，逢人便砍，史称“通河屠城惨案”；1934年3月12日，日军血洗吉林桦南北半截子河村，不到一小时，即屠杀60多户216人；在十小时内，日军把土龙山、六保、六甲等八个村屯血洗一空；3月19日，日军平岗部队千余人进犯黑龙江省桦南下九里六屯，屠杀该屯男女老幼达600人，该屯全家灭绝户近三分之一，史称“桦南下九里六屯惨案”……如此惨无人道的屠杀，日本竟一直持续到二战结束方才收手。

日俄战争

在世界战争史上，为了各自的侵略野心，在第三国的土地上拼个你死我活，而一方战败，失去的也只是在这第三国的利益，如此荒诞的战争屈指可数，日俄战争便是其中之一。毫无疑问，受到沉重伤害的不是日本和俄国，而是中国千万普通百姓。他们的悲苦无处申诉，他们的劫难无人理会。而对日本和俄国来说，在这场绞肉机似的战争中，其实没有输赢，他们双方都是赢家。

19 世纪末，经过长期的对外扩张，沙皇俄国的领土面积已经达到了 2280 万平方公里，但其仍不满足。从 19 世纪末到 20 世纪初的这十几年间，西方列强疯狂地在中国的土地上划分自己的势力范围，沙皇俄国便是其中的积极者。为了在中国争夺更多的利益，俄国看上了资源丰富的中国东北地区，尤为重要的是，这里有俄国梦寐以求的不冻港。

令俄国统治者没有想到的是，正在自己积极准备吞并整个东北地区之际，日本却因甲午战争而获得了辽东半岛的控制权，这给沙俄实施东进扩张政策带来了巨大的障碍。为了将日本从辽东半岛驱逐出去，俄国联合法、德两国出面干预日本侵占辽东一事。当时的日本因为甲午战争，消耗过大，无力与三国对抗，只得同意三国的要求，将辽东半岛“归还”清朝政府，清政府以 3000 万两白银“赎回”了辽东半岛。

迫使日本“还辽”后，俄国以此为借口，向清政府敲诈勒索，在 1896 年逼迫清政府签订了《中俄密约》，获得了修筑中东铁路的特权。1898 年 3 月，俄国强行“租借”了旅顺、大连及其附近港口，从而获取了不冻港，实现了霸占辽东半岛的目的。

1900年，义和团运动爆发。俄国以镇压东北义和团运动，保护侨民为名，出兵侵占东北。1903年8月，俄国又在东北成立了总督区，作为自己的领土进行管辖，其势力进而又向朝鲜进逼，对日本在朝鲜的利益形成了威胁。令日本尤为不能容忍的是，俄国在东北地区的一系列行动，与日本的“大陆政策”发生了冲突，使得由于俄国逼迫其“还辽”而恶化的两国关系进一步升级。为了与俄国一较高下，利用从甲午战争中获得的巨额赔款，日本开始了扩军计划。

▲旅顺进军之图

日本在辽东及朝鲜半岛上与俄国素有摩擦，1902年与英国建立同盟之后，便更加放心大胆地着手扩张帝国的利益。1904年，未按照惯例宣战的日本舰队在夜色的掩护上，用鱼雷沉重打击俄国驻扎在旅顺港口的舰队。

当时日本的人口约为4400万，陆军总兵力为37.5万人，拥有1140门火炮，其中37%为山炮，适用于东北的地形特点。扩军的重点是海军，日本从英国订造了许多最新型的战舰，加上原有的舰只，日本海军的各类战舰共有80艘，总吨位达26万吨。

在扩军备战的同时，日本也不忘拉拢与俄国有仇隙的列强，扩大自己的力量。1902年1月，将俄国看成最大对手的英国在伦敦和日本签订同盟，共同对付俄国；而在1899年提出“门户开放”政策的美国，为了不让俄国独占东北，也站到了日本的一边，给予日本大量的经济援助。

对于俄国来说，英、美两国与日本结盟并没有使它感到孤立，它也有自己的盟友——法国和德国。但是法国与俄国结盟是为了对付在欧洲的德国，所以它并不希望俄国将主要的军事力量放在远东。而德国恰恰相反，它积极推动和响应俄国的东进政策，并且希望看到俄国与日一战。德国的如意算盘是，与日本的战争会使俄国与英、美等国的关系恶化，进而迫使俄国抽调西部边境的俄军充实远东，这样就能削弱俄、法同盟对德国的压力。

在日本积极备战的同时，俄国并没有将大量部队抽调到东北地区，俄国对日本的态度是轻视的，认为俄国人“扔掉帽子就能将日本淹没”。对日本的轻视，在俄国陆军大臣阿列克塞·库罗帕特金访问日本后达到了顶点。这位陆军大臣声称：“一个俄国兵可以对付三个日军，而我们只需要14天的时间就能够在满洲集结40万大军，这已经是击败日本陆军所需数量的三倍了。所以说将来要发生的与其说是战争不如说是一场军事散步更为合适。”这句话似乎为以后俄军的命运埋下了伏笔。

1904 年 2 月 5 日，日本断绝了与俄国的外交关系，同一天，日本明治天皇下达诏书，宣布对俄国在东北和朝鲜的军队进行彻底打击。2 月 8 日，日本联合舰队在旅顺口重创俄国舰队，拉开了日俄战争的序幕。9 日，日舰又在朝鲜仁川击伤 2 艘俄国军舰，俄舰被迫自沉。

为了完全获得制海权，从 2 月 9 日到 3 月 7 日，日本舰队不断向旅顺口内的俄舰进行炮击，试图将俄舰封堵在旅顺口，但均未成功。为了摆脱舰队的被动处境，俄国任命马卡洛夫为太平洋分舰队司令。马卡洛夫上任后，立即采取了一系列的紧急措施。为了防止日军从后侧登陆，对旅顺基地造成威胁，马卡洛夫在辽东半岛沿海地区密布地雷，同时，他还命令舰队在日本海袭击日军海上交通线，分散日本舰队对旅顺的压力。

ВЫСОЧАЙШІЙ МАНИФЕСТЪ.
МЫ, НИКОЛАЙ ВТОРЫЙ,
ИМПЕРАТОРЪ И САМОДЕРЖЕЦЪ ВСЕРОССІЙСКІЙ,

▲俄国杂志在日俄战争开展后登出的尼古拉斯二世的宣战昭书

3 月 22 日，马卡洛夫率领舰队出海巡航，在 4 月 13 日返航途中，马卡洛夫所乘的“彼得罗巴浦洛夫”号战列舰触雷爆炸，包括马卡洛夫在内的 650 名舰上官兵全部葬身鱼腹。马卡洛夫死后，新任司令威特赫夫特一改前任的积极进攻态势，转入消极防御。在对抗中，两国海军互有胜负。在无法达到尽快歼灭俄国舰队与旅顺口的目的后，日本转而向陆地寻找消灭俄军主力的机会。

4 月中旬，在没有遭遇到任何抵抗的情况下，日军轻松地来到鸭绿江左岸，向对岸俄军的东满支队发起了进攻，此后接连占领九连城、凤凰城，兵锋直指辽阳。5 月初，由奥保巩大将指挥的日本第二军在辽东半岛东南貔子窝成功登陆，于月底进抵金州，并很快攻占大连。与此同时，日本第三军和第四军也相继在各自登陆点登陆，扫清障碍，向旅顺进逼。6 月 20 日，日军成立了以大山岩为总司令的“满洲军总司令部”，统一指挥对旅顺的战役。担任进攻主力的是由乃木希典任军长的第三军。

旅顺是俄国在远东最重要的战略港口，如果丢掉了这座城市，俄国不仅将失去它在远东的军事基地，而且“有损于在近东、中亚和欧洲的政治军事威望”。为了守住旅顺，俄军调集重兵进行防守，使得日军每前进一步都必须付出巨大的代价，可谓“亡命之战”。鉴于旅顺之战迟迟没有根本性进展，大山岩撤销了乃木希典的指挥权，由总参谋长儿玉源太郎代为指挥。儿玉源太郎是有名的炮兵专家，在他的部属下，日军很快攻克了俄军防守最为严密的203高地。随后，日军在203高地架设火炮，以大口径榴弹炮袭击俄国舰队。俄国舰队损失惨重，基本上丧失了作战能力。

如何评价日俄战争?

日俄战争是一场帝国主义之间的不义之战。在日俄战争中，旅顺的工厂、房屋被炸毁，就连寺庙也未能幸免。耕牛、粮食被抢光，流离失所的难民有几十万人。日俄都强拉中国老百姓为他们运送弹药，服劳役，许多人冤死在两国侵略者的炮火之下，更有成批的中国平民被日俄双方当作“间谍”，惨遭杀害。这场战争不仅是对中国领土和主权的粗暴践踏，而且使中国东北人民在战争中遭受了巨大的损失和人身伤亡。

1905年1月1日，俄军投降，1月2日，俄方正式签订投降文书。在整个旅顺战役中，俄军损失4.4万余人，日军损失约6万人。

在结束旅顺战役后，日军迅速向奉天进发，准备与俄军在东北的主力进行会战，将其一举歼灭。到达奉天的日军约为27万人，1082门炮，200挺机枪。而集中于奉天的俄军约为33万人，1266门炮，56挺机枪。2月23日，日军向奉天俄军发起进攻。双方在阵地间你争我夺，最后以俄军主力逃脱日军包围而告结束。虽然俄军主力得以幸免，但是在奉天会战中，俄军也损失了近12万人，日军斩获不断，人员损失在7万左右。

奉天会战后，俄国从欧洲海域抽调太平洋第2分舰队开往亚洲，驰援东北的俄军。太平洋第2分舰队是一支零时拼凑的舰队，其战舰多数从波罗的海舰队抽调而来，拥有各型战舰38艘，辅助舰船20艘。俄海军的动向全在日军的掌握之内，为了出其不意消灭这支舰队，日本舰队在俄舰可能经过的海域布设鱼雷。5月27日，太平洋第2舰队进入对马海峡，遭到了早已等候在此的日本海军的突然袭击。除了3艘军舰冲出日舰包围，向海参崴方向逃跑外，其余军舰皆遭到毁灭性打击，人员阵亡4830人，而日本舰队只损失了3艘鱼雷艇，阵亡117人。

太平洋第2舰队的惨败，使俄国彻底失去了与日本在远东抗衡的力量，而日本为了与俄国对抗，消耗了巨大的人力物力，如果战争继续持续下去，对日本有弊无利，于是也想早日结束此次战争。于是，在美国的调停下，经过一番激烈的讨价还价，1905年9月5日，日俄在美国朴茨茅斯签订了合约。俄国承认日本在朝鲜享有政治、军事及经济上的特权，并将向清政府“租借”的辽东半岛及有关权利转让给日本；除此之外，俄国还将库页岛南部及其附近一切岛屿割让给日本。

虽然日俄战争以俄国战败而告结束，但是在这场战争中，真正受到伤害的是无辜的中国人民。日俄战争的主战场在中国东北，腐败无能的清政府任其在自己的“龙兴之地”相互争斗，烧杀抢掠，并让当地官府从重管束百姓，不许反抗，以至于“纵横千里，几同赤地”、“烽燧所至，村舍为墟，小民转徙流离哭号于路者，以数十万计”。而日本在日俄战争中除获得巨大利益外，还侵占了中国东北南部的广大领土。

相关链接

日俄战争中，损伤最为严重的，不是战败的俄国，而是无辜被卷入的中国，旅顺的北城便是在这场战争中被毁掉的。《旅大史话》作者、地方史研究资深专家董志正介绍：旅顺北城建于明初，在清代康熙年间又重修了，一般称“旅顺新城”。康熙五十四年（1715年）旅顺水师营正式成立。开始时营区就在旅顺新城，后来现今水师营街道的新营区建成后，水师营就迁过去了。晚清时成了宋庆毅军的兵营，称“宋营”或“帅营”。直至1895年旅顺北城还是完好无损的，后毁于1904—1905年日俄战争的炮火之中。日俄战争后，为了殖民统治的需要，殖民当局按照其城市建设规划，拆除城墙与城门楼，在北城旧址一带建医院，修公路（今旅顺北路），设街区。

》专题 日侵台湾50年

“我们是东海捧出的珍珠一串，琉球是我的群弟，我就是台湾。我胸中还氤氲着郑氏的英魂，精忠的赤血点染了我的家传。母亲，酷炎的夏日要晒死我了，赐我个号令，我还能背水一战。母亲，我要回来，母亲！”当我们重新朗诵起闻一多的这首《七子之歌·台湾》时，内心的翻涌自不必再多言。我们想念母亲的孩子，因为它是我们的兄弟。

1895年4月17日，李鸿章与伊藤博文在日本签署了丧权辱国的《马关条约》，台湾作为清廷所割让土地的一部分，成为了日本的殖民地。至1945年8月15日，日本宣布无条件投降，台湾光复，日本在台湾实行殖民统治共50年。

1895年
订立《马关条约》，割台、澎给日本。5月25日，日本正式接管台湾。日本总督府公布“林野取缔规则”律令，将台湾的山林土地一一收归官有。

清廷割让台湾，使台湾人民悲愤至极，为了免受异族统治，保卫家园，台湾各地先后涌现了一大批保台抗日的仁人志士，这让日本原本以为的顺利“接收”变成了一条用兵士的肉身铺成的血路，每前进一步都得付出巨大的代价。

在多次向清廷发出呼吁电，要求废约抗战、增援台湾无果的情况下，为了凝聚力量，安定人心，1895年5月23日，由士绅丘逢甲倡议建立“台湾民主国”，原台湾巡抚唐景崧出任总统，黑旗军首领刘永福任台湾抗日义勇军统领。民主国成立不久，日军在台湾北部的澳底登陆，唐景嵩却偷偷潜回大陆，群龙无首的民主国在这年7月又拥立刘永福为总统。10月19日，日军攻陷台南，刘永福败退内渡，民主国仅仅维系了5个月就败亡。民主国虽不复存在，但是台湾人民的抗日斗争并没有因此消退。11月26日，以客家人为主的一支义勇军在火烧庄与日军展开激战，虽打死打伤日军几十人，但终因寡不敌众而失败。

1896年
由于台湾人民的反抗，日本开始血腥镇压，“云林大屠杀”中残杀约300名无辜百姓，受害范围扩及50余村庄，

1902年
3月4日，红花白花事件，日本诱杀抗日分子，全台同步进行，一网打尽。

在这场战争中，台湾义勇军及其他抗日武装人员共有近1.5万人成仁，被日军杀害的平民不计其数。

侵略者以惨重代价在台湾“立足”后，实施了一系列加强其殖民统治的措施，这些措施被研究者统称为“皇民化政策”。对台湾的

殖民统治首先从强化社会控制入手。殖民者在台湾建立总督府后，就立刻着手组建警察部队，并对整个台湾岛以所谓治安情况的不同划分为危险、不稳、平静三种类型。

在殖民统治初期，警察的职权很大，除了维护治安的基本职责外，警察主要还是对人民的日常生活加以监督甚至是干预，使百姓的言行符合日本殖民者的需要。警察的所作所为深受台湾百姓的痛恨，人们私底下以“狗”或“四脚仔”来暗讽他们，以泄心头之恨。

与严苛的警察制度相配合的是保甲制度的建立。殖民者规定每十户为一甲、每十甲为一保，每个“甲”设置“甲长”；“保”则设置“保正”，保甲制还规定“连保连坐”，也就是一人犯罪，该甲保中的所有人都要负连带责任，以达到人人自危而互相监督的目的。

日本的残酷统治使得台湾的抗日活动转入地下，换之以各种形式为掩护展开。在积蓄一定力量后，爆发了日本殖民统治时期台湾人民武装抗日事件中规模最大、牺牲人数最多的一次起义。

1915 年，日本在台湾实行殖民统治已经 20 个年头。此时，有个叫余清芳的人在台南地区以宗教为掩护，秘密从事抗日活动已有多年。这年 3 月，余清芳在西来庵与同为抗日坚定分子的台中人罗俊和楠梓人江定秘密集会，成立“大明慈悲国”，并组成台湾抗日革命军，余清芳任大元帅。

“大明慈悲国”成立不久，余清芳以“奋勇争先，尽忠报国，恢复台湾”为号召，发表抗日文告，举旗抗日。这年 8 月，为了保存实力，余清芳率领部众转移到台南地区，翌月，由于殖民当局的镇压，加之叛徒出卖，余清芳被日军抓获，随后在台南监狱处以绞刑。由于余清芳等人的起事地点在西来庵，这次起义被称为“西来庵事件”。起义失败后，殖民当局大肆捕杀起义义士，有近 2000 人被捕，被判处死刑者有 866 人。

余清芳起义失败后，日本殖民当局对台湾人民的统治更加残酷。为了维护民族尊严，台湾人民的反抗从未停止过。

日本全面侵华后，由于国内资源的限制，及国际社会的禁运政策，台湾成了日本的物资供应站。为此，殖民当局的“皇民化政策”

1920 年
9 月 1 日，实施地方行政区域彻底改革。废西部十厅，改设台北、新竹、台中、台南、高雄五州，保留东部花连港、台东二厅。

1937 年
台湾各学校废止汉文课。统制米食、砂糖，改日本名，禁汉服缠足。

1943 年
美机轰炸台湾。

1945 年
台湾全面实施义务教育。8 月 15 日，日本宣布正式无条件投降。10 月 25 日中国战区台湾省受降典礼在台北举行，台湾光复。

变本加厉。从1936年开始到1940年，殖民当局在台湾发起了所谓的强化“国民意识运动”，1941年后至战败，又发起了所谓的“皇民奉公运动”。这两项强化殖民“运动”的重点落在对文化和习俗的日本化。这一时期，在精神统治方面，殖民当局强迫台湾人民说日语、穿和服、住日式房子、取日本姓名，放弃台湾民间的妈祖信仰，而改信日本的“国教”神道教。

二战后期，由于侵略战争的不断扩大，为弥补国内兵源的不足，1942年起，日本殖民当局开始在台湾征兵，将无辜的台湾人民充当其侵略野心的牺牲品。除此之外，殖民当局还在台湾强征慰安妇，以供侵略者之淫乐。人们流离失所，痛苦不堪。

1943年11月26日，中、美、英三国首脑在埃及首都开罗签署《开罗宣言》，宣言规定日本用武力从中国夺去的东北各省、台湾和澎湖列岛，战后须归还中国；1945年7月26日，在美、英、中三国签署的《波茨坦公告》中，对这一规定再次进行了确认。1945年8月15日，日本无条件投降后，国民政府任命陈仪为台湾行政长官兼警备司令，全面主持台湾的接收工作。25日，国民政府在台北举行受降典礼，日本原台湾总督兼第十方面军司令官安藤利吉大将向台湾受降主官陈仪递呈投降书。受降典礼结束后，陈仪发布演说说道：“从今天起，台湾及澎湖列岛正式重入中国版图，所有一切土地人民政事皆已置于中华民国国民政府主权之下。这种具有历史意义的事实，本人特报告给中国全体同胞及世界周知。”

相关链接

1930年10月7日，台湾南部雾社地区的泰雅族马赫坡社首领莫那鲁道联合勃阿伦、荷戈、罗得夫、太罗万、東库等泰雅族的其他社，发动起义。

丧心病狂的殖民者为了早日消灭起义者，竟然施放了糜烂性毒气，造成起义者巨大伤亡。虽然如此，但是起义者在莫那鲁道的带领下还是在深山坚持抵抗达一个月。12月1日，莫那鲁道自杀，其余起义者也大多自杀，雾社起义至此失败。

第七章
二战时期的日本

承袭近代的强盗习气，20 世纪 30 年代后的日本，对他国的侵略更无所顾忌、为所欲为。军国主义者用他们的铁蹄和刺刀向人们证明：世界的规则是由强权制定的。在他们眼里，正义是弱者的护身符，和平是怯者的同义词。他们制造兵变、制造混乱、巧取豪夺，以杀人为乐。魔鬼所到之处，寸草不生、哀鸿遍野。但是强盗的行径终究长久不了，魔鬼的身影也终究挡不住温暖的阳光。当“大和号”慢慢沉没于东海时，日本侵略者的覆灭命运也无可挽回地注定下了。

“二·二六”兵变

无论是“皇道派”的兵变，还是“统制派”的镇压，无非是为了抢占权力中心以实现自己对外扩张的险恶目的。这也正是为什么兵变虽然失败，但是“皇道派”所积极追求的目标，例如军部独裁、国家政权法西斯化在这以后反而得以实现的原因。两狗相吠，必有所图，日本军国主义的野心已是路人皆知。

1936 年 2 月 26 日凌晨 5 点，持续了一天的大雪还在纷纷扬扬地下着。香田清贞、安藤辉三、河野寿以及野中四郎等 9 名日本陆军军官率领着本部所属的千余名全副武装的士兵，踏着厚厚的积雪，走出第 1 师团驻地。士兵们并不知道将要执行什么任务，以为不过是与以往一样的军事演习，但是对于这几名军官来说，一切的成败都在此一举。

在路上，军官们向士兵传达了命令：此次行动是要刺杀首相冈田启介、内大臣斋藤实和侍从长铃木贯太郎，并同时占领首相官邸、陆相官邸和警视厅，推翻现行内阁，建立由高级军官组成的奉行军事独裁政策的新政府。

军人们很快强占了一个饭店，将其作为兵变的指挥部，并牢牢控制了陆相官邸和警视厅。紧接着，执行刺杀任务的小分队被陆续派出，血色风暴即将到来。当其中一支刺杀分队闯进财政大臣高桥是清的卧室时，这个一直主张削减陆军军费的老人正睡在床上打着抑扬顿挫的呼噜。一名军官一脚踢开了他的被子，冲他一连开了数枪。另一名军官用军刀将其右臂砍下，继而又用刀捅进他的肚子。随后，其他人一起冲向前，用刺刀在高桥是清的肚子上划开了花，高桥当场气绝身亡。

对内大臣斋藤实的刺杀进行得也很顺利。当士兵冲进他家时，刚参加完晚宴的斋藤实正熟睡于卧室之中。当他被吵闹声惊醒，穿上衣服准备一探究竟时，一群士兵已经闯到了卧室。此刻，斋藤实的妻子站到丈夫前面，恳求士兵们放过他。就在士兵们犹豫之际，一个军官拔枪向斋藤实连开三枪，斋藤实倒地而亡。随后士兵们举枪齐射，在已经死去的斋藤实身上又打了47个枪眼。刺杀任务完成后，官兵们高喊着“天皇万岁”离去。

皇道派

日本陆军内部一个松散的集团，大体上由年轻的野战部队军官，甚至是连级军官组成的。他们的行动非常大胆、不听指挥，在20世纪30年代初期，曾企图把日本引向极端国粹主义的方向。他们毫无组织纪律的活动，包括暗杀和政变，震惊了比较保守的、主要是由高级军官组成的对手“统制派”。

相较于高桥是清和斋藤实，内大臣铃木贯太郎称得上幸运之人。刺杀他的士兵一开始就遇到了麻烦，他们遭到了官邸卫兵的顽强抵抗，冲进官邸后，铃木贯太郎又和他们交谈了十几分钟，希望这些士兵能放下武器，“停止错误的行为”。但最终谈判破裂，一名士兵朝他连开了三枪，第一枪打空，第二枪击中下腹，最后一枪从心脏旁擦过。大家以为铃木贯太郎必死无疑，但是他们万万没有想到，几天后，原本重伤在身的这位内大臣又奇迹般地从鬼门关逃了回来。

同样，令这群少壮派军官最为痛恨的首相冈田启介也幸运地逃过了一劫。当士兵像野狼一样冲进首相官邸，并将客厅的吊灯全部打碎时，他们看到的是从楼上下来的酷似冈田启介，实则为冈田启介秘书兼妹夫的松尾传藏。在此之前，松尾传藏已经将冈田启介藏进了洗手间。士兵们开枪将松尾传藏打死，并找来女佣辨认，在确认为冈田启介后，才放心地离开了首相官邸。而真正的冈田启介则于第二天打扮成吊唁之人从被占领的首相官邸中逃脱。

天明后，发动兵变的军官又强行占领了东京的几大报社，要求他们刊登有关发起此“事件”的宣言书，并对电影院、广播电台加以控制，并张贴各类标语，宣传自己的主张，要求与自己同属“皇道派”的官兵支持此次行动。

在兵变发生40分钟后，裕仁天皇从侍卫口中得知了这一消息，在嘟囔了几句后，这个36岁的天皇急忙穿上军服，离开寝宫，来到政务厅，召开紧急会议。裕仁天皇提出要对发动兵变的军官进行镇压，但是他的命令并没有立刻得到实施，因为一些高级军官对兵变军人普遍持同情态度。

26号早上9点，由陆军高级军官组成的军事参议官会议发出了一份告示，要求参与兵变的士兵即刻返回军营，一概人等不予追究。但是发动兵变的军官坚决要求冈田内阁辞职，方才撤兵。与“皇道派”相对立的“统制派”对军事参议官会议做出的决定表示不满，他们要求强力镇压兵变者，其中以梅津美治郎、谷寿夫和东条英机态度最为坚决。

统制派

“统制派”以永田铁山等为核心，主张在军部的统治下，不使用武力，而通过自上而下的合法途径，进行平稳缓进的国家改革。统制派要求建立总体战的体制并要求加强对军队的统治。

在“统制派”的一再要求下，27日凌晨，陆军省颁布戒严令，与此同时，海军也派出舰队开进了东京湾，准备随时对兵变者采取行动。就在这个时候，一个人的举动加快了镇压的步伐。这个人就是与“皇道派”有着密切来往的裕仁天皇的弟弟秩父宫雍仁亲王。裕仁天皇得知自己任弘前第八师团大队长的弟弟正往东京赶来，他知道弟弟在观点上与自己对立，假如他这时站到兵变军官的一边，那将会发生许多难以料想的事情。

裕仁天皇立刻派曾给秩父宫讲过两年《日本政治史》的东京大学历史教授平泉澄前去拦截雍仁。在一番“劝说”下，并且在一大批军警的护送下，到达东京的秩父宫雍仁亲王一下火车就被“请”进了皇宫，向天皇保证对其绝对服从。

28日早上，经过裕仁天皇认可，陆军省次长彬山元发布了《奉敕命令》，指示戒严部队迅速进入作战状态，为了加强镇压力量，戒严司令部还从仙台和宇都宫调来了第2、第14师团6000人，加上东京戒严部队，总共为2.4万人。

次日上午，同情兵变官兵的两名陆军大将真崎甚三郎和荒木贞夫来到戒严司令部，希望不要以武力造成“皇军自相攻击”，但被陆军省拒绝，并将两人赶出了戒严司令部。此时，东京的街头开始响彻对兵变官兵进行劝降的广播：“现在归复原队，仍为时不晚；抵抗者全部是逆贼，射杀勿论。”

听到劝降的广播后，已经在瑟瑟寒风中苦苦支撑了数天的兵变士兵纷纷返回了所属军营。发动兵变的军官眼见情势急转直下，也放弃了最后的抵抗，交出武器后随即被戒严部队拘捕，并很快查清了其幕后支

▼“二·二六”兵变后，日本东京街头的士兵。

持者。9名发起兵变的军官，加上支持者，30多名“皇道派”军官被关押在陆军省大院。负责看守他们的“统制派”军官冈村宁次希望他们能剖腹自尽，并让手下做好了清理尸首的准备，但是这些“皇道派”军官并没有剖腹，他们希望通过公开审判让天皇体察自己的心愿。

不过陆军省并没有满足他们公开审判的心愿，而是对其实施了不公开的军法审判。审判从4月份开始，一直持续了近3个月。7月5日，军法会议向兵变军官下达了审判书，以“未经天皇批准而擅自动用皇军之罪”判处17名军官死刑，其余参与兵变的官兵则一律免除处分。此次对兵变军人的惩处远远超出了以往对兵变事件的处理程度。一直被“皇道派”压制的“统制派”利用这次难得的机会，给了“皇道派”以沉重的打击。在军队内部，以陆军大臣寺内寿一大将为首的“统制派”趁机进行了大规模针对“皇道派”人事的“整肃”行动。陆军大将真崎甚三郎和荒木贞夫被先后解除现役，陆军重要部门中的“皇道派”或倾向于“皇道派”思想的军官都被一一调离岗位。经过寺内寿一的一系列铁腕行动，“皇道派”失去了对军队，尤其是陆军的控制，“统制派”则彻底掌握了陆军实权，确立了对陆军的绝对掌控。

“皇民化运动”主要有哪些内容?

“皇民化运动”的主要内容包括：强制推行日语，禁止说汉语和地方方言，违者罚款；强制实行日本式生活方式，强迫台湾居民改用日本姓名，禁止过中国传统的春节和中元节，规定每家设置榻榻米、日本式澡盆，大力推行日本神社崇拜；强化日本皇民教育，倡导忠君（天皇）爱国（日本），强迫接受日本国民训练，培养服从、好斗的日本国民性格。

相关链接

1948年11月12日，荒木贞夫作为被宣判的25名甲级战犯之一员，走进位于东京市谷的远东国际军事法庭的审判厅，接受审判结果：“对内从事政治支配和对外从事军事侵略之陆军的热心提倡者。他在实际上是，并且被承认是陆军侵略活动的显著指导者之一……不管他在有无政治地位的时候，他都协助和极力倡导牺牲邻国来富裕日本的军部政策。他不仅同意并积极支持日本陆军在满洲和热河地区所采取的政策，即使上述地区在政治上脱离中国，设立由日本控制的政府，并将其经济置于日本的完全支配之下。”他以一票之差逃过了极刑，却不得不在巢鸭监狱度过漫长的铁窗生涯。1955年，荒木贞夫因病获得假释，但人生再也回不到过去，他只能在最后的岁月里，借四处演讲来回味曾经的“辉煌”。

扶植“满洲国”

真伪，是历史中经常被人提及的一个问题，在处处充斥着真伪难辨的历史中，却也有些真伪是无需费力分辨的。日本在中国东北地区建立的“满洲国”显然是伪性的，毕竟，一个凭借暴力建立的政权、一个分裂中国领土而建立的政权、一个得不到国际认可的政权，从一开始便注定被冠之以“伪满洲国”的称谓，同时，也注定了其败亡的命运。

1931年9月18日晚上，沈阳城一如往常般静谧，突然，不知从哪里传来的爆炸声打破了这种静谧。爆炸声过后，借着微弱的月光，几个身穿日本军服的人，正七手八脚地将三具身着东北军军服的尸体放在爆炸现场。日本人的目的显而易见，那就是要将这起爆炸事故栽赃给中国军队。与此同时，日军独立守备队第二大队立即向东北军驻地北大营发动进攻，次日凌晨4点，日军独立守备队第五大队由铁岭到达北大营加入战斗，5点，日军占领北大营。此战东北军伤亡300余人，日军伤亡24人。这就是震惊中外的“九·一八”事变，日本将此次事变称为“满洲事变”。

自从1928年12月29日张学良“东北易帜”，日本就感觉自己在东北的势力开始出现失控的局面。1929年，当时任职关东军作战参谋的石原莞尔，就提出了武装占领东北并建立傀儡政权的设想。日本参谋本部接受了他的这一建议，并将武装占领东北的计划进行了细化：第一步是建立一个可以取代张学良的亲日政权；第二步是建立一个由日本控制的满蒙政权，并将其从中国政府中独立出来；第三步是占领自己建立的这个满蒙政权，将其纳入日本的版图。

“九·一八”事变是日本占领东北计划的第一步，但关东军的这一举动，事先却未经日本政府同意。就在事变发生之后的第二天，日本政府召开了紧急内阁会议，讨论此次事件。会上，陆军大臣南次郎强调这是关东军的自卫行动，但外务大臣币原喜重郎则怀疑这是关东军的阴谋，甚至提出要用外交手段来解决这一事件。9月24日，日本内阁会议对此次事件做出了最后的决定——不将事态进一步扩大。

然而，关东军并未将内阁的这一决定放在眼里，还是以“自卫”为名，不断扩大战线，当时的关东军参谋板垣、石原等甚至准备直接实施占领东北的第三步骤。由日本参谋本部派往关东军处，阻止事件扩大的建川美次虽然不同意关东军的决定，却也并未表示出明确的约束与制止，这无疑是对关东军的一种纵容。

于是，无所顾忌的关东军直奔第三步，派遣日本军政人员出任占领地区的行政长官，企图直接将占领地区纳入日本的版图。关东军此举，引起了日本军部与政府的注意，其立即发电要求关东军“自制”，再如此闹腾下去，日本所有经过掩饰的侵略行动，都将变成一场穿帮的闹剧。

在与关东军军官和建川美次经过深入讨论后，最终决定建立一个由日本政府操纵、脱离中国主权架构的独立政府，并将其命名为“满洲国”。这个傀儡政权的代言人，最适合的莫过于满清逊帝爱新觉罗·溥仪了，自从被赶下台之后，溥仪对“满洲”一直念念不忘。对于日本人来说，溥仪此时已经失去了所有的靠山，让他做傀儡也是对外最好的伪装。

此外，自1924年被赶出紫禁城之后的几年时间里，溥仪一直受到日本方面的“照顾”，就连整日围绕在溥仪身边的旧臣，也都站到了日本一方。“九·一八”事变发生后，在日本人看来“奇货可居”的溥仪也跃跃欲试，他写信给当时的日本陆军大臣南次郎和黑龙会头目头山满，要求给予指导。而关东军方面，自从决定建立以溥仪为首的傀儡政权后，当即电告天津日军，加强对溥仪的“保护”。

溥仪虽然急切地渴望回到帝王之位，但在日方没有给出明确承诺之前，他也不敢贸然前往东北。因而，溥仪在与关东军派去的罗

“帝国之花”川岛芳子

大清肃亲王的十四格格，7岁落入日本浪人之手，被栽培成特务、女魔头。她放浪形骸，以男装丽人的形象出入上流社会，将各色男子玩弄于股掌之上；她名震中日，被称为满洲国妖艳、金璧辉司令，一时叱咤风云，不可一世。但是，终于穷途沦落，成了政治的牺牲品，最终以汉奸罪被判处决，但生死至今成谜。

振玉和板垣代表上角利一见面之后，仍然对前往东北一事犹豫不决。

▲1935 年，溥仪以满洲国皇帝的身份访问日本，受到热烈欢迎，图为其与仁裕天皇一起阅兵。

1931 年 10 月 27 日，日军陆军大将土肥原贤二前往天津，目的是把宣统帝溥仪带回东北。11 月 2 日，土肥原见到了溥仪，他使用威逼利诱和欺骗耍赖等手段，要溥仪离开天津，到东北建立一个新的国家。他对溥仪说，日本完全“没有领土野心”，即将建立的“新国家”一切由溥仪说了算，甚至还承诺溥仪新建立的国家实行帝制。贪恋权位的溥仪经不起如此的撺掇和诱惑，于 11 月 11 日化装成日本军人，在日本特务的帮助下逃离天津，到达旅顺，从此沦为了日本人手中的一颗棋子。

溥仪到旅顺之后，才发现日本人根本不是诚心帮助自己重建满清王朝，而只是把他当成“傀儡”，不过此时的他已在关东军的控制之中，已是身不由己了。不仅如此，关东军甚至还准备推出溥仪的弟弟溥伟，以防万一。

就在拉拢、胁迫傀儡的同时，拼凑傀儡政权的进程也在紧锣密鼓地推进着。先是省级傀儡政权的组建，然后是由日本国内的知名学者召开“咨询会议”为“新国家”的法制、币制、金融、关税、农业、工业、畜产、矿业、税收、商业等出谋划策，紧接着确定了“新国家”建立的详细步骤。

1932 年 3 月 1 日，由关东军参谋和汉奸文人共同炮制的《满洲国建国宣言》发表，“满洲国”正式成立。就在当天，关东军代表一行六人前往旅顺请溥仪“移驾”，溥仪“婉拒”。3 月 4 日，第二批代表 32 人再次到旅顺邀请，溥仪这才假惺惺地表示“勉竭愚昧，暂任执政一年”。

3 月 8 日，溥仪就任“执政”典礼在长春道尹衙门举行，定都长春，改名新京，建年号为“大同”。1934年改国号为“满洲帝国”，改称皇帝，改年号为“康德”。一个不被中国政府和国际联盟承认的“满洲国”就此建立，它完全处于日本政府和军队的控制之下，就和毫无自由的溥仪一模一样。

然而，关东军创作这样一个持续了14年之久的“天才”产品还只是个开始，在接下来的岁月里，日本人将他们如鬼魅般的魔爪，不断地伸向中国的其他地区，侵略的炮火也随之燃遍了整个中华大地。

相关链接

一心怀揣复辟梦的溥仪，“就任”之后逐渐发现了梦想的实现遥遥无期，他的脾气也开始变得多疑而暴戾。即便是与亲信谈点私密的事情，他也会把人叫到洗手间里，以防止日本人对他做手脚或是陷害。

此外，溥仪虽名义上为帝王，但实际的权力却只有一个，那就是在日本人规定的各式文件上画一个圈，写一个“可”字，而且只能画圈、只能写“可”。他不能不画圈，也不能写“不可”。面对这样的窘况，他只能用一种看似幼稚的方法来表达不满，用他自己的话来说，就是：“我连看也不看，你不就是叫我画“可”吗？好，我就在蹲着要尿尿、要大便的时候，我才给你画这个“可”，而且我要给你扔到地上，这是一种发泄。”

侵华战争

对近代日本而言，侵略已经成为了一种习惯。从第一个武家政权——镰仓幕府时代开始，崇尚“武家习气”与“弓矢之道”的武士道精神，便开始逐渐渗入到每个武士身上，在儒雅、礼仪的外衣之下，隐藏的是凶残与血腥，因而，推崇军国主义的近代日本，每隔几年就要发动一次对外侵略战争，而且大多数战争的目标都是邻邦中国。随着时代的变迁，日本政府不断调整、细化侵华的战略构想，最终，在20世纪30年代，将其所有的战略构想付诸于一场旷日持久的侵华战争之中。

1937年7月11日，首相近卫文麿召开了内阁临时会议。会议一开始，近卫文麿就满脸兴奋地向众人宣布：“诸位，卢沟桥之战，我军大获全胜。下一步该怎么办？”阁僚杉山元把挎在腰间的军刀使劲按了按，大声地说：“迅速派兵增援，乘胜追击，以便扩大战果！”46岁的近卫文麿摸了摸人中上的小胡子，笑着回应道：“痛快！即刻命关东军、朝鲜军出发，前往支援！”杉山元听罢，立即补充道：“内地师团也应马上开赴华北！”其他阁僚也纷纷表示赞同。就这样，内阁会议几乎一致通过了增兵的决议，当天晚上，近卫文麿就向全国发表政府声明：“中国政府必须谢罪，保证此后不再发生类似事件。为此，政府决定向华北出兵！”

近卫文麿声明所提到的事件，就是“卢沟桥事变”，而日本政府所谓要谢的“罪”，不过是日本强加给中国的一个“莫须有”的罪名。更准确地说，它其实是日本自导自演的一出戏。近卫文麿是典型的扩张主义者，他深得帝国主义弱肉强食政治的真谛，极力主张通过对外扩张来解决日本领土狭小、资源匮乏的问题，因此，面对关东

为什么说近卫文麿是富士山?

在日本流传着“近卫文麿是富士山”的说法。这个说法源于原田熊雄，一天他在内弟有岛生马家中对近卫评价说道：“近卫这个人是个像富士山一样的家伙。”有岛的女儿晓子问为什么，他回答道：“从远处望很漂亮，但到了近处看就全是岩石，粗糙不堪。”

军于1931年制造的“九·一八”事变,他大为赞赏,并且还称其为“命中注定”的前进方向。

虽然在1937年6月4日就职当天，近卫文麿曾发表演说，宣称要“实现以国际主义为基础的真正和平”，但藏在他心底最深处的魔鬼最终还是战胜了口头承诺。就在同一个月，日军在中国北平西南的宛平城附近不断进行挑衅性的军事演习，到7月7日，甚至借口一个士兵失踪，要求进入宛平城进行搜查，同时提出要求中国驻军撤离宛平等地的无理要求。中国军队自然不会答应如此荒谬的要求，日军由此发动了对中国的全面战争。这就是近卫文麿提出中国应该“谢罪”的事件，“卢沟桥事变”让一向好战的近卫文麿尝到了甜头，连同那些被“赫赫战果”冲昏头脑的阁僚一起，做出了增兵中国，扩大战果的决定。

▲20世纪30年代日本士兵出征前在东京靖国神社接受祝福。

日本的侵华战争由此全面爆发，日本军队中军国主义的典型代表关东军参谋长东条英机、陆相杉山元等人，沉迷于战争所带来的狂热情绪之中,忘形地叫嚣着“三个月内灭亡中国”。尽管军队中也有参谋本部作战部长石原莞尔之类的冷静者，却毕竟少之又少，因此当他提出“如果爆发全面战争，会使日本陷入无底深渊之中”时，其微弱的声音迅速淹没在了其他人的狂欢与呐喊声中。

7月27日，日本国内的3个内地师团开进华北地区，向驻守北平的军队发起了攻击。8月，日军陆军组编上海派遣军，开始了对上海的大举进攻，“淞沪会战”爆发。它对于心急的日本人而言，无疑是一场过于漫长的战争，因为从8月对上海发动进攻到11月日军占领上海，一共花去了三个月的时间，而这曾经是日本定下的灭亡中国的期限。

1938年4月1日，近卫文麿内阁发布了《国家总动员法》：要不惜血本、孤注一掷。同年，日军相继占领徐州、开封、武汉、广州，并对八路军的晋察冀抗日根据地进行了连续两个月的烧杀淫掠。

此时的近卫文麿非常清楚，日军在中国战场多待一天，损失就惨重一分。于是，尽早从中国战场抽身的想法闯入了近卫文麿的脑海，为此他不得不做出和战并行的两种举措。

> **近卫文麿是如何死的？**
>
> 1945 年 12 月 16 日，发动全面侵华及太平洋战争的罪魁近卫文麿为逃避人民的审判，在美军占领当局刚刚发出对他的逮捕令后服毒自杀，结束了罪恶的一生。

1938 年 11 月 3 日，近卫文麿发表声明，改变原来的战略方针，将中国的国民政府由对手变为合作伙伴，并提出了日、满、华携手，以“确立国际主义”、“共同防共”、“创造新文化”、“实现经济合作”等。显然，他的目的是要拉拢国民政府，迫使其屈服。但除了收获了一个以汪精卫为首的汉奸政权外，其他的一切照旧。此后，近卫文麿还多次提出所谓的“合作”声明，结果都吃了“闭门羹”。

至此，近卫文麿已全无办法，灰心丧气的他剩下唯一的一条路，就是辞去首相职位，由其他人来替他解决日本侵华所造成的各种问题。事实上，无论是之后接任的平沼男爵，还是再度出山的近卫文麿，都无法将日军从中国战场的“深渊”中拯救出来，除非这场战争结束。

身在前线的日军，无论是否认识到了自己的窘境，都唯有继续作战，甚至以更疯狂的态度残害占领区的百姓。烧杀抢掠、无恶不作，而这其中最令人发指的，莫过于 1937 年 12 月占领南京之后长达数月之久的大屠杀。

相关链接

20 世纪日本的侵华战争，有具体而详细的计划书——《田中奏折》，它是 1927 年日本首相田中义一向天皇呈交的秘密文件。但 1929 年 12 月南京出版的《时事月报》上竟刊出了这份秘密文件的全文，它究竟是怎样公之于众的呢？

原来田中义一呈上奏折之后，曾公开宣称日本对满蒙的特殊权益。此话一出引来无数的情报人员汇集东京，而真正拿到这份奏折的是仍心系中国的蔡智堪。1928 年 6 月的一天，他接到一个纸条：“英美方面传说，田中首相奏章，对我颇有利害，宜速图之，用费多少不计。”接此任务后，蔡智堪用尽办法说服了当时日本的民政党主席床次竹二郎帮助他潜入皇宫，抄写《田中奏折》。冒着生命危险，蔡智堪用两个晚上的时间，才将奏折的内容抄写完毕。此后又几经波折，终于传回中国，这才能将其公之于众。

南京大屠杀

日军冲进南京城，丧心病狂地挥舞着手中的刺刀，面对无辜的百姓，手起刀落之间，再一次向世人证明了他们不是人，而是禽兽。这帮禽兽在无辜者的尸体上获取着变态的满足感，南京城中所有人的生命，于他们而言，就像是随手可以捏死的蚂蚁。兽性已完全占据了这些日军的心，他们不仅将杀人视为“游戏”，而且如禽兽般蹂躏着每一个进入视线之内的女人。南京城，因这帮充斥着兽性的侵略者的进入，瞬间变为了一座人间炼狱。

1937年8月13日，历时3个月的“淞沪会战”爆发，中国军队浴血奋战，粉碎了日军“三个月灭亡中国”的迷梦。11月5日，日军第6、第18、第114师团突然在杭州湾的全公亭、以及金山卫之间登陆，配合其派遣军对上海形成了合围，8日，蒋介石下令全线撤退，12日，上海沦陷。整个淞沪会战，日军参战部队为9个师团，共22万余人，伤亡9万余人；中国参战部队有6个集团军，共70余万人，伤亡达25万余人。

“日本兵完全像一群被放纵的野蛮人似的来污辱这个城市，他们单独或者两三人为一小集团在全市游荡，实行杀人、强奸、抢劫、放火，江边流水尽为之赤，城内外所有河渠、沟壑无不填满尸体。”

——《远东国际法庭判决书》

上海沦陷后，日军又立刻集结了8个师团的兵力，20余万人，水陆并进，向距上海300多公里的国民政府首都南京逼近。南京城的守军大多是淞沪会战中撤下来的部队，人数约有10万人，装备精良，坚守一个月不成问题。若真到了要与日军进行巷战的地步，中国军队反而更具优势。

11月15日至18日，蒋介石连续召开了三次高级幕僚会议，在撤与守两种争论中，蒋介石虽未表明意见，却默许了不作“无谓的牺牲”、象征性防守南京的主张，并将防守的任务交给了力主死守的唐生智。

▲1937年12月日本小学生在东京庆祝日军攻占南京。

12月10日清晨开始，日军向南京各城门发起猛烈攻势，12日，中华门被攻破。12月7日，蒋介石离开南京之后，唐生智下令封锁南京通往江北的道路，销毁渡船，禁止任何部队从下关渡江，同时也断绝了大量平民撤离的可能。12月11日，蒋介石通过顾祝同下令撤退，也就意味着唐生智的象征性防守任务已经完成。信誓旦旦要死守南京的唐生智，于12日在未组织任何撤退的情况下下令弃城，自己先乘保留的汽艇逃跑了。

十几万的守军失去指挥，军心大动，顿时土崩瓦解。13日，南京沦陷，日军在坍塌的南京城墙上狂吼，日本国内也是一片欢呼声。与日军的狂吼与欢呼相随而来的，是南京的痛苦和悲惨。同一天，日本军官宣布“解除军纪三天”，于是丧心病狂的大屠杀便开始了。

1938年元旦刚过，南京的街头丝毫没有喜乐与欢庆的气氛，相反随处可见的是荒凉、凄惨的场景。满目皆是断壁残垣的街道中，死亡的气息压迫得人喘不过气来，每隔几步就有倒地而亡的平民，死状更是惨不忍睹。街上偶尔可见的日本官兵，穿行于死气沉沉的街头，如吸血鬼般搜寻着“猎物”。

此时距日军攻陷南京不过十几天的时间，南京就从一个热闹非凡的城市变得宛若一座死城。如此的巨变，从日军进入南京的那一刻便已开始。

英国《曼彻斯特卫报》派驻中国的记者田伯烈，在日军攻占南京时的12天里，记下了每天的所见所闻并对其做了报道：

1937年12月13日，星期一

今天，劫后的南京，满目荒凉，一片焦土，到处是毁坏的痕迹。南京陷入彻底的无政府状态。要是看到兽性勃发或狂醉的日军从强奸女人的地方走出来，就知道情况很危险。我们看到日军劫掠最可怜的穷人，连一个铜板和一件棉袄都不准保留，连人力车夫的车子也无法幸免；我们看到日军从难民区里拖出成百上千已被解除武装的中国士兵，把他们杀死，或当作练习刺杀的对象；我们看到大批妇女惊恐万状，悲伤哭泣……我有生以来第一次看到了人间地狱。

12 月 14 日，星期二

日军潮水一般涌入城内。恐怖时代随之开始，而且恐怖的程度日益加剧……

晚上，日军把附近一个收容所中的 1300 个难民全部拖走，用绳子捆着，押向刑场，却听不到一声呜咽。我们目睹当时的情景，心里痛苦极了。

12 月 16 日，星期四

早晨，我们开始听到强奸妇女的事情。据我们所知，有 100 个妇女被日军劫去，其中 7 个是从金陵大学图书馆劫走的，在家里被强奸的妇女更是不知其数。

12 月 17 日，星期五

劫掠、屠杀和奸淫有增无减。昨日白天和夜间，日军强奸了 1000 名妇女。一个兽兵在强奸时，婴儿在旁哭声不断，兽兵便把他活活掐死。医院里挤满了受难者。

12 月 18 日，星期六

早餐时，李格斯说，住在他家里的两个女人，昨晚被强奸了。威尔逊报告，一个 5 岁的女孩子被送进医院，她被日军刺了五刀；一个男人身上有 18 处刺刀的伤痕。下午，有四五百个恐怖过度的妇女，涌入我们的办公处要求保护。

12 月 19 日，星期日

日军放火，燃烧甚烈，据说有几处也要烧。一天内日军闯入一些外国侨民的住宅达十次之多，搜劫住宅内的难民，强奸妇女。难民区中有七个清洁工，日军杀死其中六人，一人负伤逃出。街道上有很多尸体，全是死去的平民。

12 月 20 日，星期一

暴行在继续进行。全城大火蔓延。下午我同史密斯乘车外出……向南走，看见日军在店内纵火，他们忙着把货物装进军用卡车。夜间，

日本 731 部队到底犯下了怎样的滔天罪行？

1936 年，日本在中国东北哈尔滨郊外成立了一支秘密部队 731 部队，731 部队在活人身上进行实验，其研究包括瘟疫菌、炭疽热菌和其他致命的病菌做人体试验，至少 3000 人被杀，至少 20 万人在鼠疫中丧命。

我从窗口眺望，14 个地方冒出火舌，向天空飞腾。

12 月 21 日，星期二

……雷伯住宅的对面已经起火。他的花园里还住着四百多个难民，吃的问题更加严重了。

12 月 22 日，星期三

我同史波林走向办公楼附近的一个池塘，看见 50 具平民的尸体，手被反绑着，其中一人被削去了半个脑袋，他们大概是牺牲于军刀之下吧……

下关电灯厂姓吴的工程师向我们讲起了一件事情：该厂共有 54 个职工，工作很负责，直到南京失陷的最后一天才停止工作，避入英商和记银行。日军借口该厂属于国营（实际是民营），便把其中 43 名职工拖出去枪决了。

12 月 23 日，星期四

农村师资培训学校收容所里的难民，又有 70 个人被拖出去枪杀。日军可以随意乱抓中国平民。任何人，只要手上有硬茧，就可作为当兵的证据，他就必死无疑。

中午，从外面送来一个人，头部被烧焦，眼睛和耳朵被割去，鼻子只剩下一半，惨不忍睹……

12 月 24 日，星期五

7 个日军盘踞在圣经师资培训学校，他们强奸妇女。在我们办公楼的附近，3 个日军强奸了一个 12 岁的女孩！街上仍然有很多人被刺伤。

12 月 27 日，星期一

今天进入日军占领南京的第三个星期了。日军仍然毫无纪律，骚扰和暴行事件日益增多，不知还有多少罪行不属于我们的所见所闻。

纵火还在继续。今天城南有两所基督教教会学小被焚毁，德国商人的起士林糖果店也起火燃烧……

田伯烈所见不过冰山一角，日军此类的暴行在占领南京后的每天都在进行，长达数月的大规模屠杀，令南京这个中国的六朝古都，当时的国民政府首都，化作了毫无人道可言的人间地狱。然而，日军丧心病狂的暴行，并非只施行于南京一城、中国一国，东南亚许多遭受日本侵略的国家，都曾有类似的惨痛回忆。

相关链接

南京大屠杀，不只是一般人认为的六个星期，只是这六个星期的屠杀最为严重。严格来说，南京大屠杀最严重的阶段，是从1937年12月13日南京沦陷之日起至1938年2月5日新任日本南京守备司令官到任为止。此后，尽管日本将领下令恢复南京秩序，但日军在南京的暴行并没有停止的迹象。正如当时纳粹德国驻华大使馆政务秘书乔治·罗森1938年3月4日发往柏林外交部的电报中所说：“二月份及本月近几天南京及其周围的形势已有些稳定……日本人的暴行在数量上已有减少，但在性质上没有变化。”

偷袭珍珠港

基地组织策划的“9·11”事件，震惊世界，美国的民众为此付出了惨重的代价。与“9·11”事件类似，美国在20世纪40年代初，也曾遭受过一场毫无预兆的突袭。日本的不宣而战使美国损失惨重，由此引发了美国民众的怒火，原本远离二战战火的美国从此卷入战争之中，并视日本为最主要的对手。

1941年，随着二战战火的不断蔓延，在侵略中国的战争中遭遇困难的日本，转而将目标投向了东南亚的其他地区。日本在东南亚的不断扩张，引起了环太平洋地区主要强国尤其是美国的不满。为了遏制日本的这种势头，美国向日本发出通牒，要求日本撤出印度，并冻结了对日本的经济贸易，尤其是石油贸易。日本本土无法生产石油，美国又实行石油禁用，这样一来，日本的飞机无法升天、军舰无法出海，日本对外扩张陷入困境之中。

就这样，美国成了日本实现所谓“大东亚共荣圈”最大的一块“绊脚石”，要想改变这种状况，只有两种可能：一是停止对外扩张，向美国靠拢；二是南下夺取资源，继续对外扩张。在对外扩张中杀红了眼的日本，显然不会选择屈从于美国，自然地，他们选择了第二条道路，那就是继续战斗。

在英美开展的前6到12个月，我将会一往无前，所向披靡。但以后，如果战争继续下去，我没有成功的希望。
——偷袭珍珠港的幕后天才山本五十六

主意已定，接下来要做的就是制定南下的计划与策略。对于日本来说，夏威夷东距美国西海岸，西距日本，西南到诸岛群，北到阿拉斯加和白令海峡，都在2000海里到3000海里之间，这样的一个中续战无疑是至关重要的。想要夺取太平洋上的制空和制海权，使南下的道路畅通无阻，日本首要的目标就是太平洋上的交通枢纽——珍珠港，就像日本联合舰队司令山本五十六所说的那样：“除非在夏威夷海域把美国舰队歼灭，否则日本没有希望赢得胜利。”

因此，突袭珍珠港，成了日本南下计划的第一步。为保证“突袭”成功，日本隐藏起自己真正的目的，用一系列假象来迷惑美国。面对美国提出的停止扩张的要求，日本假意和美国进行谈判，从1941年2月开始，日军海军大将野村吉三郎与美国总统罗斯福和国务卿赫尔进行了多达54次的会谈。此外，日本还派出“民间”代表团，与美国方面进行交涉。甚至到12月7日，日本偷袭珍珠港时，日本代表团还照会美国政府，表示日本“不拒绝谈判的机会”。

“虎！虎！虎！”代表什么？

日本偷袭珍珠港后，美军在毫无戒备下，损失惨重，太平洋舰队几乎全军覆没。“虎！虎！虎！”是日军战机偷袭得手后向母舰发出的密电，因为日本人迷信地认为虎是一种能平安地从千里征途上归来的神奇动物。

同时，为了增强说服力，日军在准备偷袭期间，还组织了与南下毫无关系的登陆演习。甚至还大肆制造进攻苏联的假象，又是在中国东北地区进行军事演习，又是增兵东北，表面看来丝毫没有要与美国为敌的意思。

然而，与这些假象同时展开的是为偷袭珍珠港而进行的紧锣密鼓的准备工作。为了解内情，日本派出约200人进行间谍活动，广泛搜集情报；同时秘密进行以舰载航空兵为主的实战演练。所有的准备工作，都是高级机密，只有山本五十六和少数几个高级军官知晓，甚至在日军向珍珠港航行的12天当中，所有的无线电联系全部中断。保密工作，做得真可谓是万无一失。

11月25日，山本五十六下令突击舰队向夏威夷进发，一支由6艘航空母舰为主力的日本海军舰队，在海军中将南云忠一的指挥下离开日本开往珍珠港。除此之外，日本舰队还包括2艘战列舰、3艘巡洋舰、9艘驱逐舰和3艘潜艇。另外，还有8艘油轮和2艘驱逐舰在太平洋上等候接应。

经过12天的航行，日本舰队于夏威夷时间12月7日凌晨到达珍珠港以北370公里的预定海域。此刻，珍珠港内停泊着美国的8艘战列舰，机场上停放着370架飞机。

此时的珍珠港，人们正享受着周日的惬意。有些人已经坐在餐桌前开始享用丰盛的早餐了，有些人还沉浸在甜美的睡梦中。时间很快来到7点50分，各军舰按照惯例准备升旗，军乐队员正在整队，准备演奏国歌。上岸度假的军官和水兵，悠闲地朝停在港口的军舰走来。就在此时，一群飞机掠过葱郁的山峦，直向基地飞来。水兵们漫不经心地向空中望去，他们以为这是美国飞机在进行例行飞行训练，于是仍慢慢悠悠地做自己的事。

12 月 7 日早上 6 点整，183 架舰载飞机从 6 艘航空母舰上起飞，穿云破雾，直扑珍珠港。7 点零 2 分，珍珠港美军雷达站的两位值班士兵，发现雷达屏上出现大片亮点，连忙向上级泰勒汇报。泰勒随口答了一句："那是我们的飞机。"就此，错失了最后一次减轻灾难后果的机会。

▲1942 年美国征兵宣传画，上面写着："我们发誓烈士的血不会白流……"

7 点 40 分，日军飞机到达珍珠港上空，投下黑压压一片炸弹，顿时，整个珍珠港像是被点燃了一般，火光冲天，原本宁静的早晨瞬间变成了充斥着惊恐与呐喊声的火场。港内的人们个个慌不择路，停在飞机场上的美国战机被炸得碎片横飞，停在港口的军舰则被烧得浓烟滚滚。数以千计的美国官兵和原本就在珍珠港生活的人，葬身于这场突如其来的袭击当中。7 时 53 分，渊田中佐发回"虎！虎！虎！"的信号，表示奇袭成功。此后，第二攻击波的 168 架飞机再次发动攻击。

毫无准备的美军损失惨重，在珍珠港的 8 艘战列舰 4 沉 4 伤，4 艘巡洋舰 1 沉 3 伤，3 艘驱逐舰 2 沉 1 伤，8 艘辅助舰被毁，2403 人丧生，178 人受伤。而日本仅仅损失了飞机 29 架，飞行员 55 人。

日本的此次偷袭，使美国的舰队有近半年的时间无法作战，因而，日本一举夺下了在西太平洋地区的主动权。但同时此举也激怒了美国人，从此以后，每年的 12 月 7 日被定为美国的"国耻日"。美国也改变了二战开始以来的"中立"，加入到了对日作战中。

日军的这次偷袭，使其与美国结下了"大梁子"，当他们举杯欢庆南下计划首战告捷的同时，美国正在为复仇而积蓄力量，数以万计的日本百姓将为日军的此次偷袭付出沉重的代价。

相关链接

珍珠港事件还存在着另外一种说法，即这是美国人的阴谋，美国故意让日本偷袭成功。

疑点一：据说日本方面曾在攻击珍珠港前30分钟递交了对美宣战的最后通牒，但美国方面收到日本外交部通牒的时间竟是在珍珠港战斗已经打响之后；

疑点二：日本偷袭前，美国方面突然调派大量医药物资和医护人员到珍珠港，并通知12月7日的休假取消；

疑点三：袭击前，美军将一些战斗机分散到偏远的小机场，显然这是不合常理的军事调动；

疑点四：遭到突袭后，美军以惊人的速度打捞、修理并改装了被击沉的军舰，并使其战斗力上升到一个新的水平，这与非常复杂的军舰改装过程并不吻合。

面对诸多的疑点，有些人认为这是美国的阴谋，是为了改变美国国内孤立主义思想的一出“苦肉计”。然而，是真是假，至今尚无定论。

东京大轰炸

俗话说：善有善报，恶有恶报，不是不报，时候未到。日本决定偷袭珍珠港时，就应该想到：挑衅者终究要面对来自于受害者的复仇之举。日本或许将珍珠港事件后所遭遇的美军突袭视为美国的报复，但对美国人而言，那不过是一场象征性的任务，真正的复仇时机还未到来。美国秉持着“不鸣则已，一鸣惊人”的宗旨，在等待一个绝佳的机会，给日本人以致命打击，以泄心头之恨。

日本成功偷袭珍珠港后，美国迅速做出反应。1942 年 4 月 18 日，吉米·杜利特尔中校派出 16 架 B-25 战略轰炸机袭击日本的东京、横滨、名古屋和神户的油库、工厂和军事设施。但是这次的攻击只是象征性的，并未给日本造成重大的损失，美国只是想要日本明白自己是“睡着的狮子”，而不是“病猫”。

为了一雪前耻，在接下来的日子里，美国致力于轰炸机的研究。连续两年，都未对日本本土进行战略轰炸。就当日本人深陷二战的泥潭，开始逐渐淡忘曾经在珍珠港与美国结下的仇怨时，美国的 B-29 超级空中堡垒式轰炸机研制成功。这种轰炸机的时速达 563 千米 / 小时，飞行高度超过 1 万米，续航里程为 6430 千米，打击距离达到 2400 千米，并能携带 9000 公斤的炸弹。单从飞行的高度与速度来看，就远远超过当时日本的所有战斗机。

1944 年 6 月 15 日和 11 月 24 日，美国先后两次派出 B-29 对日本进行实验性的突袭，不仅收效甚微，还使美国损失了 150 多架轰炸机和上千名机组人员。不得已之下，美军被迫做出战略调整，由实验阶段的日间精确轰炸改为夜间的地毯式燃烧弹轰炸。

1945 年 1 月底，美国陆航总司令阿诺德将军委任第 20 航空军

日本“神风特攻队”是怎么回事？

为了应对美国在太平洋推进的勇猛势头，日本于 1944 年组织了一种新的武器，即自杀式飞机攻击。其第一任司令大西泷治郎坚信神风特攻队是日本的希望所在：“让年轻人死得完美，这就是神风之宗旨。让人死得美丽，这叫仁慈。”神风特攻队的队员大约在十八九岁到二十一二岁，已婚男子不得参加，他们都经过特殊训练，甚至有一本飞行员自杀手册，教会他们如何进攻，如何走上死亡之旅。

司令部指挥官柯蒂斯·李梅少将负责对日的战略轰炸。此时年仅38岁的李梅少将，是当时美国最年轻的陆航将军，曾在对德作战中取得过骄人成绩。上任之后，李梅根据日本特殊的工业生产模式，发现了日本城市的弱点，如住房密集且多为木板结构、消防能力差和夜间防空力量薄弱等，在此基础上充分肯定了夜间地毯式燃烧弹轰炸的战术。

▲1945年燃烧弹空袭东京后造成的破坏。

2月19日，美国海军陆战队攻占了硫磺岛，为B-29赢得了轰炸日本本土的中转机场。李梅决定立即展开对日本本土的轰炸。当日，第20航空军的指挥部发出了将“试验性”燃烧弹空袭提到优先位置的新命令，并下令2月23日至24日发动对东京的第一次大规模燃烧弹轰炸。

李梅同时还下令，除尾炮外，B-29上所有的武器均由燃烧弹替换。此令一下，全军哗然，几乎所有的人都认为这一决定太冒险了。但李梅信心十足，甚至还决定延后将计划呈送华盛顿的时间，自己承担此次作战任务的全部责任。战前的动员会上，李梅激动地呐喊：“我们要烧掉那些木板做的日本城市！让我们放一个日本人从未听过的大鞭炮！”参战的机组人员被他的激情与魅力感染，不再疑惑重重，全力投入到空袭的准备工作之中。

23日夜，174架B-29轰炸机在东京抛下大量凝固汽油弹，东京约2.56平方千米的地方变成了废墟，美国出师大捷。当夜，裕仁天皇紧急召见前首相东条英机和其他政府要员分析战争局势。26日，东条英机回复天皇：估计美国人不可能再增加轰炸机突袭，甚至无法保持目前的攻击率。即便美国真的可以，这种来自两千多公里外的袭击，也不应成为打击日本信心的诱因。

3月9日，日本军国主义“军人节”的前一天，东京街头一片繁华景象，人们互相问候着，以表达对战争前线亲人的平安愿望。另一边，美军正在李梅的统帅下，做着突袭的最后准备。傍晚5点34分，托马斯·鲍尔准将率领334架B-29“超级空中堡垒”从马里亚纳群岛的塞班岛和提尼安岛机场起飞，扑向日本东京。

3月10日零时15分，美军的轰炸正式开始，此前一直对B-29不利的天气，这次也帮了大忙。炸弹爆炸的瞬间，一股大风突然刮起，火势迅速蔓延开来。空袭持续了两个小时，风借火势，火助风势，烈火席卷了整个东京。

天亮之后，人们才看清了空袭的结果：建筑物和街道都已残破得无法辨认，只剩下一些残垣断壁，河水几乎都蒸发掉了，呈各种姿势蜷缩着的烧焦尸体遍地都是，就连空气中都弥漫着难以名状的臭味。据日本东京警视厅统计的数字，轰炸当晚约有10万人死于火海，还有10万人有不同程度的烧伤，另外100多万人无家可归，单是大火之后的清理工作就进行了25天。难怪一位幸存者回忆说：“那一刻，我怀疑自己是否还在人间。”

轰炸之后18小时，日本当时的首相小矶昭国发表电台讲话，强烈谴责美国的残酷与野蛮，并提醒日本国民类似的空袭可能还会出现。事实确如日本政府所想的那样，3月10日后，李梅指挥部队先后又对名古屋、大阪、神户等大城市和其他中心城市、交通干线进行了燃烧弹轰炸，整个日本几乎都被点燃了。

美国实现了最初的目标，让日本为曾经的恶行付出了极其惨重的代价，但因行为方式过于残忍，“李梅火攻”也遭到了许多人的质疑与诘问。

李梅与东京轰炸

1945年初，李梅将军开始负责用B-29对日本本土进行轰炸。李梅从军生涯中最辉煌的时刻由此开始，他策划的“火攻日本”行动对日本的战争能力造成毁灭性破坏，加速了日本的投降。战争结束时，李梅曾亲自驾驶一架B-29“超级堡垒”飞回美国。这次飞行的航程是从日本的北海道到伊利诺伊州的芝加哥，途中未停留，由此创造了一个世界纪录。

相关链接

1941年12月7日珍珠港事件后，美国总统罗斯福决定不惜一切代价突袭日本心脏——东京。美军原定的计划是“大黄蜂”号航母在行驶到距东京500海里处时，其上运载的轰炸机才起飞，直奔东京。不料，航母被日本发现了，美军被迫改变战略，轰炸机于距日本700海里处起飞。这次对美军机组人员而言生还可能极小的空袭，最终还是获得了预期的效果。精神为之一振的总统罗斯福，为此次的胜利特地在白宫举行了记者招待会。一位《洛杉矶时报》的女记者兴奋地问道：“总统先生，请问此次轰炸东京的飞机是从哪个基地起飞的？”罗斯福用他特有的幽默答道：“香格里拉（意为：心中的日月），我想是从那里。如果不是这样，亲爱的小姐，你说又能是从哪里呢？”

中途岛海战

古语有云：冤家宜解不宜结。然而，日本与美国之间的梁子，好像是越结越大了。先是日本偷袭珍珠港，惹怒了美国；之后，美国空袭东京，让向来骄横狂暴的日本吃了大亏。日本自然不会善罢甘休，心心念念要报美军突袭的“一箭之仇”。于是，日本与美国之间的恩怨越积越深。正当日本自以为找到了报复美国的最好机会时，却不知这场自认为稳操胜券的战斗竟会成为“大日本帝国”走向下坡路的开始。

自从偷袭珍珠港后，日本便开始了它的太平洋霸权之旅。珍珠港只不过是第一步。由于头一炮打得很响，在珍珠港事件之后短短3个月的时间里，日本就先后占领了东自威克岛、马绍尔群岛，西至马来半岛、安达曼和尼科巴各岛，南至俾斯麦群岛等地区，几乎完全控制了整个西太平洋。

胜利的狂热，包围着每一个日本人，同时也促使他们寄望于取得更大的胜利。此时，日本海军联合舰队司令山本五十六清醒地指出：“我们只是唤醒了一个巨人（指美国），必须在巨人尚未起身之前，完成袭击珍珠港未尽之事业，彻底击毁美太平洋舰队。”相应地，还提出了进攻中途岛的计划。

战争的胜负是与日本帝国的命运息息相关的。天皇军队历来百战百胜，你们应当铭记自身职责，绝不能玷污其辉煌历史，任何时候绝不放弃。

——日本《战阵训》

中途岛，顾名思义为中途之岛。这个小岛虽然面积只有4.7平方公里，但因其处于亚洲和北美间太平洋航线的中途，战略地位非常重要。尤其是对美国而言，它不仅是太平洋地区的军事基地与交通枢纽，同时也是夏威夷的门户和咽喉，因而更是重中之重。

山本五十六也正是看中了中途岛的重要性，尤其是对美国而言意义重大，因此，他很快便将目标锁定在了这个岛屿上。1942年4

月 28 日，山本五十六召开海军高级将领会议，确定了进攻中途岛的作战计划，并将进攻的日期初步定在了 6 月初。

正当日本海军为此战厉兵秣马之时，珊瑚海海战爆发了，此战，日军联合舰队中的两艘航空母舰——“翔鹤”号和“祥凤”号受到重创。自信满满的日本海军以为美国的“列克星顿”号已在这次海战中被击沉、“约克”号也受了重创，中途岛海战，美国只能派出剩下的两艘航空母舰“企业”号和“大黄蜂”号，应战自己的“苍龙”号、“飞龙”号、“赤城”号和“加贺”号。于是，便将受重创“祥凤”号和“翔鹤”号停在军事基地，未将其列入参战的行列。

美国方面则完全不同，在英国、荷兰等相关情报单位的帮助与合作下，美国海军情报局在 5 月上旬在破解日本海军主要通讯系统 JN-25 上取得了重大突破，不仅窥探到了日本海军的实力，还从中获悉日本下一个攻击的目标就是中途岛。

情报的破解工作仍然在进行中，美国太平洋舰队司令、海军上将切斯特 · 尼米兹在战争开始前三天，才掌握了日本舰队的可靠情报。于是，在珊瑚海海战中受重挫、需要几个月维修方能恢复的“约克”号，在 72 小时不眠不休的抢修之后，和“企业”号、“大黄蜂”号以及其他舰艇一起奔向中途岛，埋伏在中途岛的东北方，准备攻击前来的日本海军。

1942 年 6 月 3 日，日本舰队在雨幕掩蔽下，开始进入攻击位置。与此同时，山本五十六收到两条情报：一是日本舰队此行已经受到美军的空中监视，美方有可能会在日本之前先发动攻势；二是美军的“约克”号尚在所罗门群岛。显然，前一条情报是正确的，而后一条是错误的。

然而此时，山本五十六只顾着考虑如何应对美军的轰炸机，而完全失去了对情报可信度的判断。所以，当 6 月 4 日凌晨一批又一批的日军俯冲轰炸机、水平轰炸机和零式战斗机逼向中途岛的美军时，所有的美军飞机都已升空，而且都出现在了日本舰队的上空。面对从天而降的鱼雷，日军完全乱了阵脚。

然而，随着美军飞机一架架被击落，日本水兵又恢复了激昂的

山本五十六是怎么死的?

1943 年 4 月，山本五十六视察前线。美军截获了该情报，并且派战斗机在途中击落了山本的座机，山本身亡。一个多月后，日本才公布这一消息，追认山本为元帅并举行了隆重的国葬。

中途岛海战日军为何会失败?

美国著名海军历史学家塞缪尔·E·莫里森把美国海军在中途岛海战中的胜利称之为"情报的胜利"。美国海军提前发觉日本海军的计划，是日本海军失利的唯一最主要的原因。但许多军事家认为：日本海军坚持以战列舰作为海战决战的决定性力量，把航空母舰当作辅助性力量使用，忽略了航空兵力的作用是导致失败的主要原因。

斗志。可是没等他们高兴多久，就听到了来自于天空的呼啸声，那是从“企业”号和“约克”号起飞的轰炸机，它们趁日军飞机尚未起飞的时候开火，这无疑是最合适的时候。

在美军轰炸机起飞 6 分钟后，“赤城”号就连同甲板上的飞机全都爆炸了，紧接着是“加贺”号迅速下沉，同时“苍龙”号也变成了一座燃烧的地狱。面对突如其来的溃败，日军仅存的“飞龙”号接到了炸沉美军“约克”号的命令。就在“约克”号应付“飞龙”号的同时，美国的“企业号”和“大黄蜂”号连同其上的所有飞机，都被调来支援，齐齐冲向“飞龙”号。

在三艘航母和无数飞机的夹击下，“飞龙”号如同一颗任人摆布的“棋子”，最终还是无法摆脱沉没的命运。至此，山本五十六带来的 4 艘航母都被击沉，在他刚刚到达中途岛的外围，胜负已分。

6 月 5 日凌晨，原本应该是炮轰中途岛的命令变成了“取消中途岛的占领行动”，日本舰队落荒而逃，准备多时的中途岛海战就此落下帷幕。

为了掩饰落败的现实，也为了鼓舞挫伤的士气，归国途中的日本海军电台播放了嘹亮的海军曲，还宣称日本已“成为太平洋上的最强国”。当他们踏上自己的国土时，国人甚至还举行灯笼游行以庆祝“英雄”的归来。欺骗与谎言，成了日军高层面对创伤的唯一反应。

相关链接

美军海军情报局最初解读成功的 JN-25 信息，是日本海军下一个进攻的目标将是“AF 方位”。由于技术原因，美军还无法破解“AF 方位”的具体位置。于是，针对这一信息，美军的高层将领出现了两种不同的理解：一些认为“AF 方位”是中途岛，另一些认为是阿留申群岛。正当双方争执不下时，一名年轻军官想到了一个绝妙的办法，以确定“AF 方位”具体指的是哪里。他提出由中途岛海军基地以无线电向珍珠港求救，表示中途岛出现了饮用水的供应问题。不久，美军海军情报局截获了另一则 JN-25 信息，其内容便是“AF 方位”面临缺水危机。由此，“AF 方位”的具体所指由日本人亲自为美军作了确认，它指的就是中途岛。

“大和”号的沉没

由于天然条件的限制，在军事力量的发展上，日本不可避免地落后于美国。但这个个小心大的“桃太郎”不会轻易认输，为了能与美国的海军抗衡，日本将注意力投放到了建造巨型战列舰上，希望以单艘战列舰的威力来抵消美海军在数量上的优势。在这一思想的指导下，日本的“大和”号战列舰应运而生，它是日本海军最大的一艘战列舰，其在海军中的地位相当于天皇对整个日本的意义，所以，当它一点点地沉入中国的东海时，日本的海军也就随之一起葬身于无底的深海中。

大和，不仅是日本人对自己民族的称呼，也是二战时期日本最大战列舰的名称。

1941 年 12 月 7 日，日本偷袭珍珠港那天，“大和”号战列舰试航结束；日本由攻转防的中途岛海战中，“大和”号第一次参战，却只是在离战场 300 海里处“观望”；所罗门群岛激战中，服役两年的“大和”号还未向敌人开火就遭到了美军的鱼雷攻击；莱特湾海战，“大和”号亲眼目睹了姊妹舰“武藏”号被击沉。“大和”号在一次次“大材小用”的战争中，从产生走向了灭亡。

对于工业基础相对薄弱、资源匮乏的日本而言，“大和”号这样的战列舰无疑是海军最大的希望。或许正是由于“大和”号从一开始就被置于一个较高的地位上，因此，真正需要出动到“大和”号的战争并不多，而且有些时候由于战争条件的限制，“大和”号根本不适合参战。就这样，“大和”号成了一个备受保护的秘密武器，如非必要大都留在基地内进行保养，故而这艘设施完备的战舰被水兵们揶揄为“大和宾馆”。

日本人为什么自称大和民族？

日本民族有“大和民族”之称，理由是公元 3 世纪日本九州中部曾建立过“大和国”。“大和族”是由历史上先后迁入日本的通古斯族（即东胡族）、马来族、印度尼西亚族、汉族和朝鲜族经过长期共同生活，相互影响，逐渐融合而形成的。少数民族只有“阿依努族”，又称“虾夷族”。

1945年，太平洋战争已经接近尾声，美国海军在见识过“大和”号这个庞然大物后，找出了应对之法，那就是用自身强大的空中优势来牵制它。4月1日，美军开始实施冲绳岛登陆战，1300艘美国运输船和战舰进入冲绳岛西海岸附近的阵地，水陆两用车辆冲向海岸线，同时飞机投下数以千计的炸弹。

美军原本以为会遇到激烈的反抗，因而做好了大量伤亡的准备，还让医疗队跟随登陆队伍同行。事实却出乎美国人的预料，他们的登陆战几乎没有遇到任何抵抗，预计三天的登陆时间只用了两个小时。当天黄昏，美军6万名士兵和大部分的军备、给养都已上岸。面对此种情形，美国人不明所以，部分人甚至荒诞地认为这是日本人送给美国人的愚人节礼物。

日本人自然不会在南大门面临失守的危险时刻做出如此愚蠢的举动，就在美国士兵庆祝登陆成功时，日军的庆良间列岛的修理所里，正以最快速度修复着战舰。4月5日，日本军部正式下令，由“大和”号、一艘轻型巡洋舰和一队驱逐舰经丰后海峡，到冲绳岛实施自杀性出击作战——“天一号作战”。

▲“大和”号的影视镜头

所谓“天一号作战”就是要求“大和”号主动吸引美军战机前来攻击，以掩护日军战斗机向美国军舰发起自杀式袭击。对于这个白白送死的作战计划，海军舰队的指挥官曾竭力反对，但日本军部明确表示此战的目的就是要让“大和”号成为1亿日本国民总特攻的先驱，以维护所谓的“光荣的帝国海军历史”和“悲壮的出击”。

4月6日下午3时，在伊藤整一海军中将的指挥下，以战舰“大和”号为旗舰的第2舰队10艘军舰，从濑户内海西部的德山锚地起航，准备向冲绳的美军舰艇发起最后攻击。至此，美军才意识到此前未遇到日本的阻击，是因为日军正等君入瓮。

次日凌晨，美军潜艇在九州岛西南海面发现了这支舰队。在自知已经暴露的条件下，日本舰队完成了210度的变阵，并继续向冲绳航行。美军与日军就这样不断地发现、调整，直到正午12点，日本防空驱逐舰的雷达探测到了美机踪迹。

美军的突袭来得很快，12时31分，美国海军发起第一轮进攻，美军250架飞机向“大和”号俯冲下来，集中攻击“大和”号左舷，有4枚炸弹落到了“大和”号第3号主炮塔附近，其中2枚225公斤炸弹穿透后部主甲板爆炸，将战舰后部的155毫米副炮和预备射击指挥所炸毁。12时43时,“大和”号左舷70度方向出现鱼雷机5架，舰长、航海长亲自操舵进行回避，但左舷前部还是被1发鱼雷命中，“大和”号的航速很快便降到了22海里。

随后，美军100多架飞机开始发起第二轮攻击。13时37分，“大和”号舰体左舷中部被3枚鱼雷命中，舰体左倾达7~8度。紧接着，美军的第三波来袭，又有2枚鱼雷击中了“大和”号，舰体的左倾程度已经增加了15度，航行的速度也已降到了18海里。但“大和”号仍然坚持向冲绳岛前行。

14时,“大和”号上空又出现数架美军轰炸机,左舷又被命中3发。14时15分，12枚鱼雷再次击中“大和”号，使其舰身倾斜至30度，航速也骤减至7海里。至此，“大和”号已无法再继续前行了，于是舰长被迫发出“方向舵故障”的旗语，同时下达了弃舰的命令。

十分钟后，船体横卧的“大和”号上的弹药库发生连锁爆炸，随着一声震天的巨响，这艘一度被认为是永不沉没的超级战列舰，连一发炮弹都还没对冲绳岛上的美军发射就缓缓地沉入了中国的东海。高高升起的烟柱，是“大和”号连同第2舰队司令长官伊藤整一中将在内的全舰官兵留下的最后一点痕迹。

浓烟散尽，寄托着日本海军希望的“大和”号彻底从这个世界上消失了，联合舰队因此全军覆灭。尽管日军在接下来的日子里，还在做着最后的挣扎，但自建成以来便毫无战绩的“大和”号的沉没，无疑是日本以超级战舰对抗美国海军计划的破产。至此，日本人不得不承认，他们已经无法阻止美军在冲绳岛的登陆作战，也无法抗击美军的其他进攻了。

日军残忍的根源是什么?

神道教是日本的国教，是日军的精神支柱，也是日本统治者控制军队的重要手段。神道教没有基督教、伊斯兰教、佛教那种仁慈、宽忍和牺牲自我的精神，更没有中国道家“无为”的思想，而是充满着入世、扩张、利己和好斗的教义。其成为日军残暴、血腥的精神根源。

战争的结局，已经展示在世人面前，唯一不能确定的，便是战争结束的时间。美国为了掌握这最后的不确定因素，采取了一个令世界震惊的方式，逼迫日本迅速举起白旗，给这场旷日持久的战争画上了句号。

相关链接

在冲绳战役，这场被丘吉尔称为“战争史中最激烈最著名的战役之一”的战争中，伤亡最大的既不是美军，也不是日军，是冲绳的百姓。而之所以会造成如此的结果，罪魁祸首竟是日军。早在战役开始前日军就强征冲绳的居民充当壮丁，无论男女。这些强征来的“部队”，因为没有进行正规的军事训练，在战争中所能发挥的最大作用，便是充当炮灰，掩护正规部队的撤离。尽管有冲绳百姓的帮助，日本最后还是败了，战争结束之后，日军把失败的情绪宣泄在了冲绳居民的身上：有些日军知道自己死期不远，就公然地强奸妇女，在实施强暴的过程中，还嫌旁边的小孩子哭声太大，逼迫被强奸的母亲掐死自己的孩子；日军还强迫当地老百姓与他们一同“殉国”，有不从者就强迫他们跳海。如此残忍的暴行，注定了日本战败的下场。

太阳旗落下

有压迫的地方就会有反抗，反对日本侵略的战斗，从一开始的星星之火到后来发展成了燎原之势，至此，曾经不可一世的“大日本帝国”再也没有当初的张狂，剩下的唯有困兽之斗。如此一来，在东南亚地区暂时升起的太阳旗，也像曾经的日不落帝国一样，注定会有落下的一天。

1945 年 8 月 14 日，天气又闷又热，加剧了人们的焦灼与不安，举棋不定的众人将目光齐齐地汇聚到那个身着戎装的人身上，等待他作出最后的决定。终于，那人开口了，声音里满是疲惫与无奈：“充满自信的获胜之言听了不少，但实际却和计划相去甚远。就目前国内外的形势来看，胜利已然无望，朕不忍目睹无辜的国民深陷于苦难之中，也不能眼睁睁地看着民族毁灭，因此，目前唯一可行之法唯有媾和。”

那个自称“朕”的人，便是日本的裕仁天皇，他不愿承认却不得不面对已经走投无路的日本战局，这对崇尚武士道精神的日本军人而言，无疑是莫大的打击。但同时他们也不得不承认——“媾和”是最理智、也是唯一的选择。

自中途岛海战之后，日本发现自己正逐渐由主动变被动，有些时候甚至出现了“只有招架之功，没有还手之力”的情形。到 1944 年上半年，由尼米兹和麦克阿瑟指挥的美军已经先后夺取了由日本委任统治的马绍尔、加罗林和马里亚纳三群岛，日军损失惨重。同年 10 月，在莱特湾海战中，日本几乎失去了所有的海空力量；1945 年 1 月，美军在吕宋岛登陆，3 月占领马尼拉；3 月到 6 月，美军占领硫磺岛和冲绳，迫近日本本土。

“玉音放送”是什么意思？

玉音放送，就是二战中日本天皇的《终战诏书》。玉音，在古汉语中释义为“清雅美妙的声音”，由于日本天皇的声音首次向日本普通公众播出，天皇的录音就被称为“玉音”，“放送”是日语“广播”的意思，故称“玉音放送”。

此时，日本已经到了绝境的边缘，这年5月，原本与它站在同一阵线的德国举白旗投降。7月26日，中、美、英三国发布了促令日本投降的《波茨坦公告》，勒令日本政府“立即宣布所有武装部队无条件投降，并对此种行动诚意实行予以适当及充分之保证”，并声明“除此一途，日本即将迅速完全毁灭”。日本对盟军的警告根本不加理会，甚至为了保住本土和朝鲜，还进行了战争动员，叫嚷着要发动保卫本土的最后计划——“决号行动”。

为了此次行动，日本军部集中了1万多架匆忙改装的飞机，并强制通过国民总动员法，规定15至60岁的男人和17至45岁的女人，都得参加义勇兵。显然，日本军部已经到了“荒不择路”的地步，不惜与盟军来个鱼死网破。

但他们的如意算盘落空了，因为此时美国的原子弹已经试验成功，而且正在讨论将其用于对付日本的问题。美国陆军部长史汀生说：“目前，面临的最大的任务，就是尽快让日本投降，结束战争。既然我们已经拥有了一种新式的武器（原子弹），且其威力无穷，为什么不使用它呢？”史汀生的这一主张不仅得到了马歇尔将军的支持，最后还获得了总统杜鲁门的许可。

▼幸存者

原子弹爆炸过后的45分钟，一些幸存者步履蹒跚地走过广岛的新庄桥，原子弹释放的巨大热量烧焦了他们的衣服，手臂也因严重灼伤而难以移动。即使在今天看来，广岛幸存者所留下的画面依然有着极其恐怖的震撼效果。

一场远远超乎想象的灾难开始一步步逼近日本。为了保证准确地把原子弹投放到目的地，美国做着尽可能充分的准备，同时也在等待合适的天气。8月5日，气象台预报说，日本连续几天的恶劣气候即将结束，6日天气晴朗，于是，8月6日凌晨2点45分，载着“小男孩”原子弹的飞机直奔本州岛而去。

在到达本州岛上空的那一刻，美国都还没有确定最后的投放目标，直到7点42分，驾驶员收到电报说：

“一切高度被云遮盖处不到十分之一，建议先在这里投弹。”这个临时被选中的城市，就是广岛。

尽管美国两天前就已经在本州岛撒了传单，警告人们在即将到来的大进攻前离开城市，但此时的广岛还是如平时一般拥挤，人们像往常一样，又开始了一天的工作与生活。也有人曾看到盘旋在头顶的飞机，但由于突袭警报已经解除，他们也并没有在意。所以，当 8 点 15 分，美军的飞机投下“小男孩”时，人们完全没有料到结局会那么可怕，甚至就连美军的飞行员也始料未及。

短短几分钟的时间，广岛如同消失了一般，13 万多人暴死。这样的结果令世界震惊，就连日本首相最初也很难相信一枚炸弹能有如此巨大的毁灭力，但事实确实如此，美国给了日本一次惊人的教训。

▲1945 年日本代表在美国“密苏里”战列舰上签订投降书。

8 月 9 日上午 11 点 30 分，美国又在日本长崎投下了第二枚原子弹。核轰击震撼了日本国民，也令天皇和重臣不得不重新考虑“投降”的问题。再加上苏联也加入到了对日作战的行列中，日本好像只剩下一条路可走了，于是便有了 8 月 14 日在皇室地下防空洞会议室里裕仁天皇“媾和”的决定。

1945 年 8 月 15 日正午，裕仁天皇通过广播发表《终战诏书》，宣布日本战败无条件投降。8 月 28 日，美国空军的飞机在东京机场我诚挚地希望，这实际上是全人类的希望，从这一庄严的时刻起，一个更好的世界在信仰和理解的基础之上，这个世界将致力于人的尊严，实现自由、宽容和正义的美好愿望。
——麦克阿瑟在受降仪式上的讲话

降落。30日，大批英、美军队在日本海岸登陆，实现了对日本的占领。

原定于8月底举行的日本代表签署投降书的仪式，因台风的影响，改到9月2日举行。当天，日本的东京湾，晴空万里，停泊于此处的美国战列舰“密苏里”号上，举行了隆重的受降仪式。

9点整，日本新任外相重光葵和日本参谋总长梅津美治郎代表日本政府在投降书上签字。随后，接受投降的同盟国代表：盟军最高统帅麦克阿瑟上将、美国尼米茨海军上将、中国徐永昌将军、英国福莱塞海军上将、苏联杰列维亚科中将，以及澳大利亚、加拿大、法国、荷兰、新西兰等国的代表分别在降书上签字，表示接受日本代表的投降。9月9日，侵华日军总司令冈村宁次在南京签署了投降书。

至此，日本发动的这场历时15年的侵略战争，终于画上了句号：日本落败。一度飘扬在亚洲地区的太阳旗，也随之落下。

相关链接

“密苏里”号虽然是美国的一艘超级战列舰，但与广阔的日本陆地相比较而言，无疑不是最宽阔的投降场地，那美国为什么会将举世瞩目的日本投降仪式安排在这艘军舰上呢？原来是为了平衡长期以来美国陆军与海军之间的矛盾。当麦克阿瑟接到总统的命令，出任驻日盟军最高司令，负责安排和主持日本投降仪式，并作为同盟国代表在投降书上签字之后，立即引起了美国海军的不满。毕竟在整场战事中，海军发挥了非常重大的作用，然而到了胜利的时刻，竟让一位陆军军官接受战败国的投降，这对于海军而言，无疑是对其功劳的忽视，因此海军部长福莱斯特建议，在投降仪式由陆军将领主持的情况下，仪式选择在一艘海军军舰上举行。为了能获得总统的同意，福莱斯特特别选择了以杜鲁门家乡命名并由他女儿马格丽特主持下水典礼的“密苏里”号。就这样，“密苏里”号成了日本投降这一重大历史事件的见证者。

》专题 军国主义及对外侵略

面对毫无道义的抢匪，与他理论正义是徒劳的，同样，面对丧心病狂进行对外侵略的日本法西斯，人们的善良也不能阻止其军国主义的扩张。人类的文明在它面前显得那般无力和渺小，所谓国际公约，文明国家的道德修养，在军国主义面前，无疑是被耻笑的对象。正如福泽谕吉所揭示的：百卷外国公法不敌数门大炮，几册和亲条约不如一筐弹药。

1842年，古老的中国大地被几艘“英夷”舰船轰开了国门，从此拉开了“三千年未有”的充满屈辱和伤感的历史。此时的日本正以“切肤者”的角度观察着这个自己师从了将近两千年的古国发生的巨变。同年，魏源写就《海国图志》，此书一经传到日本，立刻成为了当时日本知识分子人手一份的了解世界的“情报书”。也正是此书，日本人第一次对自己、对世界有了一个初步的认识。

19世纪中叶以后，中国在半殖民地半封建社会的泥潭中越陷越深，西方列强在中国开领馆、通贸易、压百姓、搞治外，在这片被他们定义为“冒险家的乐园”的土地上任意妄为。为了更深入地了解开国后中国的情况，德川幕府派出了一条名叫“千岁丸”的货船来到上海，船上的人多为武士和商人，他们的任务就是将在中国的所见所闻详细汇报给幕府当局。

当这艘被赋予特殊使命的货船开到上海时，看到码头上停靠着的那一艘艘巨大的外国船只，看着一队队外国士兵端着枪从身边走过，其中的一些人已经清醒地认识到单纯地靠闭关锁国来保存日本是不现实的，也是无法做到的。

1868年，日本“明治维新”开始，明治政府先后多次派遣人员出访西方，学习先进的科教文化和政治制度，许多人在目睹了欧美国家的繁荣兴盛后，也对包括中国在内的东方国家封建主义的相继没落进行了一番深思。这一时期，福泽谕吉接连发表的著作引发了日本人脱离亚洲，融入“欧美强国”的思潮。

福泽谕吉

日本近代著名的启蒙思想家、明治时期杰出的教育家。他对亚洲的观点，成为日后日本军队在亚洲国家实施暴行的思想根源。在一些学者的眼中，他更是日本侵略亚洲路线的基本设计者，堪称“日本近代第一位军国主义理论家”。而福泽“脱亚入欧”的理论至今仍在影响着日本的发展，可以说是“现今日本政治右倾化思潮的总根源”。

日本大钞上印着谁的头像？

与其他国家钞票上印有开国元勋或皇帝君主不同，日本的千元大钞上是穿着西装的一代文豪夏目漱石，万元大钞上则是穿着和服的福泽谕吉。可见文人、思想家在日本的地位之高。

福泽谕吉出生于1835年，被日本人称为“近代最重要的思想启蒙家”。在明治维新以前，他就多次随幕府官员出访过西洋诸国，对西方的近代文明有着最为深切的体会。明治十八年，也即1885年，福泽谕吉在《时事新报》上发表了其最为著名的一篇文章——《脱亚论》。他在这篇文章里鲜明地指出了日本今后必须走的道路：“如果想使日本文明进步，就必须以欧洲文明为目标，确定它为一切议论的标准，以这个标准来衡量事物的利害得失……日本所奉行的主义，惟在脱亚二字。我日本之国土虽居于亚细亚之东部，然其国民精神却已脱离亚细亚之固陋，而转向西洋文明。”

福泽谕吉认为，西方文明传播至全球就像麻疹从长崎传播至东京，是大势所趋，无人能阻挡。他以当时的中国为例子，认为中国的衰落归结于制度的腐败和人心的溃散。朝廷被迫出卖铁路、采矿等权利，每次与西方列强的战争都以失败并付出巨额的赔款而告终。在福泽谕吉看来，日本想要强盛不能走中国的老路。

这篇文章在当时的日本引起了巨大反响。这篇宣言式的文章在宣称“脱亚”论调的同时，实际上已经显露出“吞亚”的野心——福泽谕吉在文中提到“当今之策，我国不应犹豫，与其坐等邻国的开明，共同振兴亚洲，不如脱离其行列，而与西洋文明国共进退。对待支那、朝鲜的方法，也不必因其为邻国而特别予以同情，只要模仿西洋人对他们的态度方式对付即可”。

这一论调到了其学生尾崎行雄那里，更成了赤裸裸的“强盗言论”：“并吞中国符合日本帝国之利益，亦为中华民族之幸福也，世界各国如有反对我并吞中国者，亦为反对世界之幸福也。”这远非文人一厢情愿的自慰之语，其背后是日本自明治维新后迅速膨胀起来的对外扩张的野心。

1869年，也就是明治维新第二年，“维新三杰”之一的木户孝允积极建议明治政府扩充军队，同时他还提出：“遣使朝鲜，则其无礼，如不服，则兴问罪之师，借以大振神州之威。”与其主张相呼应的是明治政府的所谓“大陆政策”的谋划。

自1879年起，明治政府设置专门机构，主管武器、船舶和铁路的建造，将几乎整个国家的工业建设直接与国家的战争需要相挂钩。

1882 年，明治天皇颁布《军人敕谕》，强调军队必须对天皇无条件地效忠，天皇是军队的大元帅，并要求军人奉行武士道精神。1890 年，明治天皇又颁布了《教育敕谕》，将武士道精神扩延至全体国民，要求国民对内遵从各种礼仪规范，对外则要为天皇“奉公扶翼”。

1894 年，中日甲午战争爆发，清政府战败，割地赔款，损失惨重，民族灾难愈加深重，而对日本来说，甲午战争是其“大陆政策”真正实施的第一战，也是其走向军国主义道路的重要一步。从甲午战争中获取的巨额利益使日本朝野产生了“战争可以发财”的怪想，对于国土面积狭小，而人口日益增多的日本来说，靠战争发财，并“开疆拓土”实在是非常具有“诱惑力”，而日俄战争的胜利使得这种诱惑力急剧膨胀。这一时期，以日本为中心的“大日本膨胀论”、“大东亚新秩序”纷纷出炉，与此同时，对中国的研究也以所谓“支那分割论”、“支那国民性研究”等名目展开。

1927 年 4 月，扩张主义者田中义一组阁，6 月末，田中内阁召开了为期 11 天的东方会议——“东方”指的就是中国。这一名称上的“错位”将田中内阁的内心世界表露无遗。在这次会议上，田中义一提出了《对华政策纲领》。这一纲领实际上是日本侵略中国的基本方针。田中义一在这份纲领中宣称：“关于满蒙尤其是东三省是在国防上及国民生存上有重大利害关系的特殊地区，有特殊的考虑的责任。”依照这一纲领，田中内阁将侵华列为基本国策。

7 月 25 日，田中义一向日本天皇提交了一份秘密文件，这份文件的名字叫《帝国对满蒙之积极根本政策》，这就是臭名昭著的《田中奏折》。在这份奏折里，田中义一毫不隐晦地提出：“惟欲征服支那，必先征服满蒙，欲征服世界，必先征服支那。”

1931 年 9 月 18 日，日军在中国东北悍然发动“九·一八”事变。国民一方面采取不抵抗政策，一方面向“国联”提出抗议，希望“国联”能“主持公道”。经过 3 个多月的争论，1932 年初，“国联”派调查团来到中国东北，经过几个月的调查，调查团出示了近 20 万字的报告。报告并没有对日本的侵略行径予以谴责，认为中国抵制日货是“中

《田中奏折》是伪造的吗？

有历史研究者认为《田中奏折》是苏联情报部门伪造的，目的在于引日本“南进派”侵略中国和东南亚，遏制日本侵略势力“北进派”侵略苏联，从而缓解苏联东西两面面临的反侵略压力。根据俄罗斯档案的解密，其确为苏联所为。

日冲突的重要原因”，并认为中日两国都应该从中国东北撤出武装力量，由西方各国共管。

这份调查报告可谓两面不讨好，既让中国代表斥其无原则，也让日本人大为不满。1933 年 3 月 28 日。日本以该报告书没有说明真相为由，退出了国际联盟。此后，日本加速了对中国的侵略。日本军国主义由此走向了一条不归路。

相关链接

《海国图志》问世后，在中国国内很少有人问津。1851 年，一艘中国商船驶入日本长崎港，日本海关官员在对此船进行例行检查时，翻出三本《海国图志》。日本人在这本书中第一次认识了西洋诸国。很快，此书便被如获至宝的日本官员和知识分子买去。由于《海国图志》极受欢迎，1854 年，日本人在国内开始翻印《海国图志》，在引起更大规模的阅读热潮的同时，其价钱也随之一路高涨。到 1859 年，这部书的价格竟然比最初时飙升了 3 倍之多。

第八章

战后的日本及复兴之路

战败后，日本经济陷入崩溃，生活物资实施配给，许多人无家可归，治安恶化，社会动荡不安。但是自 20 世纪 50 年代以后，在一片废墟中，日本如绝症病人奇迹般获得到重生，继而经济大发展，至 60 年代，已进入发达国家行列。这显然不能以简单的一句“美国的支持”来解释，很显然，日本的复兴有着多方面的因素，其民族特性在这一时期的凸显犹值得关注。

战犯的审判

在电影《东京审判》中，中国法官梅汝璈说过这样一段话："日本干了什么？他们杀中国人、杀朝鲜人、杀菲律宾人、杀新加坡人、杀美国人、杀英国人、杀无数无数无辜的平民！他们抢劫、他们强奸、他们放火、他们杀戮……难道这些不足以让他们受到法律最严厉的惩罚吗？！如果法律不给日本、不给这些战犯以最严厉的惩罚，谁敢保证日本有一天不会再次挑起战争？！谁敢保证日本不会再侵略别的国家？！谁敢保证日本军国主义的幽灵不会再次复活？！"这段话值得我们铭记于心。

1946年1月19日，根据1945年12月在莫斯科举行的有关对发生于亚太地区的大规模侵略战争负有主要责任的日本战争罪犯进行审判的决议，远东盟军统帅部发布公告，决定设置由中国、苏联、美国、英国、法国、荷兰、菲律宾等11个国家组成的远东国际军事法庭。军事法庭庭长由澳大利亚法官韦布担任，检察长为美国律师基南。中国方面派出的法官是著名法学家梅汝璈。

1946年3月20日，在自家的客厅内，42岁的梅汝璈对前来采访他赴东京担任远东国际军事法庭法官一事的记者说道："审判日本战犯是人道正义的胜利，我有幸受国人之托，作为庄严的国际法庭法官，决勉力依法行事，不负政府与国人嘱望。"

1946年4月29日，梅汝璈到达东京后，作为战胜国派出的法官，下榻于东京"帝国饭店"。审判将在5月3日正式开始，但在这之前，一个问题摆在了梅汝璈面前。在开庭预演时，庭长韦布宣布入场的顺序为美、英、中、苏、加、法、新、荷、印、菲，把中国法官的座次排在了英国的后面，这让梅汝璈无法接受，作为同盟国中受日

二战后日本向各国赔款多少?

菲律宾8亿美元；缅甸2亿美元；越南3900万美元；老挝278万美元；柬埔寨417万美元；韩国3亿美元；新加坡2500万新加坡元；马来西亚2500万马来西亚元；泰国150亿日元；瑞士11亿日元；西班牙20亿日元；瑞典5亿日元；丹麦7亿日元；蒙古50亿日元。

本侵略最为深重，在反侵略中贡献又最大的战胜国之一，梅汝璈坚持认为中国应该排在第二位，他指出："如论个人之座位，我本不在意。但既然我们代表各自国家，我认为法庭座次应该按日本投降时各受降国的签字顺序排列才最合理。"

为了表达自己的立场，梅汝璈又愤然脱下了象征法官权力的黑色丝质法袍，拒绝"彩排"，使得预演推迟了半个多小时。

▲1948年东京审判

由于梅汝璈的据理力争，座次问题得到了解决，但紧接着，梅汝璈又发现了一个问题，他看到在审判席后面，插在第一位的是美国国旗，而中国排在了第二位。梅汝璈立刻向庭长韦布提出，中国国旗应该插在第一位。当韦布傲慢地询问理由时，梅汝璈慷慨陈词道："17年间，为抗击日本侵略者，我国军民伤亡逾3500万人，击毙击伤日军达130多万，占日军在第二次世界大战中伤亡总数的70%。事实充分证明，中国正是打败日本军国主义的主力。"

最终美国作出了让步，将国旗移到了中国国旗的后面。审判前最重要的工作是撰写起诉书，然而在起诉书里该以何年为被告犯罪日期的起点这个问题上，各国法官又发生了严重分歧，有人认为，起始点应该从1941年12月7日，日军偷袭珍珠港算起，有人认为应该将1937年7月7日爆发的"卢沟桥事件"算起，而梅汝璈提出，应以1928年1月1日日本制造"皇姑屯事件"为对日本战犯起诉的起始日。在一番讨论后，远东国际军事法庭同意了梅汝璈的主张。

果与花
落下，
未觉未察，
唯风召唤他。
——东条英机临刑前写的绝命诗

1946年5月3日，审讯正式开始。远东国际军事法庭采用的是英美法系的对质制，共分为三个阶段：检察官综合陈述和提证；被告律师综合辩护和提证；被告个人辩护和提证。在这之后，就是法官的评议和宣告判决。

开庭当日，组成军事法庭的11国的检察官向法庭提出起诉书，被告原有28人，实际受审者为25人。起诉书以破坏和平罪、战争罪、违反人类罪指控被告自1928年1月1日至1945年9月2日期间犯下的罪行。在审判过程中，最令人感到意外的是中国末代皇帝溥仪以证人身份出现在法庭上，这不仅引起了整个日本的关注，也引起了全世界的注目。溥仪出庭8天，使大量被日本刻意隐瞒的罪行和战争机密重见天日，而南京大屠杀幸存者在法庭的出现，也让被告隐瞒事实真相的企图破产。

1948年3月2日，法庭结束了全部辩论，11月12日，法庭宣读判决，判处东条英机、广田弘毅、土肥原贤二、板垣征四郎、松井石根、武藤章、木村兵太郎绞刑，16人判处无期徒刑，东乡茂德判处20年徒刑，重光葵判处7年徒刑。东条英机等7人的绞刑于1948年12月22日执行。

这一结果得来不易，因为在对战争罪犯量刑的时候，各方意见并不统一，发生过激烈的争辩。在远东国际军事法庭的组成国家里，有些国家在二战中并没有遭到日军的直接侵略，对日本军国主义的残暴罪行缺乏切肤之痛，因此在量刑时总是以自己国家废除了死刑或是以人道主义为由，反对对那些罪犯处以极刑。

看到这一情况后，梅汝璈历数了日军在中国大地犯下的累累罪行，比如日军在各地展开的“三光”政策，肆意屠杀手无寸铁的平民，用活人做细菌试验等等。在梅汝璈的极力主张下，各国法官最后以投票的方式确认了死刑的适用。

从1950年开始，盟军驻日本最高统帅麦克阿瑟为了拉拢日本，不顾世界各国的反对，将判刑的战争罪犯以各种理由陆续释放出狱，有些人还重新走上了政坛。

东条英机最后有怎么的下场?

日本宣布无条件投降后，作为日本头号战犯的东条英机在关押期间使用当年希特勒赠送给他的瓦尔特自动手枪向心脏开枪，但由于是左撇子且心脏畸形的原因，子弹打偏了。美国大兵冲入室内，输血救活了东条。三个月后，伤愈出院的东条被直接送入了日本巢鸭监狱。1948年11月12日，东条英机被远东国际军事法庭判处死刑；1948年12月22日被执行绞刑。

相关链接

由于中方证据不足，难以使土肥原、板垣等十恶不赦的战犯伏法。深谙英美法律的倪征日奥临危受命，出任中国检察官首席顾问。经过努力，倪征日奥得到了一份名为《奉天机关特务报告》的资料。报告首页有土肥原签章，其中一页载有“华南人士一闻土肥原和板垣之名，有谈虎色变之概”。而另一份证据——由日军高官签发的《限制由支那返日军人言论》通令称：“作战军人无一不犯杀人、强盗或强奸罪……”——此通令需要日本陆军大臣板垣认可。这些证据对以上两人构成了致命的一击。

战后重建

人为刀俎，我为鱼肉。战败后的日本，面临的就是这样一种形势。盟军的进驻，意味着日本再无法像此前那般为所欲为，甚至连日本国民向来视为“神”的天皇的地位也变得岌岌可危了。日本接下来的路究竟会走向何方，主动权掌握在美国人手中。基于重要的战略地位，日本原本应该接受的严惩，包括对天皇的审判，都被美国压了下来。日本没有像德国那样为战争付出应付的代价，而是迅速开始了自己的战后重建，恢复的速度快得惊人，就连美国人也大大地吃了一惊。

日本人对麦克阿瑟是爱还是恨？

1951年4月16日晨，被杜鲁门总统解除了占领军司令职务的麦克阿瑟即将回国，对他的离去除少数日本高官外没有通知任何人。但当他坐上汽车时才发现，从他下榻的官邸直到厚木机场，上百万日本人自发站在街道两旁为他送行，当车队经过时传来日本人发自内心的高呼声：大元帅。老麦克阿瑟顿时热泪盈眶。

原日本第一人寿保险公司大楼顶层，麦克阿瑟手持顶级雪茄临窗而立，袅袅的烟雾间他眯着眼睛欣赏着对面的“风景”——日本皇宫的宫殿，嘴角微动，露出了一丝不易察觉的笑容。不错，他此刻所在的位置就是驻日的盟军总部，站在这里，日本皇宫里的亭台楼阁尽收眼底，不仅如此，以天皇为首的整个日本国都已是他的囊中之物了，思及此，麦克阿瑟脸上的笑容更浓了些。

突然，一阵不急不徐的敲门声响起，来人是日本战后的第二任首相币原喜重郎，他是带着由国务大臣松本烝治费尽心思炮制的宪法草案来的。为了保留天皇制，松本可谓是绞尽脑汁。他将原宪法中的“天皇神圣不可侵犯”改成了“天皇最高不可侵犯”，将原宪法中的“天皇统帅陆海军”改为“天皇统帅军队”。

对这些措辞上的巧妙改动，松本很是得意，然而这份得到币原喜重郎阁僚们一致赞赏的草案却未能得到麦克阿瑟的认同。不仅没有认同，麦克阿瑟还为此愤怒不已，他甚至恐吓道：“如果不体现放弃战争、主权在民等民主化原则，就不考虑天皇的地位问题了。”

如此费心做出来的草案就这样被驳回了，而且还被麦克阿瑟臭骂了一通，阁僚们就像泄了气的皮球，一下子失去了所有的兴致，唯一不变的就是他们对《帝国宪法》的顽固坚守。然而，这正是麦克阿瑟和美国方面所无法容忍的。

▲走下神坛

在麦克阿瑟的主持下，1947年日本推出"和平宪法"。新宪法不再强调"日本帝国由万世一系的天皇统治"，而是规定"天皇是国家人民统一象征"。裕仁天皇不再有日照大神子孙的神圣光环，但其温和有礼、学术精深的形象仍然得到国民的深切爱戴。

二战刚刚结束时，面对濒临崩溃的日本，美国最初采取的是"削弱政策"。为防止日本东山再起，同时也为了更利于控制，美国对日本进行了以民主、法制为基础，从上至下的"民主化"改革。这一改革涉及日本社会生活的各个方面，目的是使日本彻底摆脱军国主义的影响。具体的改革要求包括：第一，赋予妇女参政权；第二，给予工人团结权；第三，教育国际化；第四，废除专制制度；第五，经济民主化。

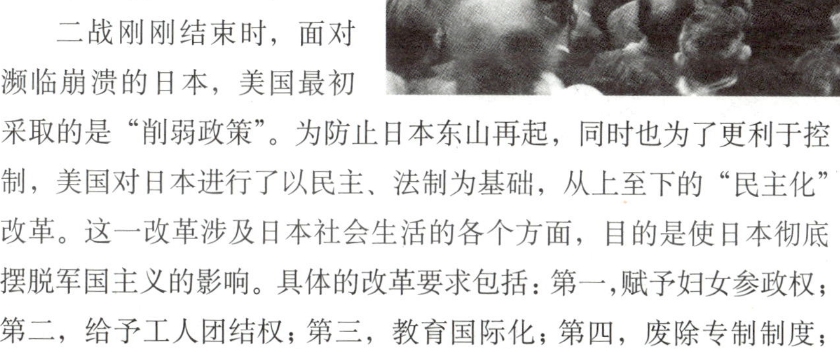

然而，美国的这一改革方案，无论是早先的东久迩内阁，还是后来的币原喜重郎内阁，都未能得到切实的执行。于是，失去耐性的麦克阿瑟废掉了由自己亲自指定的币原喜重郎，请外务省官僚吉田茂出任党魁，重新组织内阁。再次步入政坛的吉田茂非常地"识时务"，他聪明地选择了唯美国马首是瞻的立场，切实地推行着麦克阿瑟提出的一系列改革要求。

但是，美国的这些改革引起了日本国内形势的巨大变化，群众运动不断高涨，特别是工人和市民的反美情绪不断高涨。1946年3月，为了防止苏联乘虚而入，美国被迫改变了此前对日本的"削弱政策"，转而实行杜鲁门主义，即封锁共产主义的政策。在具体的占领方针上，美国也作出了相应的调整，一方面将可能引发日本抵抗情绪的改革路线进行了修改，另一方面开始向日本提供援助物资，扶植日本的发展。

1948年12月18日，麦克阿瑟向日本方面传达了美国政府的“经济安定九原则”：1. 压缩财政开支；2. 加强税收；3. 严格限制融资和贷款；4. 稳定工资；5. 强化和扩大现行的各种管制计划及实施范围；6. 加强和改善外贸和外汇管理；7. 改善物资分配制度；8. 增加原料及工业品生产；9. 提高粮食征购效率。这九项原则成为了战后美国扶植日本经济发展的基本导向。

▼整装待发的美国海军

1950年6月25日，朝鲜战争爆发，美国立即警觉这是苏联支持下发动的一场战争，并做出了参战决定。而此时的日本，作为亚洲唯一的工业国，同时又是美国军队的临时基地，接到了大量军用卡车、汽车零部件以及武器的订单。

战后一直处于压抑状态的日本，一发现美国的占领政策发生改变，便马上制定了顺应其扶植趋势的“重点生产”计划，将增产煤炭和钢铁列为经济政策的重点，以使日本的整个工业在尽可能短的时间内得到恢复。果然如预期的那样，这一计划实施后，日本的整个工业生产由于有了必要的能源基础而得到了迅速的发展，很快便恢复到了战前水平的60%。此外，除工作之外的其他产业也得到了相应的发展，日本经济逐渐摆脱了生产萎缩的危机。

此后，日本又将“重点生产”计划中的“重点”从煤炭和钢铁改为粮食生产，农业也逐渐得到了复苏。就这样，日本经过短短三年的时间，经济就恢复到了战前的水平，并且良性循环的经济体系，使其保持了高速发展的态势。

对一个国家而言，经济与政治往往是紧密联系在一起的，不同的政治环境很大程度上会影响经济的发展。1949年，中华人民共和国和朝鲜民主主义人民共和国的成立，使与苏联处于冷战状态的美国产生了严重的不安。为了对抗社会主义阵营，美国开始进一步扶植日本的经济发展，尤其是“道奇路线”的实施，使日本经济开始与世界接轨。

1950年，朝鲜战争爆发，参战方美国包括军需品、兵器的修理、基地的扩大建设及韩国的救济物资等在内的“特需”，把整个日本产业带入了战争景气之中：就业率迅速攀升，市场异常繁荣，出口急剧扩大，外汇储备迅速增加，国民生产总值直线上升。到第二年，日本的国民经济积蓄就突破了战前水平。朝鲜战争所带来的“特需”就好像是一颗拯救日本经济的“灵丹妙药”，使日本以远远超乎想象的速度完成了战后的经济恢复，同时，日本也迎来了战后经济的“高速增长期”。

相关链接

▲麦克阿瑟与裕仁天皇在一起

1945年9月，一个名叫熊泽宽道的日本杂货店老板向驻日美军司令官麦克阿瑟提交了一份陈情书，宣称自己才是“正统的天皇”，而当时在位的天皇裕仁应该退位，将皇位还给自己。这件事引起了麦克阿瑟的注意，并专门派人前往探访。此消息一出，日本国内顿时一片哗然。1946年1月18日的美军机关报《星条报》头版头条刊登了这则新闻；三天后，美国《生活》杂志也以封面故事对此进行了报道，一时间日本天皇的“争夺战”成了全世界关注的焦点。就在熊泽宽道出现之后，他的三个亲戚也跳出来，加入了争夺皇位的行列。紧接着，日本各地相继涌现出了十几位“天皇”，将这场天皇皇位的“争夺战”推向了最高潮。

其实，这不过是美国自导自演的一出戏，目的是为了维护日本的天皇制度。同时，这也是麦克阿瑟对裕仁天皇支持率的检测。1946年2月，也就是皇位“争夺战”开始后不久，麦克阿瑟安排了一场裕仁天皇巡视全国的活动，裕仁所到之处受到日本国民热烈欢迎。美国从此坚定了保留天皇制、保证裕仁天皇地位的决心，一场皇位“争夺战”就此落下了帷幕，熊泽宽道也很快就被世人遗忘了。

鲤鱼的坚忍

二战后出任党魁的吉田茂在自己的回忆录中曾写道："鲤鱼一旦到了案板上，即便刀上身也不会畏缩。"以鲤鱼自比，仿佛已经成了日本人约定俗成的一种习惯，之所以选择鲤鱼，可能是因为它的坚忍与对环境的适应性。大和民族根深蒂固的性格中，有许多令世界惊叹的东西，其面对失败，尤其是战败时，所表现出的那种坚忍便是其中之一，也正是这种异于其他民族的特性，才使日本民众并非沉溺于战败的阴影无法自拔，反而是在美国设定的"鱼缸"中让自己长到尽可能的强大。

所谓的日本鲤鱼，就是锦鲤，它与普通的鱼最大的区别在于：它的体型是由生长的环境直接决定的。具体地说，如果你在小鱼缸里饲养它，它只会长到两三寸长；如果你把它放入大鱼缸或者小池塘中，它就能长至六寸到一尺长；放进大一点的池塘，它能长到一尺半长；如果把它放进大湖之中，让它不受限制地充分成长，有朝一日它可能会长达三尺。

基于锦鲤的这一特性，日本人经常以鲤鱼自称。每年的5月5日，日本男孩节那天，但凡有男孩的人家都要悬挂用布、绸或纸做的空心"鲤鱼旗"。这其中的含义除了"鲤鱼跃龙门"的美好祝愿之外，也在一定程度上表达对跃龙门前坚忍的推崇。确实，所有的成就与辉煌都不能轻而易举地获得，此前必定有一个漫长的成长过程，甚至还可能是痛苦难耐的。

几乎对所有的国家而言，举全国之力进行的一场战争以失败告终，无疑都会是一个重大的打击、一场巨大的灾难，因为战败之后的恢复工程异常艰巨，此外还极有可能需要面对战胜国的占领。二战后的日本，面临的就是这样一种局面。

值得庆幸的是，美国采取的是一种日本人可以接受的占领方式：保留已有的政府，由日本人负责本国的行政管理和重建工作。美国之所以实施这种管理方式，是出于自身的考虑，正如当时希德林将军所说："利用日本国政府这种占领方式所取得的好处是巨大的。如果没有日本国政府可资利用，我们势必要有直接运转管理一个7000万人口国家所必需的全部复杂机构。他们的语言、习惯、态度与我们都不同。通过净化并利用日本国政府，我们节省了时间、人力和物力。换言之，我们是要求日本人自己整顿自己的国家，而我们只是提供具体指导。"同时，却也收获了超乎想象的成果。

▲日本人认为鲤鱼是好运和勇气的象征，立起鲤鱼旗能够祈祷上天照看好自己的孩子。

在美国人眼中，日本向来是一个怒目而视、睚眦必报的民族。面对战败的挫折与美国占领的屈辱，日本民众极有可能会对美国的占领表示出敌对的态度。但结果远远出乎美国人的预料，日本民众坦然地接受了美国的管理，因为他们期望自身的改变。因而，在日本投降之后的第五天，在美军尚未登陆时，东京的《每日新闻》便已刊登了这样的评论："这对最终解救日本是大有好处的。"

日本之所以会在这么短的时间内产生如此巨大的转变，皆源于他们对"尊重"的期望，就像战败后各家报纸的社论反复强调的那样："日本必须在世界各国中得到尊重。"可见，日本国民的责任就是要在新的基础上赢得别人的尊重，这就是日本人的"政策"。美国研究家约翰·脱兰在他的《日本帝国的衰亡》(上)中这样描述日本人："与西方人黑白分明的思想方法不同，日本人的界限比较模糊。在国际关系中，日本人讲究的是'政策'而不是'原则'。日本人似乎是没有道德心的……他的逻辑就像日本人用的包袱布，可大可小，随机应变。不需要时，还可以叠起来装在口袋里。"

"尊重"的政策，对日本人而言，远胜过"道德"的原则，因此，在采取某种行动方针而以失败告终时，日本便视其为是“错误”的，他们不会固守“错误”的方针，而是迅速地将其抛弃，以另一种方式换取“尊重”。在他们的观念中，“必须坚定地相信，军事的失败与一个民族的文化价值是两回事，应当把军事失败作为一种动力。……因为，只有这种全民族失败的惨重牺牲，才能使日本国民提高自己的思想；放眼世界，客观而如实地观察事物。过去一切歪曲日本人思想的非理性因素都应通过坦率的分析而予以消除。……我们需要拿出勇气来正视战败这一冷酷的现实。但我们必须对日本文化的明天具有信心”。

如此独特的观念，并不独属于少数人，东京、大阪等城市的街头，甚至偏远村落的普通百姓也有同样的想法。因此，整个日本民族在战败之后，迅速地进行自我的涤除积垢，民众们开始积极主动地努力改善不受“尊重”的环境。

一旦确立了新的方针，日本人便会用勇于逆流而上的鲤鱼来要求自己，他们隐藏起个人的情绪、舍下自私的利益需求，忍耐新的生活方式向他们提出的一切挑战。转瞬间，曾经骄横凶残的日军变成了“谦谦君子”，被战胜国安排修路、修机场，他们也没有丝毫的抵触情绪，甚至愿意为了无心之失而以自动挨饿的方式表达歉意。

此时，日本的民众可以说是“脱胎换骨”了。他们像机器人一样精准、刻板，一丝不苟；街上一尘不染，人流整齐有序，公共汽车分秒不差；日本从不停电，也不停水，即使是遇到了地震和海啸，日本人也从来没有表现出慌乱之态。他们像机器人一样勤奋、刻苦，不知疲倦：晚上加班到八九点是再正常不过的事，即便是到了午夜时分，高耸的写字楼里仍有许多人在加班；他们永远高涨的积极性和超强的责任心，有时执著到了令人厌烦的程度。

每个日本人都像机器人一样，忠实地履行着自己职责，为了能获得“尊重”而坚忍地为战后的“重生”付出。拥有如此强大凝聚力的民族，本身就足以令别国动容，他们创造的奇迹更是令整个世界震惊。日本在战后仅仅用了二十多年的时间，便从二战的战败国一跃成为了世界经济的亚军，人均国民生产总值甚至从1983年开始超过了美国。他们如愿以偿，得到了世界的“尊重”，不单是经济实力上的，更多的是战后恢复过程中的坚忍与努力。

相关链接

《菊与刀》，美国人类学家鲁思·本尼迪克特奉美国政府之命，为分析、研究日本社会和日本民族性所做的调查分析报告，旨在指导美国如何管制战败后的日本。因为在美国全力以赴与之作战的所有敌人当中，日本人是最让人感到费解的对手。与这个强大的对手在思维和行为方式上的差异巨大，所以必须认真考虑如何对付它。

“菊”本是日本皇室家徽，“刀”是武士道文化的象征。美国人类学家鲁思·本尼迪克特用“菊”与“刀”来揭示日本人的矛盾性格，亦即日本文化的双重性（如爱美而黩武、尚礼而好斗、喜新而顽固、服从而不驯等）。进而分析日本社会的等级制及有关习俗，并指出日本幼儿教养和成人教养的不连续性是形成双重性格的重要因素。自1946年出版以来，本书被认为是研究日本民族性的必读书，是社会科学研究直接运用于政治实际操作的杰出例证。

50年代的日本与赤色整肃

日本在战后能实现迅速复兴，当然有诸多方面的因素，但人们也不得不佩服这个民族在困难显示出的独特的精神力量。50年代初，日本就恢复到了战前的生活水平，对于在废墟上重建起来的国家而言，这无疑是一个奇迹。不过，当“山姆大叔”目睹这一切时，内心的滋味恐怕是五味杂陈的吧。

二战的结束并没有给世界带来真正的和平，社会主义力量的迅速壮大引起了以美国为首的资本主义国家的强烈恐慌，他们害怕倘若不能对此进行有效遏制，整个“文明世界”将被“赤祸”席卷。1947年3月21日，美国总统杜鲁门在国会两院联席会议上宣读了国情咨文，其在咨文里指出，要加强对希腊和土耳其的援助，以便帮助这两个国家镇压革命运动，并且对社会主义国家大加指责，要求“自由国家抵制极权政体”。这便是被称为对社会主义国家公开威胁的“杜鲁门主义”。持续44年的由美苏主导的冷战由此拉开序幕。

由于日本所处的特殊地缘位置，冷战的爆发让美国对日本的态度来了个180度的大转弯，美国一改原先的遏制打压政策，对日本开始了积极的扶植，将其打造成反社会主义的桥头堡。为此，盟军驻日本最高统帅麦克阿瑟命令占领当局不再对战犯嫌疑者进行调查，免除了对乙级和丙级战犯的审判，还释放了原本以甲级战犯嫌疑人而遭逮捕，使其逃脱了公开审判的如岸信介等人，随后又相继对服刑中的战犯进行减刑，如提前出狱的重光葵等人。

▼麦克阿瑟在东京机场附近的英姿

朝鲜战争爆发后，为了进一步打击和遏制中国及其他社会主义国家，在亚洲建立起美国主导的冷战新

秩序，1951 年 9 月 4 日，美国单方面邀请了 52 个国家在旧金山举行对日和会，准备与日本签订合约。但是因为由美国起草的合约无视曾在二战期间反对日本侵略及参加对日作战的国家的利益，故而苏联、波兰以及捷克斯洛伐克拒绝在合约上签字，包括中国在内的一些亚洲国家先后发表声明，不承认合约的合法性。最终，只有 49 个国家与日本签订了《旧金山和约》。

在这份片面的、不被主要反日本侵略国家所承认的合约签订后的第 5 天，美国和日本还签订了《日美安全保障条约》。条约规定，美国有权在日本驻扎军队，有权用武力对日本境内发生的暴乱进行镇压，同时，美国也有义务保护日本抗击外来的武力入侵。

在对日本进行全方面扶植的同时，为了自身利益，使日本成为一个真正属于美国的“忠实的盟友和伙伴”，1950 年 6 月 6 日，麦克阿瑟下令取缔日本共产党，并大肆逮捕共产党的支持者和同情者。史称“赤色整肃”。其实，在 1949 年，由于实施“道奇路线”，在麦克阿瑟的命令下，日本政府在整顿行政和企业人员时，就开始有重点地对日本共产党进行了清洗，只不过“赤色整肃”的波及范围更加广泛。6 月 7 日，麦克阿瑟指令日本首相吉田茂剥夺 24 名日本共产党中央委员和 27 名党报《赤旗》工作人员在政府部门的公职，并出动警察包围日本共产党总部，宣布其为非法组织。8 月以后，整肃活动从政府层面扩大到民间。经过“赤色整肃”，有近 2 万名日本共产党员及其支持者遭到清洗。日本共产党为保存实力，被迫转入地下进行斗争。

1955 年 10 月 13 日，自成立以来就一直处于派系分裂状态的社会党恢复了统一，同年 11 月 15 日，自由党和民主党合并成立自由民主党，与社会党形成了一个长期执政、一个长期在野，主导日本政坛的两党政治格局，亦被称为“55 年体制”。

1952 年 6 月，因苏联的反对，日本加入联合国的申请没有被批准，为了增进与苏联的关系，消除因历史问题而紧张的两国关系，1952 年、1953 年，日本在东京分别成立了日苏贸易委员会和科学文化交流协会，并在民间层面上启动了与苏联各方面的交往。

道奇路线

1948 年盟军司令麦克阿瑟向日本首相吉田茂下达了“经济安定九原则”特别指令，主要内容是通过超平衡预算、稳定工资、强化物价管制、制定单一汇率、振兴出口等措施，促进日本经济自立和国际化。“经济安定九原则”的制定者和实施者是美国人道奇，因此又被称为“道奇路线”。1949 年日本强制实行“道奇路线”，致使日本股票市场重建不久就陷入萧条。

1954年12月，鸠山一郎出任日本首相，在对苏关系上，他积极推动两国间的贸易，希望以自主和平的外交方针与苏联恢复邦交正常化。1955年初，苏联驻日代表多姆尼茨基向日本政府表示愿意就结束战争对峙状态，实现关系正常化进行谈判。于是，从1955年6月开始到1956年10月，日本和苏联在伦敦、莫斯科进行了长达16个月的谈判。1956年10月，在一波三折的谈判接近尾声之际，鸠山一郎出访苏联，19日，两国签署了《日苏联合宣言》，12月12日，两国互换批准书，《日苏联合宣言》正式生效，两国也正式恢复了邦交。与苏联关系正常后，日本排除了加入联合国最大的障碍。12月18日，日本加入联合国。

相关链接

“赤色整肃”中，共产党是斗争的主要对象，但除了共产党之外，日本政坛还活跃着许多其他的政党。日本政党主要分为保守政党、革新政党和中道政党三种类型。保守政党主要指自由民主党，它主张自由主义，反对激进主义和社会主义，维持、发展现行的资本主义政治经济社会体制。革新政党主要指日本社会党和日本共产党，与自民党处于对立状态，主张打破现状，进行政治经济社会体制的变革，其社会基础主要是工会团体、知识分子、职员和部分中小企业主。中道政党指主张建立中道政治的政党，主要有公明党、民社党等，其共同目标是打破以自民党、社会党两党为中心的“55年体制”，结束自民党的一党统治。

《日美安全保障条约》

将自身的安全依托在别人的保护之下，这样得来的保障能长久吗？况且是在付出了让对方在自家的一亩三分地上为所欲为的代价之后。或许对于崇信强者的日本来说，这笔买卖是值当的，毕竟大树底下好乘凉。但是夏天过去，冬天来临时，或许感受到的又是另一番光景。日本国民的愤怒便是最好的证明。

1956年12月，鸠山一郎辞去首相一职，石桥湛山当选新一届首相，但是上台仅仅2个月左右，石桥便因为身体原因被迫辞职。1957年2月，原在石桥湛山内阁担任外相的岸信介成为新首相。

岸信介上台后，发表了战后日本的首次外交蓝皮书，提出了“日本外交三原则”，包括：1. 以联合国为中心；2. 与自由主义各国协调；3. 坚持作为亚洲一员的立场。然而在具体的实施过程中，岸信介内阁将“三原则”变成了“一原则”,也即“以日美关系为基轴”。因此，日本极力推行亲美政策，对中华人民共和国采取敌视姿态，并不顾中国政府的强烈抗议，以首相身份“访问”台湾，公开支持蒋介石反攻大陆，认为“大陆共产党的存在是对世界的威胁”。使原本趋于缓和，并逐渐亲密起来的中日关系迅速恶化。

1958年5月2日，在岸信介内阁的默许下，几名右翼分子冲进正在长崎举办的中国邮票、剪纸展览会现场，撕毁中国国旗，这一事件极大地伤害了中国人民的感情。为此，中国政府在政治上对日本采取孤立政策，在经济上，则停止了开始于1952年的两国民间贸易往来。

1959年，日本与美国开始就修改1951年签订的《日美安全保障条约》进行协商，1960年1月19日，新的《日美安全保障条约》

▲《日美安全保障条约》签订

在美国首都华盛顿签署。对日本来说，旧的安保条约在很大程度上是一份不平等条约，所以在协商制定新条约时，日本政府尽可能多的为自己争取与美国对等的地位，纠正旧条约中一些不平等的条款和内容。但其根本依旧是对旧安保条约的延续，比如仍旧允许美国军队在日本驻扎，日本政府为其提供基地，并负担基地使用费用；有关冲绳和小笠原群岛的归还问题也没有得到解决。令日本国民尤为担心的是，新的安保条约有可能将日本卷入因地区冲突而引发的战争当中。

因此，从日美两国就修订新条约进行磋商起，日本国民就掀起了战后最大规模的社会运动，史称“安保斗争”。1959 年 3 月，日本百余个社会团体自发组成了“阻止修改《日美安保条约》国民会议”，希望以有效的组织行动使日本政府放弃与美国修订新的安保条约。至 1960 年 3 月，国民会议已经发展成了由 1633 个组织参加的庞大社团。

4 月 26 日，在国民会议的组织下，日本各地陆续开始了反对安保条约的示威游行，同时，请愿和集会也相应展开。当时，参加请愿的有 330 万人，日本国会共收到 17 万封请愿信。5 月 9 日，国民会议提出解散国会，并要求对岸信介内阁发起不信任投票。

就在各种反对安保条约的斗争如火如荼地进行时，6 月 12 日，美国总统艾森豪威尔启程开始了他的远东之行。他访问的第一站是菲律宾，第二站便是日本，按计划，到达日本的时间是 6 月 19 日。为了赶在艾森豪威尔抵达日本前通过新安保条约，岸信介内阁于 5 月 19 日深夜在反对党未出席的情况下，强行通过该条约。这一行为使安保斗阵急剧高涨，6 月 5 日，全国有 650 万人举行了抗议活动。

6 月 10 日，为艾森豪威尔访日做前期准备的特派小组抵达东京羽田机场时，遭到了日本民众的包围，在千余名警察的保护下，特派小组成员才乘坐美国海军的直升机撤离现场。6 月 15 日，580 万人参加了抗议条约签字和美国总统访日的集会。当天晚上，近 7000 名大学生冲进国会，与防暴警察发生冲突，东京大学一名女大学生在冲突中被警察打死，使得岸信介内阁与国民的矛盾进一步激化。

眼见局势难以控制，无奈之下，6 月 16 日，岸信介只得请求艾森豪威尔推迟访日时间。在安保斗争中失去国民信任的岸信介，在日美两国交换完条约的政府批文后，黯然辞职。

相关链接

关于 1960 年修订的《日美安全保障条约》，一直有个传闻，即在条约中两国有密约，日本默许搭载核武器的美军舰队和飞机进入。虽然日本政府始终坚持“没有密约”，但 2009 年 5 月 31 日，四名日本前外务事务次官透露密约确实存在，而且美方在修订安保条约时关于核武器“携带入境”的解释是：仅“地面部署的（核武器）”属于“携带入境”，而搭载核武器的舰船和飞机进入日本港口或机场，则并不属于需要日美间事前商议的“携带入境”。作为当事人的前事务次官的这一言论，推翻了日本政府长期以来的说明，此外，在 20 世纪 90 年代末美国公开的政府档案文件中，也有相应的关于“密约”的佐证，但日本方面仍然坚持此前的说法，现任内阁官房长官河村建夫还特别强调：“只要未接到美国政府的事前磋商（请求），日本政府就对没有核武器被带入这一点不抱任何怀疑。”

经济腾飞与东京奥运会

当进入21世纪的日本在一点一点地艰难恢复它的经济增长时，老一辈日本人或许会发出这样的感叹：真是怀念那个热火朝天的年代啊！这恐怕并不是一种想象，因为“家中曾经阔过”，所以在“家道中落”时，难免回想起那段美好岁月。毕竟，现实残酷，而回忆令人温暖。

1960年6月，岸信介辞去首相职务，7月，池田勇人当选为自民党总裁，并就任首相。上台后的池田勇人面对错综复杂的国内外形势，决定将加快日本的经济发展作为施政的重中之重。这年年底，池田勇人宣布启动为期10年的“国民收入倍增计划”，预计到1970年，将国民生产总值从398亿美元提升到720亿美元。

池田勇人与日本黄金时代

1960年，日本池田内阁宣布实施“国民收入倍增计划”，在这个人口数字达到美国一半的国家发起了一场消费者革命，并成为了日本经济起飞的基础和转折点。1967年日本提前完成翻一番的目标，实际国民收入增加了一倍。1968年日本成为西方世界仅次于美国的第2大经济强国。

池田勇人的这一计划刚一宣布，就让许多经济学家跌破了眼镜，他们认为如果实施这一计划，将加重通货膨胀的压力。而在日本国民看来，这一计划可能只是一个梦好的梦想。但是出乎他们预料的是，“国民收入倍增计划”不仅实施得异常顺利，没有造成通货膨胀，而且还提前3年完成了这一计划，使日本国民的收入翻了一番，这一时期的失业率也始终保持在较低的水平。

与快速发展的经济相适应，池田勇人内阁还引入了“最低工资制”，建立了社会保障制度，养老保险金制度也日趋完善。与此同时，池田勇人内阁还加大了公共投资，制定了公路建设五年计划、国有铁路的柴油机化和复线化。同年，制定了《农业基本法》，以此促进农民收入的增长；1963年，又制定了《中小企业基本法》，旨在推动中小企业的设备现代化和专业化生产，以提高企业生产率。

随着经济的高速增长，日本人的生活方式和社会面貌都发生了巨大的变化，消费热潮开始涌动，彩电、空调、私家轿车、冰箱、洗衣机、吸尘器、微波炉、热水器、立体声音响纷纷进入家庭，这些都与国家的经济持续增长分不开。

经过多年强劲的经济增长，日本一跃成为世界主要的经济大国，它开始想更多地参与国际事务，于是，日本便将举办奥林匹克运动会看成扩大影响力的最佳方式。早在1954年，日本就曾经申办过1960年的奥运会主办权，但最终被意大利罗马夺取。1958年，日本东京终于成功夺得了1964年第18届夏季奥运会的主办权，成为首个举办奥运会的亚洲国家。

▼建立运输网络

节约是日本崇尚的美德之一，既然天然资源稀缺，便在节约运输成本上用尽脑筋。通畅发达的海运，再加上有效的铁路干线，便轻松地将全国许多经济活动有组织地联系在一起。

为了成功举办这届奥运会，日本政府投入了30亿美元用于兴建场馆及相关配套设施，除了建造有7.5万多个座位的东京国立体育场，以及12座其他比赛场馆外，最受人关注的是新干线的建设。新干线是日本的高速客运列车系统，第一条路线是联结东京与大阪的东海道新干线，它也是全世界第一条载客营运高速铁路系统。

为了建设东海道新干线，日本政府总共投入了近3000亿日元，综合了当时日本各行业最先进的人才和技术。1964年10月，世界第一种投入商用的高速旅客列车新干线0系列车诞生，东海道新干线正式投入商用。

参加东京奥运会的国家共有94个，但因利比亚中途退出，实际参加这届奥运会的国家为93个。东京奥运会的开幕时间是10月10日，在这之前，东京始终被阴雨笼罩着，所有人都担心到时开幕式能否照常举行。但是开幕式当天，天空突然放晴，阳光照射在了东京的每一个角落，所有人都像过节一样涌向东京国立体育场。为了向全世界转播这一体育盛事，美国特意发射了“辛科姆”卫星，这在奥运会史上还是头一次。

点燃这届奥运会圣火的是一个名叫坂井义则的19岁大学生，他他从高中时代开始就一直是400米田径选手，拥有不俗的成绩，却在国内选拔赛上意外失利，失去了参加奥运会的机会。但是他最终

▲东京奥运会闭幕时降奥运会旗

还是来到了奥运会现场，并点燃了奥运圣火。这跟他的特殊身份有关。坂井义则于 1945 年 8 月 4 日出生在广岛，那一天，美国的原子弹落在了广岛，造成近 13 万人死亡，而坂井义则却幸存下来。

由于主办国的关系，日本的优势项目柔道和排球正式被列为奥运会比赛项目。日本原先还想将棒球和空手道纳入其中，但是没能被奥委会通过，只被列为表演项目。日本的“特意安排”使它的选手在柔道项目中一举赢得了三枚金牌，在排球上，日本女子排球队延续其不败神话，击败苏联夺得了金牌。在这届奥运会上，日本体操异军突起，不仅赢得了男子体操团体冠军，而且还赢得了 4 个单项冠军，可谓斩获丰厚。

东京奥运会的成功举办，使池田勇人及其内阁在国民心目中的威望上升到了一个新的高度，然而就在东京奥运会闭幕后不到一个月，池田勇人因病辞去了首相职务。1964 年 11 月，佐藤荣作接替池田勇人，成为日本新一任首相，执政近 8 年，是任期最长的一位首相。

相关链接

1932 年，在非洲埃塞俄比亚一个偏僻的山村里，诞生了一个名叫比基拉的小男孩。初时他和当地的其他小孩一样，并没有什么过人之处，也因为家境贫寒而自幼便以放牧为生。但他的人生注定是不平凡的，20 岁时他当上了皇家卫兵，24 岁时开始练习长跑。1960 年 9 月 10 日，他在罗马奥运会的男子马拉松比赛中获得金牌，并以 2 小时 15 分 16 秒 2 的成绩打破了世界纪录，成为非洲第一位夺得奥运金牌的运动员，人们把他比作非洲长跑的“报春燕”。由于他是赤脚跑完全程，因而获得了一个“赤脚大仙”的美称。东京奥运会是比基拉第二次获得马拉松冠军，比赛开始前，人们对他蝉联冠军并没有报很大的希望，一是因为奥运史上还从来没有人能在此项比赛中蝉联，二是比赛前他刚刚动过手术，三是他已经 32 岁了。但结果却令非洲人们异常开心，比基拉不仅蝉联马拉松冠军，而且以 2 小时 12 分 11 秒 2 的成绩再次打破了世界纪录。

田中角荣与中日建交

世上有些人总是显得很奇妙，既可成为人所称颂的英雄，也可视作十恶不赦的恶魔，田中角荣虽然因洛克希德事件而被捕服刑，虽然也可说是“罪孽深重”，但离“恶魔”还是有相当大的距离。当冰冷的手铐扣在他手腕上时，或许，他还会想起当年以首相身份初访中国，在两国共同的努力下，恢复中日邦交正常化的那一幕“圣景”。世事多变化，谁又能说得清楚！

1972 年 6 月，岸信介胞弟佐藤荣作辞去首相职务，7 月，原佐藤内阁的通商产业大臣田中角荣当选为自民党总裁，并就任首相。

20 世纪 70 年代初，围绕与日本一衣带水的中国的国际形势发生了重大变化：1970 年，中国和加拿大建立外交关系；1971 年，国家安全事务助理基辛格访华，随后两国发表了尼克松总统将要访问中国的《公告》；同年，中国恢复了在联合国的合法席位。

这一系列与中国有关的重大国际事件在日本引起了强烈震动，1971 年，公明党委员长竹入义胜率团访华，日中双方发表声明，提出了邦交正常化“三原则”，即承认中华人民共和国是代表中国唯一的合法政府；台湾是中国领土不可分割的一部分；必须废除《日台条约》。

这一时期的田中角荣也十分关注中日之间渐渐冰融的关系。1971 年 3 月，时任自民党干事长的田中角荣委托即将访华的藤山爱一郎向中国领导人带来口信，表明他对两国关系的看法。后来，在跟党内重要人物进行谈话时，田中角荣指出，如果自己当上首相，就一定会为打开日中关系而全力以赴。

故此，当田中角荣如愿以偿地坐上首相宝座后，就积极致力于两国邦交正常化。在就任首相的当天下午，田中角荣举行了记者招

田中角荣的“撕书”读书法

田中角荣早年由于家境贫寒，上完高小以后就失去了系统学习的机会。在半工半读的学习中，他十分注意读书方法。为了锻炼自己的记忆力，他一页页地背诵《简明英日词典》、日文辞典《广辞林》，采用的办法就是一次撕下一页，记熟了就扔。这锻炼出他非凡的记忆力。

待会，阐述了自己的政治抱负，并明确指出，“日中邦交正常的时机已经成熟”，“我要以认真的态度处理这一历史性课题”。

田中角荣的这一对华姿态让中国政府很快作出了积极的回应。1972 年 7 月 9 日，国务院总理周恩来发表讲话，对田中角荣的讲话表示欢迎。8 月 12 日，周总理发出邀请，欢迎田中角荣访华。8 月 15 日，田中角荣作出回应，表示愿意访华。然而就在田中角荣准备对中国进行正式访问时，却遭受了一些不大不小的“骚扰”。

▲周总理与田中角荣

当时的日本右翼势力并不希望看到日本与中国恢复邦交，只认同“日台关系”，而在自民党内部，也有为数众多的“亲台派”。当得知田中角荣要出访中国时，为了对其进行阻止，右翼分子天天将宣传车开到田中角荣家门口，按响喇叭，对其进行骚扰。有时候，在田中角荣家的屋顶上，还有右翼分子的直升机在半空盘旋，对他的一举一动进行监视。右翼分子还策划了对田中的“暗杀计划”，不断给田中家打恐吓电话，紧张的气氛让田中家的人连门都不敢出。

右翼分子的嚣张举动让田中角荣对家人的安全十分担心，以往田中角荣出访国外，都会带上自己的独生女儿田中真纪子，但是这一次，田中角荣并没有带上她。在跟家人告别后，1972 年 9 月 25 日 8 点 15 分，田中角荣及其随访人员来到东京羽田机场，登上了来中国的专机。

到达北京后，田中角荣入住的是钓鱼台国宾馆 18 号楼。由于事先对田中角荣的饮食习惯进行了充分了解，田中角荣每天所吃的都是他最喜爱的食物，这让他对中国政府的招待工作大加赞赏的同时，更确定了同中国恢复邦交的愿望。当时中国主要领导人都是早上休息，下午才开始办公，但是为了配合田中角荣的作息习惯，周恩来总理也调整了自己的作息时间，每天早睡早起陪着他，同他交流看法，畅谈世事。

然而，顺利之中的伴随着波折的插曲。为恢复邦交而进行的谈判并没有像人们预期的那样顺利。田中角荣到达中国后的第二天，在人民大会堂举行的会谈中，日本外务省的官员对“台湾是中国的一个省”不予承认。外务省的这一立场引起了中国政府的强烈反应，在当天下午的会谈中，周总理向田中角荣提出了中国政府的关切，认为日本政府的这一姿态无助于两国恢复邦交。

田中角荣也认识到了问题的严重性，当晚，他将外务省官员叫到自己的房间，将他们严厉地训斥了一通，并向他们提出，外务省要拿出切实可行的方案来，而不是钻牛角尖。在次日举行的首脑会谈上，田中角荣主动提出要在联合声明中写上“结束战争状态”和“台湾问题”。29 日上午 10 点 18 分，两国在人民大会堂签署了《联合声明》，中日邦交正常化得以实现。

由于田中角荣是怀着恢复中日邦交正常化为目的访问中国，同时也是第一个以在任首相的身份访问中国，因此从他踏上中国大地的那一刻起，他的一举一动都受到了日本媒体的强烈关注，报纸、电视每天都大篇幅地报道田中角荣在中国的活动。而在家中日夜担心田中角荣安全的家人则希望他能早日平安归来。

愿望是美好的，但事实有时却不尽如人意。田中角荣结束访问回到日本后，并没有马上出现在焦急等待他的家人面前。当时家人以为他是去向天皇汇报访问中国的情况，事实上田中角荣确实去了皇宫，但是从皇宫出来后，他就被叫到了自民党总部。

在那里等待他的是党内的“亲台派”，他们纷纷质问田中角荣为什么要“一意孤行”，日中邦交对日本有什么好处。田中角荣的回答是：“日本和中国建交是非常有必要的，虽然你们现在不这么认为，但是将来你们会知道我的做法绝对没错。对世界来说中国是非常重要的国家，中国人不但聪明，而且还有悠久的历史，日本怎么可以不和中国搞好外交关系？”

田中角荣是怎样由首相变为囚徒的?

1976 年 2 月 4 日，美国飞机制造和军火供应巨头洛克希德公司副董事长库奇安证实，为使公司生产的三星式飞机顺利进入日本市场，曾向日本政界几个高官赠送巨款。后经调查，田中便是其中之一，东京地方检察厅和警视厅对其实施抓捕。保释出来后，田中角荣组织了强大的律师团为自己辩护。在开庭审讯后长达 7 年的时间里，东京地方法院对田中等人进行了 184 次庭审。最终判处田中有罪，判处 5 年徒刑，罚款 5 亿日元。

相关链接

在绝大多数人眼中，田中角荣是一个口才极佳的人，其实小时候的他，不仅笨嘴笨舌，还有严重的口吃。在他自己所著的《我的履历书》中就有过相关的记载：因为说话困难常常被同学歧视、作弄。“口吃是个奇妙的东西。”田中角荣回忆道：“说梦话，唱歌的时候，同妹妹说话时就不结巴。跟自己的狗说话也绝不口吃。可是一旦同长辈说话就莫名其妙地结巴起来，越紧张越厉害。”后来，为了改掉口吃的毛病，田中角荣会有意放声唱歌、放声朗读，甚至到深山里练习发声。而对于他克服口吃帮助最大的便是演戏。当年的学艺会上，田中角荣费尽心思争取到了主演的扮演机会，并尝试用唱歌的形式表演，最终赢得了所有人的肯定。自此以后，他更是抓住每一个机会锻炼自己，逐渐成为了一个能言善辩的人。

》专题 茶道

茶道被日本人视作接待宾客、交谊、恳亲的特殊礼节。茶道不仅要求有幽雅自然的环境，而且还有一整套煮茶、泡茶、品茶的程序。因此，日本人也把茶道视为一种修身养性、提高文化素养和进行社交的手段。

“茶道”这个词在唐代就已经出现了，至今已有一千多年的历史。唐代封演的《封氏闻见记》就有如下记载：“茶道大行，王公朝士无不饮者。”当然，在唐朝陆羽写就《茶经》一书前，茶更多的是被当成一种药材，写成“荼”，至陆羽写《茶经》，才有了“茶”字。它也从药材变为人们聚会相庆时的最佳饮品。在书中，陆羽就饮茶的用具、煮茶的器皿、各地各类茶叶的采制之法，以及与之相对的煮茶用水的选择、在饮茶中所应遵循的各种规范都做了详细的叙述。有些学者将这本书视为最早详解“茶道”的论著。

唐开元年间，茶叶由遣唐使传至日本，由于茶是舶来品，每次运来时间间隔很长，加上数量又极为稀少，因此，茶叶传入之初，只在皇室、贵族及一些高级武士当中流行，喝茶也就成了身份的象征。倘若家中存有几两茶叶，那更是非同一般。皇家贵族极重体面与排场，为了显示自己崇高的地位，经常举行各种形式的茶会。茶会的举办地往往选在深藏山林的寺庙，或是富丽堂皇的别墅。茶会举办过程中，为了保持庄重、肃穆、清雅、高贵的氛围，茶会的举办者制定了诸多“饮茶法度”，也就是规矩。久而久之，便形成了所谓的“公家书院茶”的茶文化。

1190年，在宋朝学禅的日本荣西禅师将归国时携带的茶种，种植于筑前背振山及博多圣福寺。这是日本本土种植茶叶的开始，荣西也因此被称为日本的茶叶之祖。此后，饮茶之风在禅林渐渐兴起。与“公家”饮茶不同，佛门中人，尤其是禅宗，追求静、定、思、悟之法，因此，僧侣将饮茶与禅法融为一体，成为禅门修行的重要内容，也就有了“茶禅一味”的说法。从这一时期开始，饮茶及其特有的文化开始向民间传播。

室町幕府末期，村田珠光追随大名鼎鼎的狂僧一休宗纯禅师（即一休和尚）学习禅道。在学禅之际，村田珠光用修禅之道改造自己原先从事的茶事活动，赋予饮茶新的精神内涵，并在奈良建立了自己的茶室“草庵茶”，成为“奈良流”的开山鼻祖。“草庵茶”的建筑样式非常简单，与当时流行于百姓间的茶室一样，用茅草搭建而成，追求古朴的风格。

▲浮世绘中的托茶女子

步入晚年的村田珠光成为了室町幕府第代将军足利义政的茶道师父。足利义政喜爱各种艺术，喜欢结交文化人士，身边也有很多艺术侍从，是东山文化的兴起者。进入幕府后，由于有机会接触足利义政收藏的大量艺术品，村田珠光的禅茶合一的思想有了进一步的发展，在此基础上，“草庵茶”又与贵族文化相结合，终于使原先的茶文化升华到了茶道的阶段。因此，村田珠光也被称为日本的“茶道始祖”。

由于村田珠光的努力及足利义政的提倡，禅茶合一的茶道在各地兴起。当然这也与室町时代商业的快速发展，城市的急剧扩张，人们厌倦烦躁生活，渴望求得娴静有关。在日本主要城市，如京都、奈良都建起了遵循茶道的茶室，一些达官显贵乃至天皇都以邀请这些茶室的主人为自己表演茶道而感荣耀。至千利休的出现，日本茶道的发展达到了一个高峰。

千利休原名千宗易，1522 年出生于商人家庭。1538 年，16 岁的千利休开始拜师学习茶道，随后又追随最著名的茶师之一武野绍鸥。1555 年，千利休开设了自己的茶室，此后，千利休不仅频频举行茶会，而且也经常联合其他茶师举行联合茶会。每场茶会都有诸多显要出席，千利休因而名声大噪，成为最有名望的茶师。每次举办茶会，千利休总是会将作为禅茶合一的代表物，也是茶具最重要组成部分的书法挂轴放在茶室正中，这些书法挂轴大多为禅师书写，体现了茶道所追求的超脱世俗、洁心净身的意境。

由于千利休茶道技艺及声名的不断提升，与茶道相关的内容也随之发生了一些变化。在千利休之前，沏茶是低阶身份的人所做的差事，而在他成为“天下一宗匠”之后，沏茶也被视作茶道的重要内容而开始受人重视。因此，沏茶、煮茶从室外移到了室内，茶室里也便出现了煮茶的炉子，起先放在茶屋的一隅，称为“隅炉”；后来将炉子摆于客人面前称为“向炉”；最后炉子被放到了草垫外面，称为“出炉”。

1571 年，千利休为织田信长表演茶道，两年后，千利休成为织田信长的茶头，负责与茶会有关的一切事务。织田信长在本能寺被明智光秀害死后，继承其衣钵的是丰臣秀吉。与织田信长一样，丰臣秀吉也酷爱茶道，时常把玩织田信长遗留下的各种名贵茶具，并继续任用千利休为茶头。1585 年，丰臣秀吉建造了黄金茶室，并将千利休招至这里，天天与其谈禅论茶。然而两人的关系也因为这座富丽堂皇的茶室而渐渐出现了裂痕。

作为统治者，丰臣秀吉追求堂皇的场面和压倒一切的权势感，体现自己无人可比的地位。而在千利休看来，茶道所体现的是孤独清闲的心境，是以修身养性为目的，而不是为了炫耀权势，因此，茶室只需建筑在远离城市喧嚣的清静优美的山林中即可。因为两人思想上的冲突，丰臣秀吉对千利休产生了不满。1587 年 9 月，丰臣秀吉在箱崎举行了规模浩大的茶会，但没有邀请千利休。喜好奢华的丰臣秀吉和钟情清淡的千利休之间的关系于 1951 年正式破裂，这年 2 月，丰臣秀吉命千利休切腹而死。

追求清淡趣味的千利休在多年的茶道生涯中总结出茶道的根本。他认为和、敬、清、寂这“四言真谛”是茶道最高妙的意境，是天地人三者最完美的统一。所谓和，指的是人际之间的平顺关系，主客之间，相互谦卑礼让，使气氛融洽；敬，是指对于尊长的敬重，这主要表现在饮茶的顺序和规范上；清，指的是茶具的清洁干净和内心的沉稳纯明，不存一丝杂念，内外合一，才能达到“心安外凝”的境界；寂是“四言真谛”最高也是最理想的境界。寂不仅是安静清淡素雅，更多的是能时时沉思内心，在沉思中观察、反省自我，以求得人生的智慧，拨开云雾见日月。实际上和、敬、清、寂是禅道

千利休之死

利休切腹自杀前，曾留下遗诗一首：人世七十，力图命拙。吾这宝剑，祖佛共杀。提我得具足的一大刀，今在此时才扔给天公。利休自杀那天，天下大雨，雷电交加，在北野的坊官还下了冰雹哩！现在千利休的坟墓有三个：第一个是在荣光院，建于 17 世纪中期；第二个在南宗寺，建于公元 1700 年；第三个在大德寺本场内的开山塔背后。

在茶道上的最直接的体现。所以，在茶道之人看来，修禅与品茶是一回事。

时至今日，茶道已成为日本人培养情操的重要方式，对于女子而言，更成了人生入世的必修课。多数学校都开设有茶道课，社会上的新娘学校也有专门的茶道课程。在日常生活中，茶道依然扮演着极为重要的角色。

相关链接

在1603年之前，茶道各个流派基本上都采用抹茶法，但此后，在日本的文人中掀起了中国明代的煎茶法热潮。这种茶道又可细分为煎茶、玉露、茎茶、番茶等几种。煎茶法对茶叶要求不高，只要将普通茶叶弄干后再蒸，然后用手搓开，放入茶壶用滚水冲泡，将茶倒入茶碗饮用。由于煎茶方便，又不受场地限制，煎茶法一直流传至今，不过这种茶道基本上是在家庭内部使用，在接待重要人物时，仍以传统抹茶法为主。

第九章

跌宕的世代：80年代后的日本

之所以起伏跌宕，既在于权力阶层一出又一出的政治丑闻，国民对政府失去信心，人心漂浮，也在于90年代初泡沫经济的破灭，经济进入萧条时期，人们的安全感越来越少。俗话说，动荡之世，必有天灾人祸，从这一点来看，奥姆真理教和阪神大地震无疑给整个日本社会敲响了警钟。而使日本重新走上健康之路，也成了历任首相能否稳固政权的最重要所在。

黑色首相竹下登

政坛如戏场，演得好才是关键——竹下登在继任首相职位之初，脑袋里或许是这样想的。他的确演的不错，日本的国民为他精湛的演技而折服，对他的表演报以热烈的掌声，但是俗话说：老虎也有打盹的时候，再好的演员也可能犯下低级错误，况且竹下登算不上最好的演员，当嗅觉灵敏的新闻记者发现了一桩巨大的“黑色交易”后，竹下登告别舞台也就成了无可挽回的必然。

1987 年 10 月，中曾根康弘的第三届首相任期即将结束，加上外界一直认为其有受贿嫌疑，为了远离是非之地，中曾根康弘早早地就为自己，也为自民党选定了接班人——指定时为自民党干事长的竹下登为自民党总裁，随后又经国会参众两院投票通过，竹下登当选为日本第 74 届首相。1987 年 11 月，竹下登正式上任，并组建内阁。

竹下登非常重视人际关系对于政权稳定的重要性，与政治伙伴如何合作，在他看来是极为紧要的事情，由此，他提出“责任自己承担，功劳给予别人”的工作原则。这让日趋分裂的自民党重新走向了团结。随着在党内声望的持续提升，同年，“竹下派”取代“田中派”成为自民党内最大的派系。

为了保持经济和社会的稳定，竹下登在内政上遵循的是前任中曾根康弘的路线，继续推行上届政府实施的税制、行政、教育方面的改革，鼓励社会投资，以保持经济的持续增长。1988 年 2 月 22 日，竹下登在众议院预算委员会上做了有关防卫问题的讲话，他在会上强调，日本不做威胁他国的军事大国，这是日本的基本国策。在访问中国和朝鲜时，竹下登又多次重申这一原则。与此同时，竹下登

中曾根康弘

1918 年 5 月 27 日出生于富裕的木材商家庭，1941 年毕业于东京大学法学部，第二次世界大战期间任日本海军尉官参加战斗。1947 年当选为国会众议员，先后担任运输、防卫、国际贸易与工业等部门要职。1982 年当选为自民党总裁，1982 年 11 月就任并蝉联日本第 71、72、73 届首相，共计执政 1806 天，是日本战后历史上屈指可数的长命政权之一。被公认为日本最“国际化”的政治领导人。

继承了前任在日美关系上的定位，继续坚持日美安保体制和综合安全保障，加强日美的同盟关系。在竹下登看来，无论是使日本成为具有国际影响力的政治大国，还是确保日本乃至亚太地区的安全，都必须与美国紧密合作。

1987年11月
竹下登就任日本首相。

竹下登的这些举措让日本国民对其颇具好感，舆论也认为相较于中曾根康弘的“鹰派”形象，软硬相宜的竹下登给人以“鸽派”印象。然而，就在竹下登的首相生活稳步前行之际，发生了一件令竹下内阁威信颇受损害的事情。

1988年2月22日
竹下登在众议院发表防卫讲话。

1988年初，日本国土厅长官奥野诚亮发表了否认日本在“二战”期间对亚洲人民，尤其是中国人民犯下的罪行的讲话，扭曲历史，认为日本并没有侵略中国，“芦沟桥事件是偶然的”。对此，竹下登并没有发出任何反对的声音，更没有对奥野诚亮采取行动，似有听之任之的架势。日本政府的这一行为引起了中国政府的强烈不满，要求日本政府对奥野诚亮的言论尽快作出明确回答。竹下登为此多次召开内阁会议，但是在会上，竹下登的态度始终模棱两可，既不谴责奥野诚亮的错误言论，也没有拿出恰当办法，因此给中日两国关系蒙上了一层阴影。国内舆论也开始出现批评竹下登的声音，认为他毫无“政治头脑”。5月13日，在国内外舆论的重压下，奥野诚亮递交辞呈，竹下登虽有挽留之意，但考虑到舆情，也不得不同意奥野诚亮辞职。

为了挽回因奥野诚亮一事对自民党产生的负面影响，竹下登采取了众多的补救措施，就在他逐步稳定局面，巩固政权，提升自民党威望之际，同一年，潜藏已久的“里库路特事件”被媒体披露出来，由此引发日本政坛大地震，最终导致了竹下内阁的倒台，竹下登也从青云之巅坠入万丈深渊。

里库路特是一家成立于20世纪60年代的公司，至80年代，已经发展成为涉足多个领域的高科技企业。1988年3月，就在里库路特公司于川崎市举行新办公大楼的竣工仪式时，有人向神奈川县警察局举报川崎市市长助理小松秀熙受贿。举报人称，1984年，当时还是计划调整局局长的小松秀熙利用手中职权，为里库路特公司购得黄金地段的土地提供了诸多方便，作为回报，里库路特公司送给了小松秀熙尚未上市的3万股股票。1986年10月底，里库路特公司上市，小松秀熙立刻将手中股票转手倒卖，获利1亿多日元。

接到这一举报后，神奈川县警察局和横滨市地方检察厅受理了这起案件，但一直未做深入调查。这一反常举动被嗅觉灵敏的记者捕捉到了。最早发现此事的是《朝日新闻》川崎分社的副社长山本。随即，这位年轻的副社长带领几名年轻记者开始了跟踪调查。调查一开始进展得并不顺利，就在山本准备放弃时，一个神秘来客给他们带来了极为重要的线索。通过这个人提供的详细材料，山本发现，除了小松秀熙涉案外，还有诸多前任和现任的内阁大臣卷入其中。对于神秘来客的真实身份，山本并无过多兴趣，他完全被手中的资料吸引住了。

6月20日
因接受里库路特公司贿赂，川崎市市长助理小松秀熙被开除公职。

随着调查的深入，山本掌握了大量的证据。1988年6月18日，《朝日新闻》社会版头条发表了山本从多方调查获得的有关小松秀熙受贿的情况，引起了社会的强烈反响。6月20日，川崎市政府免除了小松的职务。因收受里库路特公司8000万日元股利而声望急剧下降的经济新闻社社长森田，也在同一天被迫辞职。7月6日，里库路特公司创始人江副浩正也因此辞职。

12月27日
竹下登改组内阁。

据统计，"里库路特事件"涉及政界、财界和新闻界要人达76人之多，东京地方检察厅为此设立特案组，对该案件进行全面调查。由于"里库路特事件"牵扯的人员众多，为了防止事态扩大，挽回竹下内阁的声誉，里库路特公司四处活动，企图以金钱的力量达到"使鬼推磨"的目的。1988年9月5日，里库路特公司拿着一包点心和内装500万日元的红包来到了掌握事件核心秘密的国会议员楢崎弥之助的家中，希望他能放库路特公司一马。然而楢崎弥之助不为所动，他知道里库路特公司迟早会找上门来，故早已与电视台取得了联系，在家中安装了偷拍设备，将当时的场面和对话全部拍了下来，并于当晚在电视台进行了播放。全国舆论顿时一片哗然，在对里库路特公司的卑劣行径纷纷谴责的同时，要求彻查此案的呼声也日益高涨。

1989年6月2日
竹下登被迫辞职。

东京地方检察厅由此加快了调查速度，侦查工作步步深入之后，竹下登这条贪腐大鱼也渐渐浮出水面。早在1985年至1987年，竹下登就以其秘书青木伊平的名义接受了里库路特公司赠送的1.2万股股票，加上其他形式的“捐赠”及“宴请”，受贿金额总计2亿日元。为了从这股巨大的漩涡中挣脱出来，竹下登立刻让跟随自己30多年的青木伊平离职。倘若调查机关追查起来，则可以用经手人已经离职为由，搪塞对付过去，也可将一切责任推到秘书身上。这便是竹下登为自己打的如意算盘。但是竹下登万万不曾料到，离职后的青木伊平不愿承受良心谴责，又想保全竹下登的声誉，左右为难之际，最终以跳楼自杀的方式结束了自己的生命。青木伊平的自杀并没有挽救竹下登及其内阁的危局，相反，竹下内阁的支持率一再下跌，最低时只有3%。

为了重塑政府形象，1988年12月27日，竹下登对内阁进行了改组。然而新内阁刚刚组建完成，新任的法务大臣长谷川峻因接受里库路特公司政治现金东窗事发，不得不在上台3天后辞职，给竹下登重振政府威信的计划以沉重的打击。原先一再否认与“里库路特事件”有关的竹下登也在野党议员的连续逼问下，不得不承认自己受贿的事实。1989年4月25日，他被迫宣布自己将辞去首相一职。6月2日，竹下登正式从首相宝座上走了下来，取而代之的是内阁外务大臣宇野宗佑，其于次日成为第75任日本首相。

▲竹下登辞去首相一职

宇野宗佑上台不久，媒体便爆出他与一名艺伎关系暧昧，引发了国民的议论，加上在消费税改革上的不利，遭到了在野党及社会舆论的强烈抨击。7月23日，日本参议院选举，执政的自民党仅得36席，没有获得半数以上的席位，遭受到了自1955年成立以来最大的一次失败。7月24日，宇野宗佑宣布辞职，执政不到两个月的宇野内阁就此倒台，8月8日，党内最小派系河本派出身的海部俊树当选为自民党总裁，继而出任首相。

1989年，对于日本来说是新时代的开始，1989年1月7日，裕仁天皇去世，当天，长子明仁即位，年号“平成”，成为日本第125位天皇。“平成”一词来源于中国《史记·五帝本纪》中“内平外成”之句，及《尚书·大禹谟》中“地平天成”等语，意在希望国内外和平安定。然而，“平成”开始才半年多时间，就因为“里库路特事件”而使政局动荡，民怨沸腾，开局不利。这似乎预示着更多不利的事件将要发生。

相关链接

埙是一种已经有7000年历史的中国乐器。在竹下登的家里就珍藏着一只中国音乐家送给他的埙，他非常珍爱这一乐器，从另一个侧面反映了他对文化交流的一种珍视。早在7世纪前，日本方面就开始派遣“遣隋使”、“遣唐使”以及大批留学生和留学僧来学习中国文化。唐朝时，一个中文名叫晁衡的日本留学生得到了唐朝皇帝的赏识，并给予其一定的官职，使其在很长一段时间内都以政府官员的身份面对世人。此外，他还和当时的著名诗人李白、王维等交情颇深，当李白以为晁衡在归国途中翻船遇难后，甚至写下了著名的《哭晁卿衡》：“日本晁卿辞帝都，征帆一片绕蓬壶，明月不归沉碧海，白云愁色满苍梧。”以表哀痛之情。

泡沫经济的崩溃

用“乐极生悲”来形容日本从经济的持续增长跌落至经济的持续大萧条是最为合适的了，人们也从往日的阔绰出手一下子恢复到了50年代的节衣缩食。勤俭持家的美德似乎又回来了，下饭店的少了，街上的名贵跑车也不见了，但大街上人们赶着上班的步履却依然匆匆。他们的脸上没有笑容，因为泡沫经济的破灭让他们背负了沉重的债务。对于大多数人而言，这无疑是场噩梦，且这场噩梦直到现在还没结束。

1985年9月22日，美、日、德、英、法5国在纽约签署了《广场协议》，宣布即日起5国将联合干预汇率市场。《广场协议》签署后的第二天，日元就急速升值，到1986年9月，汇率从1985年的1美元兑换240日元上升至1美元兑换120日元。汇率的大幅度波动使美元贬值，为了规避汇率浮动带来的风险，美国的大量资金涌入日本市场。而这时，为了对因日元升值而出口受阻的企业进行补贴，日本政府开始实行金融缓和政策，这直接造成了流动资金过剩。

由于流动资金总量过大，无处消化，从20世纪80年代中期开始，日本国内兴起了投机潮。这一股风潮最大的“受益者”是股票市场和房地产业。在这一时期，流传着两种神话，一种是“土地不会贬值”，另一种是“股票永远会升值”。

1986年到1987年，大量土地被转卖，地价疯狂增长，据统计，当时日本首都东京23个区的地价总和甚至可以买下美国全部的国土，而因为土地价格飙升，有利可图，但凡有人向银行贷款进行土地交易，银行总是显得很“慷慨”。土地交易的频繁和价格不断上涨，使很多人的账面资金快速增加，人们继而将更多资金投入房地产及

《广场协议》

1979年，第二次石油危机爆发，美国出现了严重的通货膨胀。同年，美国连续三次提高利率，实施紧缩的货币政策。这使得海外大量资金流入美国，美元飙升，贸易逆差急速扩大。20世纪80年代中期，日本成为世界上最大的债权国，日本资本疯狂扩张。故1985年9月，美、日、德、法、英五国财政部长及中央银行行长在纽约达成五国政府联合干预外汇市场，以解决美国巨额的贸易赤字。因协议在广场饭店签署，故被称为《广场协议》。

▲经济危机爆发后，上街游行的群众

股市，也拉动了国内的消费。而国内消费需求的不断增长，又进一步刺激了经济发展。

经济的发展，消费力的提升，使日本国民“手中有钱，心里不慌”。人们开始大量购买高档物品甚至是奢侈品，如名贵的艺术品和古董、豪华跑车，甚至将触角伸向了海外资产，这种现象被称作“日本钱的流入”。

在整个 20 世纪 80 年代中后期，因国际社会的强大压力，苏联忙于解决入侵阿富汗而带来的种种问题。在西欧，失业率持续攀高，社会动荡不稳。而美国，自 80 年代中期以后，整体经济陷入低谷，支柱产业金融业频频出现危机，财政赤字屡创新高。当时，美国失业率为 7%，经济增长率为负的 0.2%，财政赤字为 738 亿美元，贸易赤字为 150 亿美元。而日本从 1984 年起在对美贸易中始终保持顺差地位，美国在成为世界最大债务国的同时，也使日本成为世界最大的债权国。

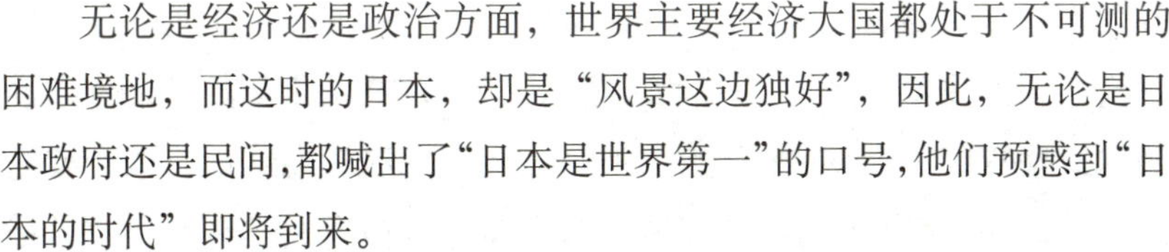

无论是经济还是政治方面，世界主要经济大国都处于不可测的困难境地，而这时的日本，却是“风景这边独好”，因此，无论是日本政府还是民间，都喊出了“日本是世界第一”的口号，他们预感到“日本的时代”即将到来。

不过就在全民高唱凯歌之际，在光鲜的表象之下，一些被遮盖的问题也逐渐暴露出来。在房地产方面，由于土地价格过快增长，城市中的普通百姓无法承担高额的地租和房租，只能被迫迁往郊区。而正是这种情况，又促使人们产生了早买早赚的心理，进一步刺激了地价上升。这时候，人们开始担心“两大神话”是否真的会一直持续下去。很快，这种担心变成了现实。

1987 年 10 月 19 日，美国股市发生大崩盘，在西方国家的联合干预下，股市很快恢复正常，被称为“黑色星期一”的股灾并没有变成一场噩梦，但对日本来说，却是灾难的开始。这一年，日本正在实施扩大内需战略，不断地加大国内投资，降低利率，减少存款。在这种情况下，日本央行决定继续实行扩张性货币政策，维持贴现率在 2.5% 的超低水平上保持不动，直到 1989 年的 5 月，日本央行才提高了国内存款利率。

低利率的措施造就了极度扩张的货币政策，从而更加刺激了股市和房地产价格的上升。1985 至 1989 年，日本平均股价上升了 2.7 倍；1986 ~ 1990 年，东京、大阪等六大城市的价格指数平均增长了三倍以上。股价和地价疯狂上涨，让日本政府感受到了来自民间的压力。1989 年，日本央行决定改变货币和信贷政策。从当年的 5 月份至 1990 年的 8 月，日本央行五次上调了中央银行的贴现率，与此同时，日本大藏省对全国所有银行的不动产贷款进行了严控，并要求银行大量削减这类贷款。1991 年，日本几乎所有的金融机构都停止了对不动产业的贷款。

货币和信贷政策的大转变，使得原本高涨的日本股票价格开始出现大幅度的下跌，与土地交易相关的企业出现巨额亏损，“股票永远会升值”的神话被打破，这引起了股民的恐慌，不过，令他们没想到的是，这不过是灾难的开始。没多久，地价和股票一样，开始剧烈下跌，跌幅超过 46%，“土地不会贬值”的神话也随之被打破。受到双重冲击的日本经济开始出现滑坡，自 1991 年 2 月起，泡沫经济正式破灭，从 1986 年开始出现的经济大发展时期结束，取而代之的是长达 10 年之久的经济衰退，这种衰退也被有关学者称为“平成大萧条”。

相关链接

2008 年，畅销书作家牛久保惠出版了《“食草男”正在改变日本》，随即“食草男”成为社会流行词，而与之相对应的“食草男”现象早已成为了日本的一大社会现象。所谓“食草男”，指的是充满女性气质，相较于为事业奋斗或是组建家庭，对自己的外表更感兴趣，而且在和异性的关系上，追求柏拉图式的感情，对性几乎没有任何兴趣的一类男性。“食草男”的年龄一般在 20 ~ 34 岁，大多成长于泡沫经济时代。很多人没有正式工作，以打零工或兼职为生，年收入在 200 万日元左右（约合 14 万人民币），这在日本刚刚达到贫困线。

奥姆真理教的毒气

如果把邪教称作社会毒瘤，那么奥姆真理教无疑是最为恶性的毒瘤，这颗大毒瘤虽然外表光鲜，却每时每刻都在吞噬着一个个健康的灵魂。而对那些奥姆真理教的信众来说，这颗毒瘤带给他们的不仅仅是灵魂的沉沦，更多的是剥夺了他们对美好人生的信任。正因如此，在奥姆真理教被取缔后的很长一段时间内，日本人无法找到生活的方向，犯罪率也因此上升。

1995年3月20日，即平成七年，东京地铁站内人潮熙攘，步履匆匆，神情各异的上班族们都在奋力挤向地铁车厢。此刻正是上班的早高峰时段。这时，一列地铁急急地在站边停下，车门打开后，乘客们踉踉跄跄地走到站台，一个个东倒西歪地，口吐白沫，一些乘客的嘴角渗出了鲜血，个别人已当场死亡，呼叫哭闹声在站内响作一团。地铁工作人员从四面奔来，面对这一幕恐怖的场景，他们不知道究竟发生了什么。后经警方调查，当天，共有16个车站、5辆地铁列车发生了同类事件，最终导致12个人死亡，5500余人受伤。这便是震惊世界的由“奥姆真理教”一手制造的“东京地铁特大沙林毒气袭击事件”。

▼东京地铁沙林毒气事件现场

事实上，就在发生此次恐怖事件的前一年，即1994年6月，在松本市，“奥姆真理教”就因施放沙林毒气致使6人死亡，200多人被紧急送入医院。同年7月初，警方在奥姆真理教位于山梨县的总部附近，发现了一些制造“沙林”的物质。在经过详细调查，掌握了大量证据后，警方决定在1995年初对奥姆真理教总部进行一次突击搜查，但因阪神大地震而将搜

1984年2月
麻原彰晃设立奥姆真理教的前身——瑜伽道场“奥姆神仙会”。

1984年7月
“奥姆神仙会”改称“奥姆真理教”，麻原彰晃自称教主，并经常在公众面前显示自己在空中漂浮的能力，借以吸引信众。

1986年
麻原彰晃去喜马拉雅山，自称得到最终解脱。

1989年11月4日
坂本堤律师一家被杀害事件。

1990年2月
日本众议院选举中，奥姆真理教以“真理党”的名义，同24名“教徒”一道参加竞选，全部落选。

查日期改为3月22日。对警方可能采取的行动，奥姆真理教已经有所察觉。为了进行报复，奥姆真理教决定在首都东京的地铁内制造一起足以使这座城市陷入大混乱的事件。于是，惨剧便这样发生了。

“沙林”是一种杀伤力巨大的毒气，被称为“穷国的原子弹”。学名为甲氟膦酸异丙酯，是“二战”时期纳粹德国研制的一种致命神经性毒气，这种毒气无色无味，可以通过呼吸道或皮肤黏膜侵入人体，杀伤范围约为1.2公里，一旦被其波及，此范围内的人非死即伤。因其破坏性严重，国际社会对“沙林”制定了极为严厉的管控措施。奥姆真理教制造的毒气事件，是“沙林”首次被用于恐怖袭击。

奥姆真理教由麻原彰晃创立于1985年，在教内被称为“尊师”、“最终解脱者”、“教主”和“代表”。麻原彰晃本名松本智津夫，出身于普通农家，23岁与本乡一个叫知子的女子结婚，婚后共同经营了一家药店，1982年因出售假药而遭到逮捕，后以交纳罚款了事。药店因此而破产。

1984年，麻原彰晃在东京开设了一家名为“奥姆神仙会”的专修“瑜伽”的道场，这是奥姆真理教的前身。1985年至1986年，麻原彰晃在杂志、报纸上不断刊登自己双腿盘错，“漂浮”在半空中所谓表现其超于常人的特异功能的照片，还通过出书进一步扩大了自己的名气，骗取了不谙世事的年轻人的信任。同时也使奥姆真理教“名声在外”，越来越多的人成为其忠实信徒。

1987年，麻原彰晃只身前往喜马拉雅山，回到日本后，对信众说自己在那里得到“佛祖真传”，除了在空中漂浮的能力，还拥有了心灵感应，并且能预言未来。他曾预言1997年至2001年必将爆发第三次世界大战，到时世界将成为一片废墟，而自己将带领信众在这片废墟上建立一个新世界。1992年，在麻原彰晃将自己称为“基督再生”的同时，预言东京将发生大地震，海平面因此将会升高，整座城市将被彻底毁灭。虽然这个预言并没有灵验，但这并没有让他感到难堪，因为信众相信，是这位奥姆真理教的教主的无边法力拯救了东京，拯救了日本，乃至整个世界。

因为蛊惑人心的言语和刻意制造的假象，使得信众对麻原彰晃的崇拜到了痴迷的程度，他们纷纷拉人加入奥姆真理教，奥姆真理教因此得以迅速发展。1989年，奥姆真理教取得了“宗教法人”资格，成为了一个合法的宗教团体。这为奥姆真理教的快速发展提供了契机。短短数年，它便在日本各地建立了几十个道场，并且跨过海洋，在国外建立了分部。至1995年，奥姆真理教的出家信众有1400名，在家信众将近2万名。

麻原彰晃对信众制定了严酷的教规，尤其是对出家的信众，严格规定了其睡眠时间不得超过3小时，且只能睡在宽80公分，高70公分，深1.8米的睡袋里；隔5天才能洗一次澡，理由是时间不到就洗澡会将修行的成果洗掉。除了近乎囚牢般的管束外，麻原彰晃还通过各种方法从信众身上疯狂敛财。在家信众需交纳入会费和年费，共4.8万日元，成为信众后，需参加修炼班，学习“解脱”和“悟”，需缴纳费用14.5万日元。

除此之外，麻原彰晃以及奥姆真理教的一些骨干还通过制造所谓的“灵物”来聚敛钱财——麻原彰晃的一根胡须3万日元，麻原彰晃的洗澡水每500毫升3万元，印有麻原彰晃头像的胸章200万日元，这些所谓的“灵物”品类繁多，粗制滥造，但就是靠这些东西，麻原彰晃赚了20多亿日元。

随着奥姆真理教财势力的不断扩张，麻原彰晃的政治野心也逐渐膨胀起来。在1990年，他就成立了“真理党”，并参加了当年的众议院选举，结果大败而归。政坛之路受阻后，他在奥姆真理教内部设置了与日本政府机构相类似的组织，以满足自己不断膨胀的权力欲。麻原彰晃自封为“神圣法皇”，下辖包括防卫厅、建设厅、治疗厅、文部省、邮政省、厚生省、科学技术省、劳动省、大藏省在内的21个机构，每个机构都设有长官，由其子女和教内骨干担任。

麻原彰晃还为奥姆真理教制定了“教法”，这部教法被称作“真理国基本法律草案”，于1994年完成。在这部“教法”的第一章里，麻原彰晃规定自己是最高、最神圣的统治者，具有无边的权力。这部“教法”还规定，信众有义务服兵役。麻原彰晃命科学技术省为奥姆真理教装备1000支步枪和100万发子弹。他还派人到俄罗斯搜

1994年6月27日
松本沙林毒气事件。

1995年3月20日
东京地铁沙林毒气事件。

1995年5月16日
麻原彰晃被认定为“地铁沙林事件”等案件的嫌疑人，遭逮捕。

2000年1月18日
因教团破产，被破产管理人要求更改教名为“Aleph”。

2006年9月15日
奥姆真理教教主、东京地铁沙林毒气事件主谋麻原彰晃死刑确定且不得上诉。

集生产武器的情况，并开设了地下兵工厂。其真实目的是为了与政府对抗，获取更大的权力。

麻原彰晃及奥姆真理教的一系列动作早已引起警方的注意，在东京毒气事件发生以后，警方对其迅速采取了行动。3月22日，几千名警察和自卫队的防化部队对奥姆真理教设施进行了清查，发现了各种用于制造毒气的化学物质和仪器，同日，一些奥姆真理教的骨干也陆续落网。警方乐观地认为，不日就能将麻原彰晃抓捕归案。然而，就在这时，一场新的灾难降临了。

4月19日，日本第二大城市横滨的火车站遭到了毒气袭击，有近400人受伤，21日，火车站附近的商店又再次受到毒气袭击，有近30人受伤。27日，警方开始了对麻原彰晃的搜捕，5月初，警方发现麻原彰晃躲藏于山梨县的上九一色村。5月16日，几百名防爆警察来到这个村子，强行打开了一栋民房的大门，经过全面搜查，在二楼与三楼之间发现了一间密室，当警察打开这间密室的时候，发现麻原彰晃正藏在里面。一向称自己拥有无边法力的麻原彰晃这回没有借助施展"法力"逃脱，而是乖乖束手就擒。2004年2月27日，麻原彰晃以杀人罪、拘禁罪、非法制造武器罪等13项罪名被东京地方法院判处死刑。

相关链接

经过深入的研究与调查后，法国专家们总结出邪教的如下十个特征：

一、邪教对其信徒实行精神控制，信徒必须遵循"精神领袖"的旨意而行动；二、邪教通过信徒大肆敛财；三、邪教使信徒脱离正常的社会生活；四、邪教会侵犯个人身体，尤其是女性信徒；五、邪教会吸收正常宗教不吸纳的儿童入会；六、邪教具有反社会性质，只有加入其中才能净化"丑恶"的灵魂；七、邪教扰乱社会正常秩序；八、邪教不断引起司法纠纷；九、邪教经常性地转移资金；十、邪教会试图渗入公共权力机构，以求扩大影响。最后，邪教一定会导致信徒走向极端，作出自杀、集体自杀或谋杀等过激行动。日本的奥姆真理教便是一个典型。

阪神大地震

中国古话讲“居安思危”，日本或许是这个世界上对这句成语最感同身受的国家了。地处地震多发带，每年的自然灾难如同蚂蚁一样多，这是命运的不幸，但同时也是人生的大幸。正是身处随时遭遇突然灾害的境地，这个岛国和它的人民才能在忍受“惊慌”的同时，创造出一个又一个奇迹。这种强烈进取的国民性与其地理、自然环境有着密切的联系。

日本位于太平洋火山地震带上，全球有十分之一的火山都在日本，其中最为著名的便是被称为“圣岳”的富士山；小于2.5级的小地震以及2.5～4.7级的有感地震差不多两三个月就会发生一次，而严重的地震则每一个世纪就会发生几次。如1923年发生的震级为7.9级的关东大地震，这次大地震共造成99331人死亡，43476人失踪，103733人受伤，财产损失近300亿美元。关东大地震给这个国家带来巨大灾难的同时，也给人们的心灵带来了挥之不去的阴影，至今还对日本人的心理产生影响。这种影响因为阪神大地震的发生而愈发加重。

1995年1月17日5时46分，阪神经济圈的中心城市之一、兵库县首府神户发生了7.3级地震，震中来自西南方23公里的淡路岛，属于上下震动型的破坏性地震。

神户是日本也是世界著名的贸易港口城市，每年吞吐货物量超过1.4亿吨，是座背山面海，自然环境优越，人口超过150万的现代化城市。不过这个“现代化”是在地震重建后显现出来的，在地震发生前，虽然在通往神户的路上建造了许多隧道和高架桥，但是在神户市内，大多数的建筑还都是80年代以前的“老家伙”，有些地区的房屋几乎全是木制。地震发生后，这些木房屋在地震引发的大火中付之一炬。而这些被烧毁的木房屋的残骸又继而堵塞了本就不宽阔的马路，救援车辆极难通过，阻碍了救援活动的迅速开展，加之地震发生于清晨时分，绝大多数人尚在家中，使得人员伤亡惨重。据日本官方统计，在阪神大地震中，约有6500人死亡，26804人受伤，107610栋建筑物遭破坏，有近33万人无家可归，经济损失约1000亿美元，总损失达当年国民生产总值的1.5%。

▲地震过后

阪神大地震是关东大地震后日本遭受的人员财产损失最为严重的一次，也是战后50年来所遭遇的最大一场自然灾难。

这次地震之所以造成如此巨大的损失，日本政府的反应迟钝也是原因之一。在地震发生时，村山富市首相还浑然不觉，躺在床上与周公会面，直到40分钟以后，他从床上起来，打开电视，看到各大电视台直播的有关地震现场的画面时，村山富市才意识到发生了巨灾。当他打电话给秘书核实情况时，秘书竟然对此浑然不知，致使全国性的救灾行动直到1月18日才展开。村山富市本人在地震后的第三天，才进入震区视察。政府的麻痹和迟钝成了各大媒体抨击的对象。

正是政府层面的迟缓，对地震造成的灾难估计不足，致使许多国外救援队到阪神地区救助的申请都被拒绝，就连日本的铁杆盟友美国也是如此。一系列的不利影响最直接的体现在股市当中。就在地震发生的当天，日经225指数从近2万点的高度直线滑落，从17日的19241点跌落至1月23日的17785点，下跌幅度为7.6%。其造成的连锁反应如同地震本身一样，给诸多行业带来毁灭性打击，首当其冲的是银行业，其次是地产和机械制造业。

为了重振阪神经济圈，重建神户，日本政府制定了为期10年的“兵库凤凰计划”。此计划的目的不仅要将神户恢复到受灾前的状态，而且能应对即将到来的老龄化社会等各种社会问题。为实现这一计划，日本政府投入了10万亿重建资金，这些资金有来自政府机构也有来自半官方的基金会，也有的来自民间团体的捐赠。

10年的重建计划以“四步走”的形式展开。第一步，地震发生后至年底，主要工作以救援和为重建做准备；第二步，从1995年初至1998年初，以全面重建及对灾区进行全国性的援助为重心；第三步，从1998年初至2000年，神户恢复至灾前水平，社会各层次得以自主运行；第四步，从2000年至2005年，以“现代化都会型城市”为发展目标，健全完善社会体系，大力发展对外经济，以阪神经济圈为依托，形成独特的区域发展模式。

阪神大地震对于日本有着比关东大地震更大的警示作用。在地震尚未发生之前，人们普遍认为，关西地区不会发生规模巨大的地震，因此，关西各城市在基础设施的建设上，不太强调防震设计。地震以后，关西地区的防震抗灾引起了日本政府的高度重视，从1996年开始，日本政府连续3次修改《建筑基准法》，把各类建筑的抗震基准提高到最高水准，要求商务写字楼的抗震基准在8级，使用期限能够超过100年。阪神大地震也使日本政府和国民增强了防灾意识。日本政府将阪神大地震发生的1月17日定为全国“防灾和志愿者日”，前后三天则为“防灾周”。每年这个时候，日本各地都要举行全民参与的救灾防灾演习，电视媒体也会不间断地播放防灾知识节目，并且不定期地发布地震预测报告。

相关链接

处于地震频发带上的日本，除了关东大地震，历史上还曾发生过多次大地震：

1927年3月7日，日本西部京都地区发生里氏7.3级地震，造成2925人死亡；1933年3月3日，本州岛北部三陆发生里氏8.1级地震，造成3008人死亡；1943年9月10日，日本西海岸鸟取县发生里氏7.2级地震，造成1083人死亡；1944年12月7日，日本中部太平洋海岸发生里氏7.9级地震，造成998人死亡；1945年1月13日，日本中部名古屋附近三川发生里氏6.8级地震，造成2306人死亡；1946年12月21日，日本西部大面积地区发生里氏8.0级地震，造成1443人死亡；1995年1月17日，日本西部神户及附近地区发生里氏7.3级地震，造成6437人死亡或失踪；2004年10月23日，日本中部新潟发生里氏6.8级地震，造成67人死亡；2007年7月16日，新潟海岸地区发生里氏6.8级地震，造成至少9人死亡，1000多人受伤。

政坛大动荡：从桥本到麻生

政坛和战场一样，向来变幻莫测。人们虽然已经习惯了它的多变，但自1996年开始日本政坛的大动荡，还是令世人吃惊不已。首相走马灯似的换，对内对外的政策也随之相应地不断调整，整个日本政坛仿佛陷入了一个变动的怪圈之中。选举、投票、成立新内阁，就在这样的循环之中，日本度过了十几年的时间。当混乱成为一种习惯，人们更多地将其视作了一出生活的喜剧，当作茶余饭后的谈资，一笑置之。

2009年9月16日，日本民主党代表62岁的鸠山由纪夫，在众院全体会议上当选为日本第93代、第60位首相。紧接着，他立即着手组阁，当天夜里在皇宫举行了任命认证仪式后，民主、社民、国民新党联合执政的鸠山内阁将正式走马上任。

麻生太郎的弱点

麻生太郎的汉字水平不高，甚至连日本内阁规定的2级水平都达不到（最高1级）而只有7级水平，相当于小学生水平。他在发表讲话等时候时不时读错汉字，由此也被不少媒体“批”，成为一些日本人的笑料的同时也引发了日本人新的学习汉字的热潮。

至此，又一次大选落下了帷幕。落败的前任首相——自民党的麻生太郎对此早有准备，因此在东京附近日本前首相铃木贯太郎的纪念碑前的演讲中，麻生太郎就引用了铃木贯太郎送给麻生外祖父、日本前首相吉田茂的一句赠言：“一个人败也要败得有风度。”事实果然如预期的那样，麻生太郎败了。

其实，对于日本国民而言，谁胜谁败已经不是人们最关心的问题了。这种“经常性”的大选早已把大家弄得筋疲力尽了，人们目前最大的期望便是鸠山内阁能成为十几年来动荡的日本政坛的终结者，结束从桥生龙太郎以来政坛不断上演的“闹剧”。

形象刚毅的桥本龙太郎始终秉持着父亲“政治是为弱者服务”的理念，致力于日本的医疗保健、社会保障和国家福利建设。基于这一从政初衷，1996年1月，他获得了极高的支持率，顺利出任日本首相，在向来有一任政府完成一件大事的日本政坛，桥本龙太郎打破常规一上任就大刀阔斧地展开了行政、财政、经济、金融、社会保障和教育等“六大结构改革”，决定将日本中央政府改革成一府十二省厅的框架。

由于改革触及到了政客、官僚集团和原有体制的既得利益者，注定要面临重重阻力。再加上1997年初，对具体政策洞若观火、对整个大局却缺乏把握能力的桥本错误判断日本经济好转，决定提高消费税两个百分点，引得社会上怨声载道。最终，这场改革只得悲剧收场，并使得日本经济再次跌回了谷底。1998年7月，自民党在参议院的大选中惨败，桥本龙太郎被迫引咎辞职。

接任桥本龙太郎之职的，是桥本内阁时期的外务大臣小渊惠三。1998年7月，61岁的小渊惠三当选自民党第18任总裁。7月30日，日本众议院选举小渊惠三为日本第84任首相。他性情温和，遇事小心谨慎，具有较强的协调能力。然而，也正是因为这一性格特征，小渊惠三被日本政界评价为“完全缺乏个性魅力”。

▲演讲中的麻生太郎

小渊对此也心知肚明，在他任职期间，当时日本政治、经济和外交均面临许多棘手的问题。为了解决这些问题，小渊可谓费尽心血。但是，面对如此沉重的压力，身为“凡人”的小渊终于挺不住了，2000年4月2日中风入院。2000年4月4日，小渊内阁不得不宣布总辞职，以森喜朗为首相的新内阁执掌政权。

临危受命的森喜朗是日本政坛的一名老将，同时也是小渊十分信赖的“右手边的人”，但是他的上台对日本而言，好像并不是一个明智之选。这位擅长辩论的首相，说起话来总是没完没了，甚至有人开玩笑地说：“听森喜朗讲演，来之前请务必准备好盒饭。”

正所谓言多必失，森喜朗的“滔滔不绝”让他在政治上栽了大跟头：在日本与朝鲜关于“日本人被绑架”的问题上争论不休时，他说朝鲜可以编造一个理由表明“这些日本人是在第三国发现的”，顿时引发了轩然大波；他批评大阪人“就知道存钱、存钱，完全没有公共意识，也不关心选举。说话还很尖刻，简直是痰盂”，激怒了几乎所有的大阪人；当日本学生驾驶的“爱媛号”实习船被美国“格

日本政客为什么喜欢参拜靖国神社?

政治人物参拜靖国神社有历史、文化及宗教等因素,但政治因素普遍被认为是其中的主要因素。小泉纯一郎的参拜就与日本遗族会的不断催促,换取日本遗族会的支持与选票有关。参拜靖国神社也同时被外界——特别是中国、朝鲜及韩国等二战中被日本侵略的国家,认为是日本领导人对右翼观点的认同,而不能对日本的侵略历史进行反省。

林维尔”号核潜艇撞沉导致9人死亡时,打高尔夫球的森喜朗一个半小时后才回到官邸,又一次激起了民愤……一次次事件之后,森喜朗内阁的支持率降至了前所未有的最低值,于是,2001年4月,“最不受欢迎的首相”森喜朗被迫辞职。

此时的日本经济在经历了连续十年的不景气之后,又显现出了衰退的迹象,政界丑闻不断、外交毫无建树,一连串的问题使日本国民的心中普遍出现了变革的要求。第三次参选的小泉纯一郎激进的“改革”策略正合时宜,得到大部分民众支持的小泉理所当然地成为了下一任的首相。

在“改变日本”的口号下,小泉提出了明确的改革主张,改革涉及政治、经济结构、外交等各个社会领域,显然,他是真的想让日本呈现一种全新的面貌。但冰冻三尺非一日之寒,小泉的勃勃雄心要变为现实绝非易事,再加上在外交问题上他所表现出的右翼言论,引起了包括中国在内的亚洲国家的警惕,他的改革变得愈发步履维艰,而他最初就任时的“超级人气”也随着时间的推移一点点地消退了。

2006年,小泉内阁陷入了最严重的危机之中:韩国的反日浪潮一浪高过一浪,日本国内反对小泉的声音由此开始传出;“邮政改革议案”等改革的提出,使小泉的支持率急剧下降,国内倒阁的呼声将其推上了风口浪尖;就连小泉自诩“历史上最佳”的日美关系也遭遇了瓶颈,美国不断向日本施加的压力也令小泉内阁焦虑不已。来自各方的压力,使小泉无法招架,明眼人都知道他撑不了多久了。

2006年9月,身材高挑、风流倜傥的安倍晋三击败小泉纯一郎,当选第90任日本首相,同时也是第一位战后出生及日本战后以来最年轻的首相。安倍是日本政坛中强硬的右翼人士,日本媒体称其为“小泉的正统接班人”。但他同样无法改变日本的现状,而且新任内阁大臣丑闻不断,也令安倍面临的压力越来越大。

2007年9月,安倍晋三以“健康原因”为由向自民党国会对策委员长大岛理森转达了辞职意向。安倍的辞职,使日本政坛不得不又开始新一轮的大选。这次接任的是性格温和的福田康夫,这位日本前首相福田赳夫的长子一开始就知道自己的任期是安倍晋三辞职后剩下的为期不长的时间，却还是在上台伊始便提出了一系列解决日本问题的政策。然而，仅凭他一己之力根本无法解决长久以来累积下来的烂摊子，于是，2008 年 9 月 1 日福田康夫召开记者招待会，宣布辞职。

福田的这一决定，使执政党、在野党和民众都感到震惊，但他的“不负责任”终须有人接手，这个人就是日本第 92 任日本内阁总理大臣麻生太郎。在历史和外交问题上麻生以强硬著称，并经常因“大嘴”引起周边国家的强烈不满。同时他的“大嘴”关于“单一民族”的讲话也引起了日本国内的反弹。虽然他曾尽力挽回自己所犯的错，却终究无法改变失去民心的结局，被他人取代也就是预料中事了。

从桥本到麻生，短短 13 年的时间，日本更换了 7 位首相、12 任内阁，政局之混乱可见一斑。面对如此动荡的政坛，几乎每一任首相都有心无力，各种改革的尝试甚至将日本引入了更大的混乱之中，人们只能寄望于下一任。于是，日本政坛不自觉地陷入了一种恶性循环之中，到底这样的混乱何时才能结束呢？没有人能做出肯定的回答。

相关链接

身高仅 1.64 米的桥本龙太郎举手投足间常带有老派绅士的味道，他总是衣着整洁，头发梳理得很板正，神态潇洒、精明干练，在日本女性国民中拥有很高的人气，甚至还被亲切地称为“龙大人”。同时，桥本龙太郎有时又会给人以固执己见、刚愎自用的感觉，他不像其他政坛领袖那样，身边聚集着众多嫡系心腹，始终是党内、派内缺少党羽的“独行侠”。他的这些性格特征，很大程度上都源于日本独有的剑道精神，即勇气、力量、忍耐和技巧。

桥本自幼便在父亲的熏陶之下，喜欢上了剑道。进入政坛后，尽管政事繁忙，桥本还是会尽量抽时间练习。在他看来，练习剑道不仅可以强身健体，还能磨炼意志，他还从中领悟到了一种“剑道人生”，因此他还有另一个名字——剑客首相。

》专题 相扑

对于不熟悉这门“功夫”的人来说，两个近乎赤裸的壮汉呼哧呼哧互相搏斗，在一瞬间决定胜负，会觉得这番场景过于“胡闹”，没什么可观性，更没有任何的艺术内涵。不过当我们推开那扇懵懂的窗户，一窥内中究竟时，或许会被那别具一格的水月洞天所深深吸引。那番光景呈现出的不仅是一种对强者的崇拜，更是对一种古老文化的继承。

453年1月14日，日本第19代天皇允恭天皇去世，中国南朝刘宋皇帝派遣使者来到日本致哀，并让随行的艺人表演“素舞”。相传中国的相扑就是这个时候传入日本的。“素舞”是先秦时期对两人互博摔跤的称呼，秦汉时期称为“角抵”，南北朝到南宋时期叫相扑。研究者普遍认为，相扑正式传到日本是在唐代。

“角抵”最初是一种祭祀表演活动，在西汉时主要流行于现在的河北地区。据说，“角抵”与祭祀蚩尤有关，司马迁在《史记·黄帝本记》中曾记载：“蚩尤氏头有角，与黄帝头，以角抵人。”实际表演时，人们要带上蚩尤面具，头抵头，相互斗力。最初，“角抵”仅指这类祭祀表演，从东汉至魏晋南北朝，它所包含的范围逐渐扩大，互搏斗力成了其一小部分，到了宋朝，“角抵”一词才专指摔跤。

相扑有怎样的比赛规则？

运动员在比赛时可以互相抓腰带，握抱头颈、躯干和四肢，可以用腿使绊，可以拍打对方胸部，但不许踢对方胸腹，不许抓兜裆和生殖器，不许抓头发、击双耳、卡咽喉，不许伤害对方眼睛、胃门等要害处，不许用拳头打人或使用反关节动作。

唐朝武周时期，相扑经朝鲜半岛传至日本，719年，天皇朝廷设立拔出司，后称相朴司，729年，相扑成为日本皇室与贵族最为热衷的活动。日本天皇在宫廷里设立了“相扑节”，每年7月举行“相扑节会”，并制定了严格的比赛规则。到镰仓幕府时期，相扑从皇宫推及至民间，与神道教相互影响，成为了神道教一种专门的宗教仪式。在举行仪式时，相扑者要使劲用脚跺地面，在神道教看来，这是将潜藏于大地中的恶魔赶走，在场地上还要撒盐以达到净化的目的，神道教认为，盐能驱赶鬼魅。在武家政治时期，相扑也被作为武士的基本技能而得到重视。

德川幕府建立之初，相扑作为一种职业在各地兴起，幕府所在地江户因其特殊的地位而成为全国的相扑中心。这时的相扑被称为“大相扑”，至18世纪初叶，大相扑与现代的相扑已别无二致。到20世纪初，相扑已称为日本人心目中的“国技”。1909年，东京建起了一座国技馆，专供相扑比赛使用，1942年，日本政府将相扑列为学校的体育必修科目。

相扑运动中，最引人关注的除了比赛结果外，最重要的还数相扑手本人。相扑手的培养依靠日本相扑协会下设的53所部屋来完成。所谓“部屋”，就是相扑训练馆。教授相扑技艺的师父被称为“亲方”，通常由退役的著名相扑手担任。“部屋”每年都会从全国各小学招收学员，选中后若家长同意孩子成为相扑手,那么“部屋”就会承担学员吃、穿、住的全部费用。

▲日本相扑

相扑运动对相扑手的体型要求非常严格，职业相扑手体型必须高大魁梧，20岁之后要求身高1.75米以上，体重120公斤以上。当然，这样的体型也是赢得相扑比赛所需要的。相扑比赛没有体重限制，所以往往出现300多斤重的相扑手跟200多斤重的相扑手对决，因此体重越重越有利。为了不断增重，相扑手每天最最重要的事情就是不停地吃，不停地睡觉。

相扑手一天只吃两顿饭，每顿都是火锅。这种火锅被称为“力士火锅”，即将牛肉、鱼肉、豆制品、蔬菜等放在一个大锅内炖煮，犹如中国的“东北乱炖”。“力士火锅”下肚后，相扑手还要吃大量的奶油蛋糕，吃完后马上睡觉。通常来说，一个相扑手每顿的饭量相当于6个普通人的饭量。

相扑手按照比赛成绩分为10个等级，从低到高分别是：序之口、序二段、三段、幕下、十两、前头、小结、关胁、大关及横纲。横纲不仅是相扑手最高的等级，也是终身荣誉。因等级不同，相扑手每月的收入也各有不同。大关每月的收入为235万日元，相当于

横纲

横纲是日本相扑运动员（日本称为力士）资格的最高级，相扑力士按运动成绩分为10级：序之口、序二段、三段、幕下、十两、前头、小结、关胁、大关及横纲，横纲是力士的最高级称号，从某种意义上来说可以算是终身荣誉称号。

人民币17.36万元，关胁每月的收入为170万日元，相当于人民币12.56万元，而等级最高的横纲，每月的收入为282万日元，相当于人民币19.56万元。

相扑比赛，是在“土表”上举行。“土表”高40至60厘米，比赛在“土表”中央，直径455厘米之内的范围内进行。相扑手的比赛装束非常简单，梳好发髻在腰间系一条“兜裆布”遮住下身即可。在比赛前，相扑手先要到“土表”东西两侧专门放置的水桶内取水漱口，这里的水被称为“力水”，相扑手认为，用这样的水漱口能增加能量。漱完口后，用“力纸”擦拭身体，意为去处污秽之物。随后，进行对决的两个相扑手走上“土表”中央，彼此相隔60厘米处，经过一番既定的准备仪式后，两手接触地面，调节呼吸，两眼直视对方，比赛正式开始。

相扑规则规定，在比赛过程中，相扑手可以抓腰带，抱头颈、躯干以及四肢，还可以用腿使绊，倘若一方令另一方除了双手以外身体任何一部分接触地面，以及包括手脚在内的身体任何部分触及界外地面就算胜出。相扑比赛没有时间限制，累了的话可以请求休息，然后继续比赛，直到分出胜负为止。

每年6场的相扑比赛是日本人一年当中最为盛大的节日之一。这6场比赛分别被称为春场、夏场、秋场、冬场，大阪场和九洲场。每当比赛之日，电视台、电台就会不停地对比赛实况进行转播，平面媒体也会大篇幅地报道有关相扑比赛的新闻。倘若在比赛前几天去购票，会百分之百的落空，因为绝大多数的票在一年前就被人预购一空了，这些票虽然价格昂贵，但观众依旧趋之若鹜。买不到票的人只能在家中看直播。

每个稍有名气的相扑手都会有规模不等的“后援团”，后援团成员经常会举行各类活动，为自己崇拜的相扑手聚拢人气，比赛时则成为拉拉队，为相扑手摇旗呐喊。这些后援团成员有公司白领、超市老板、服务业者、家庭主妇，还有大大小小的各类演艺明星。日本影星宫泽理惠就是其中最具代表性的人物。宫泽理惠曾与日本第65代横纲贵乃花光司有过一段热烈的交往，原本已到谈婚论嫁的地步，却因贵乃花光司的母亲从中作梗而告结束。

赢得“横纲”称号的并非全都是日本的相扑手，随着日本文化的对外传播以及高收入的吸引，一些外国人也相继投身于相扑这项运动中，并取得了非常好的成绩。迄今为止，共有四个外国人获得了“横纲”称号，一个是贵乃花光司之前的第64代横纲曙太郎，他是美国夏威夷人，身高2.03米，体重233公斤；一个是第67代横纲武藏丸光洋，他也是美国夏威夷人，身高1.92米，体重235公斤；一个是68代横纲朝青龙，他是蒙古国人，高1.84米，重150公斤；一个是第69代横纲，与朝青龙同为蒙古国人的白鹏翔，身高1.92米，体重153公斤。

除朝青龙与白鹏翔生意现役的横纲外，其余两人已经退隐。朝青龙只经过了25个场所比赛，在22岁就获得了横纲称号；白鹏翔则是打破了朝青龙独占横纲的局面，成为与其一同称霸日本相扑界的双雄。

相关链接

力士火锅如果细分的话，种类有40多种，其中，什锦力士火锅最受相扑手欢迎。它以配料丰富、营养充足、搭配合理而著称。相扑手引退后假如开店，多选择开火锅店。什锦火锅的营养和美味加上相扑的辉煌历史，常常令生意十分红火。与什锦力士火锅相配的有3道加菜，其中之一为沙拉。